utb 6465

Eine Arbeitsgemeinschaft der Verlage

Brill | Schöningh – Fink · Paderborn –
Vandenhoeck & Ruprecht · Göttingen – Böhlau · Wien · Köln
Verlag Barbara Budrich · Opladen · Toronto
facultas · Wien
Walter de Gruyter · Berlin · Boston
Haupt Verlag · Bern
Verlag Julius Klinkhardt · Bad Heilbrunn
Mohr Siebeck · Tübingen
Narr Francke Attempto Verlag – expert verlag · Tübingen
Psychiatrie Verlag · Köln
Psychosozial-Verlag · Gießen
Ernst Reinhardt Verlag · München
transcript Verlag · Bielefeld
Verlag Eugen Ulmer · Stuttgart
UVK Verlag · München
Waxmann · Münster · New York
wbv Publikation · Bielefeld
Wochenschau Verlag · Frankfurt am Main

Eva Maria Maier

Rechtsphilosophie – Eine Einführung

Grundlagen und aktuelle rechtsethische Herausforderungen

BRILL | SCHÖNINGH

Die Autorin:
Prof. Dr. Eva Maria Maier lehrt Rechtsphilosophie an der Rechtswissenschaftlichen Fakultät der Universität Wien. Mehrere Gastprofessuren in Rom (Sapienza Università di Roma). Forschungsschwerpunkte: Politische Philosophie, Menschenrechte, Demokratietheorie, Strafrechtsphilosophie, Umwelt- und Tierethik.

Umschlagabbildung: © Jon Anders Wilken, Adobe Stock # 301783333

Bücher, Online-Angebote oder elektronische Ausgaben sind erhältlich unter **www.utb.de**

Bibliografische Information der Deutschen Nationalbibliothek

Die Deutsche Nationalbibliothek verzeichnet diese Publikation in der Deutschen Nationalbibliografie; detaillierte bibliografische Daten sind im Internet über https://dnb.de abrufbar.

www.brill.com
E-Mail: info@schoeningh.de

Printed in Germany.
Herstellung: Brill Deutschland GmbH, Paderborn
Einbandgestaltung: siegel konzeption | gestaltung

UTB-Band-Nr: 6465
ISBN 978-3-8252-6465-9
eISBN 978-3-8385-6465-4

Inhalt

Vorwort *oder:* Was ist Rechtsphilosophie?

Woran denken Sie, wenn Sie ein Lehrbuch über Rechtsphilosophie aufschlagen? Etwa an abstrakte Normentheorien oder „Werte"-Diskussionen abseits der eigentlichen juristischen Tätigkeit?

Aktuelle Herausforderungen an dieses Fach lauten anders: Angesichts von Klimawandel, weltweiter Krisenphänomene von Demokratie und Rechtsstaatlichkeit, Kriegsverbrechen in zahlreichen Konfliktregionen, terroristischen Anschlägen oder der rezenten Pandemie kommt gerade dem Fach Rechtsphilosophie eine besondere Verantwortung zu.

Rechtsphilosophische Fragestellungen sind also keineswegs fernab juristischer Praxis und des aktuellen weltpolitischen Geschehens anzusiedeln, sondern haben ihren Sitz gleichsam „mitten im Leben". Aufgabe dieses Faches ist es nicht zuletzt, auf aktuelle rechtspolitische Herausforderungen und Entwicklungen zu reagieren. Dabei geht es häufig um besonders kontroverse Rechtsfragen bzw. um Lösungsansätze für rechtlich-moralische Grenzfragen mit hoher gesellschaftspolitischer Brisanz (→ wie z.B. Klimagerechtigkeit, Sterbehilfe, Triage, „defekte Demokratie", Terrorismusbekämpfung, Todesstrafe, Debatte um die „Rettungsfolter" u.v.a.).

Gerade solche Themen sind m.E. besonders geeignet, Leserinnen und Leser auch für zentrale Grundlagenfragen zu sensibilisieren. Im Horizont drängender ethischer und politischer Anforderungen wird auch der Rekurs auf fundamentale Begründungsfragen von Recht und Staat unausweichlich. Nicht nur um den „Inhalt" rechtlicher Normierungen geht es, sondern verstärkt um deren methodische bzw. ethische Voraussetzungen.

Rechtsphilosophie verbindet daher juristische und philosophische Fragestellungen und hat folglich auch interdisziplinären Charakter. Wegen dieser Grundlagenorientierung sind rechtsphilosophische Fragen auch keineswegs auf eine bestimmte nationale Rechtsordnung beschränkt, sondern werfen von sich aus eine grundsätzlich internationale Perspektive auf, ja geben auch rechtspluralistischen Themenstellungen Raum („Justice as Healing", „Buen Vivir", „Rights of Nature").

Grundlegende rechtsphilosophische Fragen sind etwa: Was versteht man eigentlich unter „Recht"? Gibt es dafür überhaupt eine überzeitliche, auch für alle Rechtskulturen gleichlautende Antwort? Warum „gilt" Recht überhaupt? Was sind die Aufgaben von Staat und Recht? Dies ist übrigens ein Kernthema politischer Philosophie von ihren Anfängen her und soll in diesem Lehrbuch anhand einiger exemplarischer geistesgeschichtlicher Positionen erörtert werden. Diese fokussieren die Begründung des modernen souveränen Staates, beziehen aber auch vormoderne Impulse (aus Antike und Renaissance) für die spätere Ausbildung von Demokratie und Rechtsstaatlichkeit mit ein, ja lassen die Souveränitätskritik zeitgenössischer (poststrukturalistischer) Autor:innen zu Wort kommen.

Daran anknüpfend stellt sich die Frage nach der inhaltlichen Qualität des Rechts, insbesondere nach der Gerechtigkeit bzw. etwaigen unverfügbaren ethisch-moralischen Grundlagen des Rechts. Welches Verhältnis besteht zwischen Recht und Moral? Welche unterschiedlichen Ethikmodelle werden hierfür überhaupt diskutiert? Wie kann Recht Gerechtigkeit verwirklichen?

Dabei kommt dem Grundsatz der Menschenwürde, fundamentalen Menschenrechten und der demokratischen Legitimation von Staat und Recht eine zentrale Rolle zu. Ein eigenes Kapitel behandelt daher die Grundlagen, die Entwicklung sowie aktuelle Herausforderungen des Menschenrechtsschutzes und moderner Demokratie.

Aktuelle Theorien der Gerechtigkeit werden anhand der politischen Philosophie weiterer zeitgenössischer Autor:innen (etwa jener von Rawls, Taylor, Barber und Amartya Sen) erörtert. Da die Frage der Legitimation des Staates aus deren Sicht längst abgeschlossen ist, richtet sich der Fokus nunmehr auf zentrale Verteilungsfragen und Anforderungen konkreter demokratischer Partizipation – dies auch im Horizont von multikulturellen Gesellschaften und des globalen „Nord-Süd-Gefälles".

Erneut wird deutlich, dass sich Gerechtigkeitsfragen nicht bloß mit allgemeinen Theorien beschäftigen, sondern notwendig eine anwendungsorientierte Dimension aufweisen. In der Folge schließt an das Kapitel *Theorien der Gerechtigkeit* ein Abschnitt zu Fragen angewandter Rechtsethik an (*Neue Fragen der Gerechtigkeit: Einführung in die Bioethik*). In diesem werden ausgewählte bioethische Fragen aus den Bereichen Medizin-, Umwelt- und Tierethik thematisiert, die spezifisch neue Herausforderungen für moderne Rechtsordnungen enthalten, ja herkömmliche Konzeptionen von Gerechtigkeit auch überschreiten.

Das vorliegende Buch beruht auch auf Erfahrungen aus meiner langjährigen Lehrtätigkeit im Fach Rechtsphilosophie an der Rechtswissenschaftlichen Fakultät der Universität Wien, insbesondere im Rahmen stark frequentierter Vorlesungen am Beginn des Studiums. Die spezifisch didaktische Vermittlung komplexer thematischer Zusammenhänge gehört daher mit zu den Anliegen dieses Buches.

Schließlich bedarf es einer Reihe von Danksagungen. Dem Verlag Brill-Schöningh, insbesondere Frau Dr. Nadine Klassen, bin ich für die Aufnahme in die utb-Reihe zu Dank verpflichtet. Für die wohlwollend-kritische Lektüre und wichtige Anregungen danke ich Herrn emer. Univ.-Prof. Dr. Frank Höpfel und Frau Dr. Sophie Faßhauer-Zaufal MA. Vor allem hat Frau Mag. Astrid Gorfer BA durch ihre Diskussionsbereitschaft und wertvolle Hinweise bei der Endredaktion des Buchs wesentlich zum Abschluss dieses Projekts beigetragen.

Bedanken möchte ich mich aber auch bei allen meinen Studierenden, bei jenen in Wien, aber auch – hinsichtlich eines kürzeren und dennoch unverzichtbaren Abschnitts meiner Lehrtätigkeit – bei jenen in Rom. Lehre lebt ganz wesentlich vom Dialog.

Wien, im Juli 2025 Eva Maria Maier

1. Kapitel: Rechtsquellen und Rechtskulturen

1.1 Einleitung: Die Frage nach dem Begriff des Rechts

> Der Inhalt des Rechtsbegriffs kann [...] nicht unabhängig von den [...] Auffassungen bestimmt werden, die die Menschen eines bestimmten Kulturkreises, einer bestimmten Epoche allgemein vom Begriff des Rechts, seinem Ursprung, seinem Sinn und seinen Aufgaben haben. (E.-W. Böckenförde)[1]

Neue rechtspolitische Herausforderungen und aktuelle Krisenerfahrungen stellen auch die Funktionen des Rechts auf den Prüfstand und werfen daher von sich aus elementare Grundlagenfragen auf. (Denken Sie bitte etwa an die grundrechtlichen Kontroversen aus Anlass der rezenten Pandemie oder an die Renaissance – völkerrechtswidriger – Angriffskriege.) Häufig verbindet sich mit rechtsphilosophischen Grundsatzfragen auch das Interesse an zentralen Begriffsklärungen. Allen voran steht oft die Frage: Was versteht man denn eigentlich allgemein unter „Recht"? Lässt sich diese Frage überhaupt abschließend beantworten?

Falls Sie Rechtswissenschaften studieren, haben Sie sicherlich bereits in der Einleitung zu verschiedenen rechtsdogmatischen Fächern, etwa im Verfassungsrecht oder im Zivilrecht, über einige allgemeine Begriffsmerkmale gehört. Üblicherweise werden v.a. folgende Aspekte hervorgehoben:

1. Recht unterscheide sich von faktischen Phänomenen, wie etwa Naturerscheinungen, durch seinen **„normativen"** Charakter. Es stellt kein Sein, sondern ein Sollen dar, d.h. es richtet einen **Anspruch an menschliches Verhalten**.
2. In diesem Sinn diene Recht der Ordnung des menschlichen Zusammenlebens. Das Verhältnis zwischen den Funktionen des Rechts und den **Aufgaben der politischen Gemeinschaft** ist zentrales Thema der politischen Philosophie von ihren Anfängen her. Recht steht dabei jeweils in einem engen Zusammenhang mit der Frage nach der Begründung und den Aufgaben des Staates. Dabei wurden von unterschiedlichen philosophischen Positionen her, v.a. aber unter sich ändernden geschichtlichen Bedingungen, eine Reihe exemplarischer Konzeptionen entwickelt, die entscheidenden Einfluss auf die Entwicklung von Staat und Recht bis zur Gegenwart ausgeübt haben. (Diese Modelle werden im → Kapitel 3, *Begründungen von Staat und Recht*, erörtert.)
3. Von manchen wird der wichtigste Unterschied zu anderen normativen Anforderungen (wie z.B. Sitte, Moral) darin gesehen, dass Rechtsnormen mit **Sanktionen** in Form **organisierten Rechtszwangs** ausgestattet sind. Welchen Stellenwert dieses Merkmal einnimmt, ist allerdings Gegenstand kontroverser

---

[1] Böckenförde 1968, 146.

methodischer Standpunkte, aber auch kulturell bedingter Auffassungsunterschiede.

4. Große Differenzen in der rechtsphilosophischen bzw. -theoretischen Position zeigen sich v.a. in der Frage, ob Recht seinem Begriff nach an **Gerechtigkeit** orientiert ist, d.h. **praktisch vernünftige** Lösungen bieten soll. Ist es an **fundamentale Grundsätze** der Gerechtigkeit gebunden oder darf es diesen zumindest nicht widersprechen? (Siehe etwa das Prinzip der **Menschenwürde** → 4.3.3.2.b; zum Stellenwert von Rechtsprinzipien später → 1.2.3.) Diese Thematik wird v.a. in den Kapiteln über → Rechtsgeltung, → Recht und Moral und → Gerechtigkeit aus verschiedenen Blickwinkeln weiter vertieft.

Sie können bereits jetzt erkennen, dass sich schon beim Versuch einer allgemeinen Begriffsbestimmung gravierende Auffassungsunterschiede ankündigen. Ein solcher Definitionsversuch bleibt zwangsläufig sehr abstrakt. Dennoch passt er, etwa aus internationaler oder interkultureller Sicht, keineswegs auf alle Erscheinungsformen des Rechts. Recht erweist sich indes als ein in hohem Maße kulturell und nicht zuletzt geschichtlich geprägtes Phänomen.[2]

Insbes. bleiben derlei allgemeine Definitionen des Rechts einseitig am Normenverständnis „westlich"-europäischer Provenienz orientiert, v.a. am kontinentaleuropäischen Gesetzesrecht. Von der europäischen Rechtsentwicklung weitgehend unberührte Rechtskulturen, wie etwa indigene Konfliktlösungsmodelle, kommen dabei meist gar nicht in den Blick. Aber auch innerhalb der „westlichen" Rechtskultur liegt der Fokus häufig auf dem kontinentalen Gesetzesrecht, von dem das angelsächsische Case Law nicht nur hinsichtlich der Form der Rechtserzeugung, sondern auch im Stil der rechtlichen Argumentation und deren Bedeutung signifikant abweicht. Die **inhaltliche Begründung** von (normativ verbindlichen) Fallentscheidungen spielt hier etwa eine bedeutendere Rolle für die Bindungswirkung solcher Präjudizien.

1.2 Verschiedene Rechtsquellen und Rechtskulturen

Anders als herkömmliche Lehrbücher setzt diese Einführung bei jenen „Phänomenen" an, in denen das Recht Normadressat:innen und Jurist:innen regelmäßig begegnet. Es soll zunächst um zentrale *Rechtsquellen* sowie deren geschichtliche Herkunft und Relevanz innerhalb unterschiedlicher *Rechtskulturen* gehen. Damit öffnet sich auch schon zu Beginn der Blick für die internationale und kulturelle Bandbreite rechtlicher Normen der Verhaltensregulierung und Konfliktlösung, die keineswegs auf die Organisationsform des kontinentaleuropäischen Gesetzesrechts beschränkt ist. Gerade für Jurist:innen hat sich der Ausgang von jener

[2] Zur Kritik am Projekt eines allgemein anwendbaren Rechtsbegriffs (etwa in rechtsphilosophischen Lehrbüchern) vgl. grundlegend Böckenförde 1968, 145 ff.

Realität auch zur Erörterung von Grundlagenfragen bewährt, die ihre Arbeit in zentraler Weise bestimmt. Jurist:innen und Normadressat:innen haben es herkömmlicherweise nicht mit „dem Recht" zu tun, sondern mit konkreten Normen und Institutionen, ja normativen Praktiken, die auch Einfluss auf ihre Lebenswirklichkeit haben.

Verfolgen wir zum Einstieg folgendes Gespräch:
Jura-Student Jan aus Deutschland absolviert ein Auslandssemester an einer englischen Universität. Nach der ersten Vorlesung tauscht er sich erstaunt mit seiner englischen Studienkollegin Sarah aus:
Jan: „Ich konnte das englische Verfassungsgesetz beim besten Willen nicht online finden."
Sarah: „Das kommt daher, dass wir gar *keine geschriebene Verfassung* haben. Unsere verfassungsrechtlichen Regeln sind auf ganz unterschiedliche Rechtsformen verteilt. Sie beruhen auch auf Prinzipien und Gewohnheitsrecht."
Jan: „Und was ist mit eurem Zivilgesetzbuch und eurem Strafgesetzbuch?"
Sarah: „Wir haben auch keine derartigen Kodifikationen. Das englische Recht findet man in ganz unterschiedlichen Quellen. Die wichtigsten sind die ‚Acts of Parliament', meistens ‚statutes' genannt, und vor allem richterliche Entscheidungen."
Jan: „Ihr unterscheidet auch nicht zwischen Zivilrecht und Strafrecht?"
Sarah: „Oh doch, hier gibt es auch einen wesentlichen formalen Unterschied. Die Regeln des Strafrechts werden aufgrund staatlicher Initiative von den Gerichten durchgesetzt. Deswegen verwenden Strafrechtsfälle z.B. die Form ‚*R v. Bloggs*'. ‚R' steht für ‚Rex' oder ‚Regina' (König/Königin). Das bringt zum Ausdruck, dass die Anklagen vom Staat eingebracht wurden. Im Gegensatz dazu werden Zivilrechtsfälle typischerweise zwischen zwei Individuen ausgetragen. Ein Fall wird daher etwa als ‚*Bloggs v. Jones*' bezeichnet."
Jan: „Also wird englisches Recht von den Gerichten erzeugt?"
Sarah: „Das ist eine interessante Frage. Eigentlich ist das Parliament in England höherrangig und erzeugt mittels ‚Acts of Parliament' Gesetze, die richterliche Entscheidungen auch aufheben können. Ein erheblicher Teil des Rechts, vor allem im Privat- und Strafrecht, geht aber auf richterliche Entscheidungen zurück. Im engeren Sinn ist es zwar Aufgabe der Richter, Rechtsgrundsätze festzustellen und anzuwenden. Da sie aber die ermittelten allgemeinen Rechtsgrundsätze jeweils erst verbindlich auf die Umstände konkreter Fälle anwenden, erzeugen sie dadurch Recht. Wir nennen diesen Teil der Rechtsordnung ‚Common Law'."[3]

---

[3] Frei übersetzt (und ergänzt) durch Verf. nach dem Prolog zu Sandberg 2023, xi f.

Unterschiede zwischen verschiedenen Rechtskulturen zeigen sich offenbar häufig darin, welcher Rechtsquelle zentrale Bedeutung für die Erzeugung generell verbindlicher Normen zukommt.

Die wichtigsten Rechtsquellen, die hier vorgestellt werden, sind **Gewohnheitsrecht**, **Gesetzesrecht** und **Case Law**. Normative Grundlagen des Rechts lassen sich aber nicht auf diese Rechtsformen beschränken. Innerhalb dieser Rechtssysteme kommt auch übergreifenden **Rechtsprinzipien** eine wichtige Rolle zu. Schließlich sollen aber auch Verfahren der **indigenen Konfliktregulierung** vorgestellt werden, die sich von herkömmlichen modernen Rechtsauffassungen (europäischer Herkunft) grundlegend unterscheiden.

1.2.1 Das Gewohnheitsrecht

Das Gewohnheitsrecht stellt die historisch älteste Form der Rechtsbildung dar, der bis zum Beginn der Neuzeit zentrale Bedeutung zukommt. Seine Verbindlichkeit beruht nicht auf einem gezielten Erzeugungsakt und Regelungsplan, sondern auf lang dauernder Einübung und tradierten Überzeugungen innerhalb einer Rechtsgemeinschaft.

Als Voraussetzungen für die Entstehung von Gewohnheitsrecht gelten:

1. Die tatsächliche langjährige Übung innerhalb einer Rechtsgemeinschaft (zeitlicher oder „objektiver“ Faktor) und
2. die damit verbundene Überzeugung, einer Forderung des Rechts (*opinio iuris vel necessitatis*) zu entsprechen (normativer oder „subjektiver“ Faktor).

Gewohnheitsrecht eignet sich daher grundsätzlich gut für die normative Orientierung innerhalb eher statischer gesellschaftlicher Verhältnisse mit wenig gezieltem rechtlichen Regulierungsbedarf und einheitlichen moralisch-rechtlichen Überzeugungen. Im modernen Gesetzesstaat kommt ihm deswegen in der Regel nur ein untergeordneter Stellenwert zu. Anders als im kontinentaleuropäischen Raum beruht freilich das englische **Common Law** nach wie vor auch auf gewohnheitsrechtlichen Grundlagen.

Eine wichtige Funktion kommt dem Gewohnheitsrecht weiterhin auch im **Völkerrecht** zu.

Art. 38 Abs. 1 lit. b des IGH-Statuts (Statut des Internationalen Gerichtshofs) bezieht „das internationale Gewohnheitsrecht als Ausdruck einer **allgemeinen, als Recht anerkannten Übung**“ in die Rechtsquellen des Völkerrechts mit ein.

Demnach sind auch für die Entstehung von Völkergewohnheitsrecht ein „objektiver“ und ein „subjektiver“ Faktor notwendig:[4]

---

[4] Vgl. Kämmerer 2024, 91 ff.

- Dies erfordert eine ausgedehnte, dauernde und einheitliche Praxis der betroffenen Staaten oder anderer Völkerrechtssubjekte.
- In dieser Praxis muss die Überzeugung zum Ausdruck kommen, eine neue völkerrechtliche Regel (entweder in einem bislang ungeregelten Bereich oder durch die Ablöse einer älteren Regel) zu befolgen. Dieses „subjektive" Element gewinnt in der Gegenwart zunehmend an Bedeutung.[5] Eine besondere Rolle zur Feststellung einer neuen „opinio iuris vel necessitatis" kommt hierbei den Resolutionen der UN-Generalversammlung zu,[6] (die als solche völkerrechtlich nicht verbindlich sind). Dies kommt insbes. in der Judikatur des IGH zum Ausdruck.[7]

Völkergewohnheitsrecht gilt auf internationaler Ebene wegen seiner informellen Entstehungsweise nach wie vor als flexibleres Mittel, um auf neue Rechtsentwicklungen und Herausforderungen zu reagieren.[8] Insbes. greift es als subsidiäre Rechtsquelle auch dort, wo es keine völkerrechtlichen Verträge gibt bzw. Staaten diesen nicht beigetreten sind.[9] Ihm wird insofern eine „Auffang- und Ergänzungsfunktion"[10] zugeordnet.

Allerdings gibt die Ermittlung des Inhalts völkergewohnheitsrechtlicher Normen auch erhebliche Interpretationsprobleme auf. Seit dem 19. Jh. gibt es daher einen deutlichen Trend zur **Kodifikation** von Völkergewohnheitsrecht, v.a. durch multilaterale völkerrechtliche Verträge. Dies trägt zur präziseren Formulierung und Systematisierung völkerrechtlicher Normen und damit zur Rechtssicherheit bei. Eine wichtige Rolle spielt dabei die 1947 eingerichtete International Law Commission (ILC). Deren Aufgaben sind die Kodifikation und „fortschreitende Entwicklung" des Völkerrechts (Art. 15 ILC-Statut).[11] Völkergewohnheitsrecht ist gegenüber Völkervertragsrecht jedoch grundsätzlich gleichrangig. (Es tritt durch seine vertragliche Kodifikation auch nicht außer Kraft.)[12] Daher kann es etwa auch zur systematischen Auslegung von Völkervertragsrecht herangezogen werden.[13]

Eine tragende Rolle spielt das Gewohnheitsrecht auch heute in **traditionell geprägten Gesellschaften**, u.a. in autonomen Territorien indigener Minderheiten innerhalb moderner Staaten. Bei diesen traditionellen Rechtsformen handelt es sich aber nicht immer um Gewohnheitsrecht im engeren Sinn. Oft bestehen ein Naheverhältnis zu einem mythischen Weltbild und ein fließender Übergang zwi-

---

5 Vgl. Simma/Wittich 2013, Rz. 179 f.
6 Vgl. Dörr 2018, Rn. 19, 545.
7 Vgl. IGH, Nicaragua-Urteil, ICJ Reports 1986, Rn. 188.
8 Vgl. Simma/Wittich 2013, Rz. 164.
9 Vgl. Kämmerer 2024, Rn. 126.
10 Vgl. Dörr 2018, Rn. 39, 554.
11 Vgl. Kämmerer 2024, Rn. 134.
12 Vgl. Dörr 2018, Rn. 39.
13 Siehe Art. 31 Abs. 3 lit. c WVK; vgl. Dörr 2018, Rn. 40.

schen rechtlichen und mythischen Vorstellungen sowie Formen ritueller Konfliktbewältigung (vgl. → 1.2.5).

1.2.2 Das Gesetzesrecht

Bis zum Ende des Mittelalters diente das Gesetzesrecht bloß zur punktuellen Korrektur des auf gewohnheitsförmiger Einübung beruhenden „guten alten Rechts". Im Gefolge der **politischen und sozialen Umbrüche** am Beginn der Neuzeit steigt das Gesetzesrecht zur zentralen Rechtsquelle im kontinentaleuropäischen Raum auf. Welche konkreten Faktoren waren für diese Entwicklung ursächlich?

1.2.2.1 Die Ausbildung des Begriffs der Souveränität

Der Siegeszug des Gesetzes als zentrales Mittel der Rechtsgestaltung steht in engem Zusammenhang mit der Ausbildung des Begriffs der **Souveränität**. Darunter versteht man ursprünglich nicht primär außenpolitische Unabhängigkeit, sondern ein umfassendes **staatliches Machtmonopol**, das zur Grundlage des modernen Staatsverständnisses schlechthin werden sollte. Jean Bodin, der Schöpfer dieses Begriffs, versteht unter Souveränität „die Machtvollkommenheit, Gesetze für alle [...] zu erlassen", „ohne dass irgendjemand diesen zustimmen müsste".[14] Durch dieses Machtmonopol (= Souveränität) unterscheidet sich der moderne Staat auch von älteren Herrschaftsverbänden, etwa von der griechischen „Polis" oder lehensrechtlich organisierten mittelalterlichen Großreichen mit vergleichsweise dezentraler Struktur.

Was ist der Grund für diese massiven politischen Veränderungen am Beginn der Moderne?

E.-W. Böckenförde versteht die Entwicklung des Souveränitätsbegriffs – und damit des modernen Staates – als Resultat eines stufenweisen **Säkularisationsprozesses**, der bereits mit dem Investiturstreit im 11./12. Jh. einsetzt.[15] Seinen eigentlichen Höhepunkt erreicht dieser Prozess freilich zur Zeit der **Religionskriege** im 16. Jh. als Ergebnis von **Reformation** und **Gegenreformation**.[16]

Wie genau hängen nun die Säkularisierung und die Ausbildung des modernen Staates mit der Glaubensspaltung zusammen?

Bis zum Ende des Mittelalters war das Recht prinzipiell in einem Konzept **religiöser Wahrheit** begründet. Es wird in seinen Grundlagen als Ausdruck göttlichen Willens verstanden.[17] Da es nun aber ab der Reformation unterschiedliche **„konkurrierende Heilswahrheiten"** gibt, führt dies zur Auflösung der **„religiös-politische[n]**

---

[14] Bodin 1583, 160.

[15] Vgl. Böckenförde 1976, 44 ff.

[16] Vgl. ebd., 49 f.

[17] Vgl. Böckenförde 1976, 42 f.

Einheitswelt“[18] des Mittelalters. Die Religion – ehemals legitimierendes Fundament auch der politischen Ordnung – wird im Zuge der religiösen Bürgerkriege in ihrer politischen Funktion zum entscheidenden Faktor der radikalen Bedrohung des gesellschaftlichen Friedens.

Von dieser Ausgangssituation her werden Grundlagen und Aufgaben von Herrschaft und Recht nun völlig neu konzipiert. Vor dem Hintergrund religiöser Streitigkeiten steigt die **Sicherung des Friedens** zur zentralen Aufgabe des modernen Staates auf. Im Gegensatz zu den Ordnungsvorstellungen des Mittelalters, die den gesellschaftlichen Frieden stets als Harmoniebegriff verstehen, tritt nun ein **„formelle[r]“ Friedensbegriff** auf den Plan, der vorrangig negativ durch die Abwesenheit von (Bürger-)Krieg definiert wird.[19] Dies erfordert als wesentliche Voraussetzung die grundsätzliche **Trennung von Religion und Politik**. Neuer Bezugspunkt für die Legitimation des Rechts wird anstelle der Religion die **Machtvollkommenheit des Fürsten**, der über den Bürgerkriegsparteien steht (*auctoritas non veritas facit legem*).

Der damit neu entstandene Begriff der Souveränität, welche zunächst als Herrschersouveränität verstanden wurde (→ siehe die Staatstheorie Thomas Hobbes’, 3.4.1), bildet die Grundlage dafür, die Streitparteien zum Frieden zu zwingen. Er stellt auch die Legitimationsbasis für die Durchsetzung einer einheitlichen Rechtsordnung im jeweiligen Territorium dar. Recht wird dabei erstmals als Produkt autoritativer Entscheidung des Souveräns und als Mittel **„bewusster und zweckgerichteter Sozialgestaltung“**[20] verstanden. Diesen geänderten Anforderungen an das Recht vermochte das schwerfällige, auf Herkommen und breitem Konsens beruhende Gewohnheitsrecht nicht mehr zu genügen. Das Gesetzesrecht steigt im souveränen Staat der Neuzeit stattdessen zur zentralen Rechtsquelle auf. Als Produkt **politischer Entscheidung** des Herrschenden konnte es gezielt als Instrument staatlicher Politik eingesetzt werden. Das Gesetz war dem Souverän gemäß seinem politischen Willen **„verfügbar“**[21] und wieder **abänderbar**. Es bewährte sich als geeignetes rechtliches Instrument zur Erfüllung der Staatsaufgaben des (früh-)modernen Staats, nämlich der **Sicherung von Frieden** und – eng damit verbunden – des **„öffentlichen Wohls“** (der *salus publica*).[22]

1.2.2.2 Das allgemeine Gesetz als Garant für Freiheit und Gleichheit

Das positivierte Gesetz wird aufgrund dieser Entwicklungen zum bevorzugten Ausdruck staatlicher Souveränität. Der Bruch des Gesetzes (durch den Bürger) wird daher von vielen politischen Philosophen der Moderne, etwa von Thomas

---

[18] Ebd., 44.
[19] Ebd., 51.
[20] Böckenförde 1968, 156.
[21] Ebd., 156.
[22] Vgl. ebd., 156.

Hobbes, als Verletzung der staatlichen Souveränität aufgefasst,[23] wobei dieser Begriff, wie bereits erwähnt, zunächst die Souveränität des Fürsten bezeichnet. In der Folge wird das Gesetz aber von den Philosophen der Aufklärung zunehmend als Ausdruck des **Volkswillens** verstanden und verbindet sich mit dem Gedanken der **Volkssouveränität**.[24]

Insbes. dient das allgemeine Gesetz politisch als zentrales Instrument der Herstellung von **Rechtsgleichheit** (Gleichheit vor dem Gesetz) und in weiterer Folge zur rechtlichen **Beschränkung** und **Kontrolle der staatlichen Gewalt**.[25] Diese Entwicklung wird durch gesellschaftliche und wirtschaftliche Veränderungen gefördert, in deren Mittelpunkt der **Aufstieg des Bürgertums** steht.[26] Dieses wird zum Träger der politischen Forderungen nach Freiheit und Gleichheit. Gleichheit wurde dabei tendenziell als formale Gleichheit verstanden. Das allgemeine Gesetz führt nunmehr zum **Abbau ständischer Ungleichheiten** einerseits und fungiert als **Schranke für absolutistische Willkür** und Bevormundung andererseits. Diese Errungenschaften wurden zum Ausgangspunkt für die Ausbildung des **Rechts- und Verfassungsstaates**.[27] Ab dem Ende des 18. Jh. entstand eine Reihe bedeutender Kodifikationen, die die Ideen der Aufklärung im Bereich des Privatrechts juristisch umsetzten. Sie dienten nicht zuletzt der Verwirklichung von **Rechtsgleichheit** und **Rechtssicherheit**.

Veränderte Staatsaufgaben im modernen **Sozialstaat** führten zu vermehrten gesetzgeberischen Herausforderungen. Dabei tritt die Bedeutung des Gesetzes als bloß allgemeine Schranke für persönlichen Freiheitsgebrauch zunehmend hinter der Wahrnehmung von **Steuerungsfunktionen** und **staatlichen Schutzpflichten** zurück, mit denen **regulierend** in die soziale Wirklichkeit eingegriffen wird.[28] Aufgabe des Gesetzes ist es nun auch, **materielle Gleichheit**, d.h. die realen Ausgangsbedingungen für die Verwirklichung gleicher Freiheit (**„Chancengleichheit“**), zu garantieren. Rezente Wirtschaftskrisen und neoliberale Bestrebungen der jüngeren Vergangenheit haben aber auch gegenläufige Trends, nämlich zum Abbau sozialstaatlicher Regulierungen, eingeleitet.

1.2.2.3 Aktuelle Entwicklungen

a. Verrechtlichung

Charakteristisch für aktuelle Entwicklungen ist zunächst eine Zunahme gesetzgeberischer staatlicher Aufgaben, die sich v.a. in einer wachsenden **Verrechtlichung** niederschlägt, d.h. der massiven Zunahme rechtlicher Normen. Die rechtlichen

[23] Vgl. Hobbes 1977, 14, 225.

[24] Vgl. exemplarisch Rousseau, CS, I 6; vgl. auch Habermas 2022, 528.

[25] Vgl. Grimm 2012, 18 f.

[26] Vgl. Grimm 2020, 72 ff.

[27] Ebd., 159 ff.

[28] Vgl. ebd., 202 ff.

Regelungen werden dabei nicht nur zahlreicher, sondern auch zunehmend spezieller und detaillierter und sind häufigen Änderungen unterworfen. Als Ursachen für diesen Verrechtlichungsprozess gelten neben sozialstaatlichen Aufgaben v.a. der wachsende Regulierungsbedarf durch neue Technologien und zunehmende bürokratische Anforderungen sowie Tendenzen zur rechtlichen Überregulierung.

Ursprünglich wird „Verrechtlichung“ freilich überhaupt als Vorgang sukzessive fortschreitender rechtsstaatlicher Verbürgungen von Freiheit und sozialstaatlicher Garantien im Sinne wachsender ***„Verrechtsstaatlichung“*** verstanden.[29] Nicht zuletzt war das Ziel die nachhaltige Sicherung sozialpolitischer Errungenschaften.[30] Auch die Ausweitung des Rechtsschutzes in Bereichen, die ehemals oft traditional bzw. paternalistisch geprägt waren, wie Schule, medizinische Versorgung und insbes. die Sphäre der „Privatheit“, leistet einen wesentlichen Beitrag dazu.

Doch haftet dem Begriff der Verrechtlichung zunehmend auch eine negative Konnotation an. Nunmehr werden auch deren dysfunktionale „Nebeneffekte“ thematisiert. Überbordende rechtliche Regulierungen können als unübersichtlich, schwer durchsetzbar, ja bevormundend wahrgenommen werden.[31] Auch tritt die *„dilemmatische Struktur“*[32] hinsichtlich des Eingriffs in sogen. „lebensweltliche“,[33] d.h. primär auf persönlicher Verständigung beruhende, Lebensbereiche zu Tage, der diese der „Bürokratisierung und Monetarisierung“[34] zu unterwerfen droht. Gleichwohl fordern weiterhin bestehende traditionelle soziale Asymmetrien, etwa im Arzt-Patienten-Verhältnis (vgl. → 7.1.2), vor allem aber das besondere Gefahrenpotential häuslicher Gewalt (vgl. → 5.3.2.1), gerade den Ausbau von funktionierenden Rechtsschutzgarantien in diesen Bereichen ein. Der Ruf nach „Deregulierung“ darf insgesamt nicht zur „Re-Privatisierung“[35] zentraler Staatsfunktionen führen.

b. Prävention als Staatsaufgabe

Was die Ausweitung von Staatsaufgaben und Schwerpunkte der Gesetzgebung betrifft, zeichnet sich in den letzten Jahrzehnten weiter ein Trend zur **Prävention als gesetzgeberische Strategie** ab.[36] Diese ist nicht auf kriminalpolitische Maßnahmen beschränkt, sondern dient zur **Krisenabwehr** in verschiedenen Bereichen, wie der Gesundheitsvorsorge, der Arbeitsmarktpolitik, der Umwelt- und Ressourcenschonung etc.,[37] besonders aktuell aber im Bereich der Sicherheitspolitik (z.B. der Terrorismusbekämpfung → vgl. 5.3.4.2). Die präventive Vorverlagerung staat-

29 Vgl. Habermas 2022, 527 ff.
30 Vgl. Voigt 1983, 63 f.
31 Vgl. etwa ebd., 18 f.
32 Habermas 2022, 534.
33 Ebd., 189.
34 Ebd., 534.
35 Voigt 1983, 71.
36 Vgl. Grimm 2020, 197 ff.
37 Vgl. ebd., 197.

licher Maßnahmen als **Gefahrenabwehr**, die nicht bloß bei konkreten Risiken, sondern auch bei sehr allgemeinen Gefahrenlagen zur Anwendung kommt, trägt freilich die Tendenz zur Einschränkung von Freiheit und wesentlichen rechtsstaatlichen Garantien in sich.[38]

c. Tendenzen der „Erosion" des Souveränitätsbegriffs

Auf der anderen Seite zeigen sich aber auch Tendenzen zur **Erosion** des klassischen Souveränitätsbegriffs und der Zurückdrängung staatlicher Gesetzgebungskompetenz durch die **Bedeutungszunahme internationaler Normen** und **supranationalen Rechts** (EU-Recht), aber auch durch ökonomische Entwicklungen, wie den Machtgewinn internationaler Märkte im Zuge der sogen. **„Globalisierung"**.[39] Diese führt dazu, dass transnationale Unternehmen als globale Akteure indirekt auch auf staatliche Wirtschafts-, Sozial- und Umweltpolitik Einfluss nehmen können.[40] Dies geschieht bereits dadurch, dass sie Staaten in einen „Wettbewerb" um „Standortvorteile"[41] treten lassen,[42] was die Sozialpolitik massiv aushöhlen kann. In armen Staaten kann das dazu führen, dass die demokratische Gesetzgebung durch das Diktat internationaler Konzerne geradezu „unterlaufen"[43] wird.

Darüber hinaus zeigt sich in manchen Rechtsbereichen der Trend zur **Selbstregulierung** durch die betroffenen Unternehmen unmittelbar auf der Grundlage von EU-Recht. Insbes. im Bereich des **Technologierechts** wird die Regulierung von konkreten Qualitätsstandards bzw. der Risikominimierung zunehmend von freiwillig eingehaltenen **„Standards" („Normen")** übernommen. (Denken Sie in diesem Zusammenhang bitte etwa an die Errichtung einer Seilbahnanlage und die dabei einzuhaltenden Bau- und Sicherheitsvorschriften.)

> Beachten Sie bitte, dass man in diesem Fall nicht, wie bei der staatlichen Rechtserzeugung üblich, von „Normierung", sondern eben von „Normung" spricht.

Diese werden von nationalen, europäischen und internationalen Normungsorganisationen, z.B. dem Deutschen Institut für Normung (DIN), Austrian Standards International, dem Europäischen Komitee für Normung (CEN) oder der International Organization for Standardization, entwickelt. Diese Form der einheitlichen Selbstregulierung durch die Unternehmen beruht unmittelbar auf relativ allgemeinen Vorgaben in EU-Richtlinien (**„New Approach"**)[44] und gilt als die gegenüber

---

38 Vgl. ebd., 213 ff.

39 Zur delegitimierenden Entmachtung des Nationalstaats durch die Globalisierung vgl. etwa Habermas 1998, 102 ff.

40 Vgl. Marti 2003, 171 ff.

41 Ebd., 172.

42 Freilich gehört eine funktionierende Rechtsstaatlichkeit auch zu den zentralen „Standortvorteilen".

43 Marti 2003, 171.

44 https://eur-lex.europa.eu/EN/legal-content/summary/enhancing-the-implementation-of-the-new-approach-directives.html (19.4.2025).

gesetzlichen Maßnahmen flexiblere und effektivere Methode der Qualitätssicherung bei technischen Anlagen.

1.2.3 Rechtsprinzipien

Welche Struktur stellen wir uns vor, wenn wir an eine Rechtsnorm denken?

Üblicherweise erwarten wir von einer Norm folgenden Aufbau: Ein **Tatbestand** wird mit einer **Rechtsfolge** (Sanktion) verknüpft. Dies findet sich etwa besonders exemplarisch verwirklicht in vielen Normen des Strafrechts.

§ 242 Abs. 1 StGB lautet: „Wer eine fremde bewegliche Sache einem anderen in der Absicht wegnimmt, die Sache sich oder einem Dritten rechtswidrig zuzueignen, wird mit Freiheitsstrafe bis zu fünf Jahren oder mit Geldstrafe bestraft." (Diebstahl)

Abs. 2 hält weiters die Strafbarkeit des Versuchs fest. Viele Deliktsmerkmale sind freilich bereits dem „Allgemeinen Teil" des StGB zu entnehmen. **Wenn** alle Voraussetzungen der Strafbarkeit erfüllt sind, **dann** muss die Rechtsfolge zur Anwendung kommen. Zu diesen Voraussetzungen gehören neben der Tatbestandsmäßigkeit v.a. die Rechtswidrigkeit und Schuldhaftigkeit der konkreten Tat.

Rechtsnormen, die einen solchen charakteristischen Aufbau haben, können auch als **Regeln** bezeichnet werden. Sie werden damit von **Rechts*prinzipien*** unterschieden.

Diese Unterscheidung wurde von J. Esser im 20. Jh. in die kontinentaleuropäische Methodendebatte eingeführt (*Grundsatz und Norm*, 1956). Ein wichtiger Anstoß dafür war die rechtsvergleichende Perspektive gegenüber dem angelsächsischen Case Law (→ siehe 1.2.4),[45] in dem Rechtsprinzipien von jeher eine tragende Funktion erfüllen. Die heute besonders einflussreiche Formulierung dieser Lehre stammt von R. Dworkin und wurde als Gegenprogramm zum Rechtspositivismus H. L. A. Harts entwickelt. Auch in der Verfassungskultur der BRD spielen materielle Rechtsprinzipien seit Längerem eine wichtige Rolle. Auf theoretischer Ebene wurde diese Unterscheidung in Deutschland v.a. von R. Alexy weiterentwickelt. Rechtspositivistische Autor:innen stehen der Verbindlichkeit bzw. der Erkennbarkeit von Rechtsprinzipien häufig kritisch gegenüber bzw. lassen sie nur sehr eingeschränkt gelten.

Wodurch unterscheiden sich Regeln und Prinzipien?

[45] Vgl. Esser 1990, 14 ff.

Regeln „funktionieren" nach dem **„Alles-oder-Nichts"-Prinzip.**[46] Die Verknüpfung zwischen Tatbestand und Rechtsfolge folgt einem **„Wenn-Dann"-Schema.** Nach Dworkin resultiert die Rechtsfolge bei einer Regel nahezu mechanisch, wenn alle Tatbestandsvoraussetzungen vorliegen.[47]

Prinzipien fehlt dieser klassische Normaufbau. Sie haben eine andere Funktion. Anders als Regeln können sie nicht einfach durch Subsumtion eines Sachverhalts unter einen Tatbestand angewendet werden, sondern stellen differenzierte Anforderungen an ihre Interpretation und Anwendung. Sie haben nach Dworkin eine **„Dimension des Gewichts"**,[48] d.h. eine **relative Wichtigkeit.** Sie müssen bei der Anwendung im konkreten Fall mit allenfalls konkurrierenden anderen Rechtsprinzipien **abgewogen** werden.[49] Nach Alexy sind Prinzipien als **„Optimierungsgebote"**[50] zu verstehen. Das bedeutet, sie sollen im Hinblick auf die bestehenden faktischen und rechtlichen Rahmenbedingungen **bestmöglich umgesetzt** werden. Bei der Umsetzung von Prinzipien bleibt daher mehr Spielraum für juristische Argumentation als bei der Anwendung von Regeln. Als Rechtsprinzipien versteht Alexy v.a. die **Grund- und Menschenrechte.**

Regeln	**Prinzipien**
„Alles-oder-nichts"-Prinzip	„relatives Gewicht"
Subsumtion → Rechtsfolge	Optimierungsgebot / Abwägung

Prinzipien sind inhaltlich deutlich allgemeiner als Regeln. Sie enthalten zumeist die **fundamentalen Grundsätze** einer Rechtsordnung (z.B. Grundprinzipien, Menschenrechte, Staatszielbestimmungen). Prinzipien können in einzelnen Normen zum Ausdruck kommen, aber auch aus mehreren gesetzlichen Bestimmungen abgeleitet werden, etwa aus der Verfassung als Ganzer oder der gesamten Rechtsordnung. Von einem Teil der Lehre werden sie als Bestandteil des positiven Rechts mit spezifischem Rechtsquellencharakter betrachtet.[51] Vertreter:innen des Rechtspositivismus lehnen diese Sicht tendenziell ab. Besondere Bedeutung kommt dem **Grundsatz der Menschenwürde** zu (→ vgl. 4.3.3.2.b).

Das Prinzip der Menschenwürde ist in Deutschland explizit in der Verfassung (Art. 1 Abs. 1 GG) verankert und wird als verfassungsrechtliche **„Fundamentalnorm"**[52] verstanden. Als solche ist sie mit anderen Rechtsprinzipien **nicht abwägbar** (vgl. → die Debatte um die „Rettungsfolter", 4.4.3). In Österreich fehlt dagegen

46 Dworkin 2022, 40.
47 Vgl. ebd., 39 ff.
48 Ebd., 43.
49 Vgl. Ramos Pascua 1996, 9 f.
50 Alexy 2018, 75 f.
51 Vgl. ebd., 72.
52 Böckenförde 2004, 2017.

eine ausdrückliche Regelung dieses Grundsatzes. Doch geht die höchstgerichtliche Judikatur auch dort davon aus, dass der Schutz der Menschenwürde bzw. der darin zum Ausdruck kommenden „Wertentscheidungen" der österreichischen Gesamtrechtsordnung als Rechtsprinzip „immanent" ist.[53]

Eine besondere Rolle spielen übergreifende Rechtsprinzipien in der juristischen Argumentation des angelsächsischen Case Law. Hier bilden sie die eigentliche Grundlage der Verbindlichkeit von Präjudizien. Auch die englische Verfassung – für die es von jeher keine umfassend gesetzlich kodifizierte Form gibt – beruht auf fundamentalen Rechtsprinzipien, etwa jenem der „Parlamentssouveränität".

Welche Funktionen haben Rechtsprinzipien?

Häufig werden 3 Funktionen unterschieden:[54]

1. Die **integrierende** Funktion: Prinzipien dienen zur Lösung von Fällen, für die es keine ausdrücklichen Regeln gibt. Im angelsächsischen Rechtskreis werden sie daher vor allem zur Lösung sogen. „hard cases"[55] herangezogen. Aber auch manche europäischen Privatrechtsordnungen, z.B. das österreichische ABGB oder der spanische Código Civil, beziehen explizit den Rekurs auf Rechtsprinzipien im Falle von Regelungslücken mit ein.[56]
2. Die **interpretierende** Funktion: Prinzipien haben besondere Bedeutung für die Interpretation von Regeln. Regeln sollen generell nicht in Widerspruch zu Prinzipien, sondern diesen gemäß ausgelegt und angewendet werden.
3. Die **programmatische** Funktion: V.a. die fundamentalen **Prinzipien der Verfassung** verpflichten den Gesetzgeber zu einer der jeweiligen Herausforderung entsprechenden bestmöglichen Umsetzung im Sinne des Optimierungsgebots.

1.2.4 Case Law

Anders als im kontinentaleuropäischen Rechtssystem sind im angelsächsischen Case Law nicht Gesetze, sondern richterliche Entscheidungen die zentrale Rechtsquelle für künftige Fälle.

Haben richterliche Entscheidungen über den Einzelfall hinaus Bedeutung auch für spätere Fälle, die **in allen relevanten Gesichtspunkten gleich gelagert** sind, spricht man generell von **„Präjudizien"**.

---

[53] So etwa OGH 10 Ob 501/94, 14.4.1994, JBl 1995, 46.

[54] Vgl. Ramos Pascua 1996, 10 f.

[55] Nach Dworkin versteht man unter „hard cases" jene Fälle, für die es bislang keine (eindeutige) rechtliche Regel durch ein Gesetz oder eine richterliche Vorentscheidung gibt. Vgl. Dworkin 2022, 105.

[56] Vgl. § 7 ABGB; Art. I Nr. 4 esp. CC.

Auch im kontinentaleuropäischen Recht haben richterliche Entscheidungen nicht nur vollziehende, sondern auch **rechtsschöpferische** Funktion. Diese bezieht sich aber vorrangig auf den konkret vorliegenden Fall. Normative Verbindlichkeit für künftige Fälle besitzen sie in der Regel jedoch nicht. Dafür werden vor allem das Legalitätsprinzip und der Grundsatz der Gewaltenteilung geltend gemacht. Nicht zuletzt wird in Deutschland diesbezüglich auf die in Art. 97 Abs. 1 GG verankerte sachliche Unabhängigkeit der Richter:innen verwiesen. Auch manche Privatrechtsordnungen schließen eine gesetzesgleiche Bindungswirkung von Vorentscheidungen explizit aus, etwa § 12 des österreichischen ABGB. In der richterlichen Praxis spielen Präjudizien freilich dennoch eine wichtige Rolle. Sie dienen nicht nur der Entlastung und Orientierung der Rechtsprechung, sondern auch der Rechtssicherheit und Gleichbehandlung.[57]

1.2.4.1 Der Grundsatz des „stare decisis"

Verglichen mit dem Stellenwert von Präjudizien in kontinentaleuropäischen Rechtsordnungen haben bestimmte richterliche Entscheidungen im angelsächsischen Richterrecht offenbar normative Verbindlichkeit (**„precedents"**). Diese Bindungswirkung kommt im Grundsatz des **„stare decisis (et non quieta movere)"** = „to stand by things decided (and do not disturb the calm)", übers.: **„bei den Entscheidungen stehen bleiben"**, zum Ausdruck.

Dabei handelt es sich eigentlich um einen zentralen **methodischen Grundsatz** des Common Law, der vorrangig auf die Gewährleistung von **Rechtssicherheit** ausgerichtet ist.[58] Er entspricht dem spezifischen (ursprünglich primär) prozeduralen Charakter der Regelfindung im Common Law.[59]

Die Doktrin des „stare decisis" wurde im England des 18. Jh. entwickelt (W. Blackstone) und erreichte am Ende des 19. Jh. ihren Höhepunkt.[60] Ihr Hauptanwendungsbereich umfasst in den USA das Privatrecht (und in England auch das Strafrecht, das dort ebenfalls nicht kodifiziert ist). Deren Umsetzung in England wird als tendenziell etwas strikter als jene in den USA wahrgenommen.[61]

Insgesamt reicht die Entstehung des anglo-amerikanischen „Case Law" mindestens bis ins England des 12. Jahrhunderts zurück. Sie war das Produkt eines kontinuierlichen Entwicklungsprozesses und ging ursprünglich aus der Durchsetzung einer einheitlichen königlichen Gerichtsbarkeit hervor, die – anders als

57 Vgl. Kriele 1979, 93 ff.
58 Vgl. Eisenberg 2022, 19 f.
59 Vgl. Falcón y Tella 2011, 30; 50.
60 Vgl. ebd., 31 ff.
61 Vgl. Art. „stare decisis", in: Encyclopaedia Britannica, https://www.britannica.com/topic/stare-decisis (21.11. 2024).

in Kontinentaleuropa – die feudale und lokale Zersplitterung des Rechts schon im Mittelalter beendete. In der Autorität der königlichen Gerichte von Westminster manifestierte sich auch die Durchsetzung königlicher Macht. Sie führte auf diesem Weg auch zu einer frühen Rechtsvereinheitlichung im Common Law, verbunden mit den Anliegen der Modernisierung und Entfeudalisierung des Rechts.[62] Anders als in Kontinentaleuropa konnte sich daher in England die Rezeption des „gemeinen" Rechts (römischrechtlicher Herkunft) und seiner Systematik nicht durchsetzen. Aufgrund der unterschiedlichen methodischen Traditionen erlangte auch die große Kodifikationsbewegung Ende des 18./Anfang des 19. Jh. hier keinen Einfluss.[63]

Wir müssen die spezifische Bindungswirkung von judicial precedents im Case Law aber noch etwas näher begründen bzw. differenzieren:

1. Unterschieden werden muss zwischen **vertikalem** und **horizontalem „stare decisis"**. Während vertikales stare decisis eine „strikte" Bindung an die Entscheidungen von **Obergerichten** erzeugt, bezieht sich horizontales stare decisis auf die Entscheidungen des **eigenen Gerichts**. Letztere haben bei den meisten Gerichten eine geringere Bindungswirkung. Diese enthält keine strikte Bindung, aber erzeugt eine **Rechtsvermutung** zu Gunsten der Richtigkeit der Vorentscheidung, die eine qualifizierte Begründung für ihre Überwindung erfordert. Es muss begründet werden, warum sie **„eindeutig" falsch** ist und ihre Überwindung eine **klare Verbesserung** des Rechts verspricht.[64]

   Sowohl bei vertikalem als auch bei horizontalem stare decisis spricht man von **„binding authority"**. Allen anderen Entscheidungen, nämlich jenen gleichrangiger oder untergeordneter Gerichte, kommt bloß eine **„persuasive authority"** zu. Das bedeutet, diese sind nicht verbindlich, haben aber Bedeutung aufgrund ihrer argumentativen Überzeugungskraft.
2. Im Case Law zeigt sich darüber hinaus von vornherein ein grundsätzlich anderes Rechtsquellenverständnis als im kontinentaleuropäischen Recht. Dabei wird auch **leitenden allgemeinen Rechtsprinzipien** eine zentrale Bedeutung zugeordnet.[65] Auch die Verbindlichkeit von Vorentscheidungen, die im Grundsatz des „stare decisis" zum Ausdruck kommt, beruht letztendlich nicht auf einem formalen Erzeugungsakt. Die/der Richter:in **übernimmt nicht die Rolle eines Gesetzgebers.**[66] Vielmehr kommt der **richterlichen Argumentation** (und deren praktischer Vernünftigkeit) eine konstitutive Rolle für die Regelfindung zu. Präjudizien gelten demnach, weil sie als **nachvollziehbare Konkretisierungen** eines fundamentalen Rechtsprinzips angesehen werden. Solche

---

62 Vgl. Sandberg 2023, 85 ff.
63 Vgl. Falcón y Tella 2011, 47 f.
64 Vgl. Lamond 2023, 24.
65 Vgl. Pikis 2017, 21 ff.
66 Vgl. grundlegend Blackstone 1766, Vol. 1, 69.

Rechtsprinzipien sind etwa die Grund- und Menschenrechte und die allgemeinen Prinzipien des Privatrechts.

3. Nicht das gesamte Präjudiz hat Bedeutung über den Einzelfall hinaus, sondern nur jener Anteil, der die für den Fall **entscheidende Rechtsregel** enthält, nämlich die **„ratio decidendi"** bzw. das **„holding"**[67] einer Entscheidung. Davon zu unterscheiden sind die **„obiter dicta"**, die im vorliegenden Fall nicht entscheidungsrelevante Erwägungen enthalten.

   Häufig werden zentrale Aspekte dieser Entscheidungsregel mit den Worten hervorgehoben: „We hold, that ...". Doch auch hier gilt: Was konkret unter dem „holding" oder der „ratio decidendi" einer Entscheidung verstanden wird, **steht nicht von vornherein fest**, ist kein formal abgetrennter Teil der Entscheidung, sondern **Aufgabe differenzierter juristischer Argumentation**. Die Ermittlung der leitenden Entscheidungsregel eines Präjudizes macht damit einen wesentlichen Teil juristischer Arbeit im Case Law aus.[68]

Es lässt sich leicht erkennen, dass dem Case Law offenbar ein deutlich anderes Rechtsverständnis zugrunde liegt, in dem die im Gesetzesstaat vertrauten Grundbegriffe wie „Geltung" bzw. eine deutliche Unterscheidung von Normerzeugung und -anwendung nicht unmittelbar greifen.

4. Da die richterliche Argumentation eine direkte Auswirkung auf die Verbindlichkeit von Präjudizien hat, ist auch das **Abstimmungsverhältnis** im Richtersenat dafür bedeutsam. V.a. hinsichtlich der Entscheidungsbegründung kann es Unterschiede geben, die die Entscheidung entweder stärken oder schwächen. Folgende Varianten können dabei unterschieden werden:[69]
   a. Kann sich der Richtersenat (mit absoluter Mehrheit) auf eine **einheitliche Entscheidungsbegründung** einigen, trägt dies zur „Haltbarkeit" der Entscheidung bei.
   b. Kommt die Mehrheit des Senats zu einem einheitlichen Ergebnis, für das neben der Begründung der Richtermehrheit (**„majority opinion"**) auch **abweichende Entscheidungsbegründungen** abgegeben werden, nennt man diese **„concurring opinions"**. Diesen concurring opinions kommt keine Bindungswirkung, sondern nur persuasive authority gegenüber untergeordneten Gerichten zu. Solche Entscheidungen können in der Folge jedoch leichter durch distinguishing (→ siehe sogleich 1.2.4.2) geändert werden.

---

[67] Diese Begriffe werden weitgehend synonym verstanden. Doch wird der Begriff „ratio decidendi" häufiger in England verwendet und beruht noch mehr auf Interpretation und Abstraktion. Solche Rechtsregeln in Vorentscheidungen werden dagegen in den USA eher als „holding" bezeichnet und tendenziell konkreter ausformuliert. Vgl. dazu Eisenberg 2022, 27 ff.

[68] Vgl. Somek 2017, 104 f.

[69] Vgl. https://www.constitutionalstudies.ca/2020/07/majority-concurring-and-dissenting-decisions/ (21.11.2024).

c. Schließlich besteht die Möglichkeit, dass ein bei der Abstimmung unterlegener Richter sich vom Ergebnis durch die Abgabe einer abweichenden Meinung inhaltlich distanzieren möchte. Dieses Sondervotum nennt man **„dissenting opinion“**. Es wird der Entscheidungsbegründung angeschlossen und bietet Ansatzpunkte für ein künftiges overruling (→ siehe sogleich 1.2.4.2).

1.2.4.2 Methoden der Rechtsfortbildung im Case Law

Was aber ist zu tun, wenn der zu entscheidende Fall mit den vorliegenden Präjudizien nicht gelöst werden kann? Oder anders gefragt: Welche Methoden der Rechtsfortbildung gibt es im Case Law? Erneut kommt der richterlichen Argumentation eine zentrale Rolle zu. Dabei werden zwei Vorgangsweisen unterschieden:

1. Größere Bedeutung hat die Methode des sogen. **„distinguishing“**. Durch distinguishing wird ein bestehendes Präjudiz nicht aufgehoben, sondern nur in einem neuen Fall **nicht herangezogen**. Die Begründung hierfür lautet: Es passt nicht auf den vorliegenden Fall. Daher werden die **rechtserheblichen Unterschiede** zwischen den beiden Fällen aufgezeigt.[70] Dem liegt kein einfaches Subsumtionsverfahren zugrunde. Vielmehr geht es um diffizile Unterscheidungen und Modifikationen hinsichtlich der ursprünglichen Regel, die dazu führen, dass das Case Law in immer weitere Fallvarianten ausdifferenziert wird. Erneut steht die leitende Entscheidungsregel (die ratio decidendi bzw. das holding) der richterlichen Entscheidung im Mittelpunkt. Will man mittels „distinguishing“ von einem Präjudiz abrücken, gilt es, diese **enger zu interpretieren**, nämlich so zu fassen, dass sie auf den vorliegenden Fall nicht mehr anwendbar ist.
2. Lässt sich eine ältere Entscheidung auch durch distinguishing nicht ausreichend für den aktuellen Fall modifizieren, bleibt noch die (schwierigere) Methode des **„overruling“**.[71] Diese kommt üblicherweise gegenüber Entscheidungen untergeordneter Gerichte zu Anwendung. Will ein Obergericht eigene Vorentscheidungen aufheben, bedarf dies einer qualifizierten Begründung. Dabei argumentiert das Gericht, dass die ursprüngliche Entscheidung **juristisch falsch** (bzw. **mittlerweile veraltet** oder einfach **nicht praktikabel**) ist. Stets muss im Falle eines overruling eine Abwägung zwischen Rechtsfortbildung und Rechtssicherheit vorgenommen werden.[72] Durch overruling wird das ursprüngliche Präjudiz **aufgehoben** und **durch ein Neues** ersetzt.[73]

---

70 Vgl. Eisenberg 2022, 78 ff.

71 Vgl. https://constitution.congress.gov/browse/essay/artIII-S1-7-2-2/ALDE_00013237/ (21.11.2024).

72 Vgl. Eisenberg 2022, 98; https://constitution.congress.gov/browse/essay/artIII-S1-7-2-3/ALDE_00013238/ (21.11.2024).

73 Vgl. Eisenberg 2022, 98 ff.

Methode	distinguishing	overruling
Begründung	rechtserhebliche Unterschiede zwischen den Fällen	ursprüngliche Entscheidung falsch bzw. veraltet
Folgen	Rechtsverfeinerung	altes Präjudiz wird durch neues ersetzt

1.2.5 Indigene Konfliktlösung („Justice as Healing“)

Sie haben gehört, dass das Recht ab der Moderne ursprünglich als Ausdruck staatlicher Souveränität verstanden wurde, und seine Durchsetzung eng mit dem Aufstieg des modernen Staats verbunden war. Insbes. das Gesetzesrecht bildete das Resultat eines radikalen Umbruchprozesses hinsichtlich der Legitimationsgrundlagen des Rechts. Bis heute prägt dies unser Verständnis von Geltung und Aufgaben des Rechts nachhaltig.

Schon die Rechtskultur des Common Law konterkariert freilich, wie sich gezeigt hat, scheinbar allgemein gültige Vorstellungen von Rechtsgeltung bzw. Rechtserzeugung (vgl. → 1.2.4).

Es gibt aber auch ganz andere Formen der rechtlichen und sozialen Regulierung oder Konfliktlösung, die den Zusammenhang mit dem Machtmonopol eines modernen Territorialstaats weitgehend vermissen lassen.

Dies betrifft insbes. vielfältige Formen **indigener Konfliktlösung**, wie sie im Rahmen kultureller Autonomierechte indigener Minderheiten auch in modernen Rechtsstaaten Anerkennung finden. Eine Vorreiterrolle für diese Form des gelebten Rechtspluralismus nimmt Kanada ein. Als exemplarisches Modell hierfür gilt das Konzept des „Community Holistic Circle Healing Program (CHCH)“, häufig bezeichnet als „Justice as Healing“ oder „Restorative Justice“.[74]

1.2.5.1 Grundlagen indigener Konfliktlösung

Zentral für verschiedene Formen des Konzepts der „Justice as Healing“ bzw. „Restorative Justice“ ist die **Ablehnung von staatlicher Zwangsgewalt zur Konfliktlösung** im Rahmen indigener Gemeinschaften. Daher kommen diese Verfahren als **Alternative zum staatlichen Strafrecht** zur Anwendung. „Justice as Healing“ ermöglicht es, im Bereich strafrechtlicher Delikte das herkömmliche zwangsbewehrte Sanktionssystem „westlicher“ (europäisch-nordamerikanischer) Prägung zu ersetzen.

[74] Ross 2005, 184.

Strafe wird in der Tradition der Aufklärung in zentraler Weise als eine Form des Rechtszwangs und damit als **„Gegenzwang“**[75] (auch als sogen. „doppelte Negation“ von Freiheit) legitimiert, exemplarisch etwa bei KANT, HEGEL und FICHTE. Darin kommt die Überzeugung zum Ausdruck, staatlicher Zwang könne die Folgen einer gewaltsamen Rechtsverletzung Einzelner aufheben. Damit ist keineswegs notwendig Vergeltung gemeint. Vielmehr zielt der strafrechtliche Zwang eben auf die „Wiederherstellung“ und Sicherung der rechtlichen Rahmenbedingungen gleicher Freiheit (vgl. → 3.4.4.3.d).

„Justice as Healing“ soll die **Stigmatisierung** und **soziale Ausgrenzung** von Straftäter:innen **vermeiden.**[76] Das Ziel ist es vielmehr, die **Negativspirale** von traumatisierender Gewalt zu durchbrechen, die Opfer von Gewalt häufig selbst zu Täter:innen werden lässt. Herkömmliche Bestrafung, insbes. Inhaftierung, habe sich gerade bei Mitgliedern der „first nations“ nicht als geeignet erwiesen, den **Kreislauf von Viktimisierung und Kriminalisierung** wirksam zu überwinden.[77] Im Gegenteil, die Androhung von Strafe verhindere vielmehr die Übernahme von Verantwortung und fördere das Schweigen des Täters/der Täterin. Ja, sogar das aktuelle Opfer würde durch seine Exposition im herkömmlichen Strafverfahren (etwa im Kreuzverhör) einer neuerlichen Viktimisierung ausgesetzt.

Nicht zuletzt wird die Etablierung indigener Konfliktlösungsverfahren auch als Vorgang der **Dekolonialisierung** verstanden, der auf die individuelle und kollektive geschichtliche Erfahrung der Unterdrückung und Diskriminierung kolonialisierter Völker reagiert. Mitunter wird diese Geschichte der Kolonialisierung als das eigentliche Trauma verstanden, dessen Weiterwirken unterbrochen werden muss.[78]

Daher wird generell die Übernahme einseitig rationaler Gerechtigkeitsvorstellungen der nordamerikanischen Mehrheitsgesellschaft bzw. europäischer Herkunft abgelehnt. „Restorative Justice“ geht von einem Menschenbild aus, das nicht nur rationale, sondern auch emotionale und spirituelle Aspekte miteinbezieht. Sie verfolgt insbes. keinen individualistischen, sondern einen „holistischen“ Ansatz. Nicht um die Bestrafung bzw. Resozialisierung einzelner Individuen geht es im Kern, sondern um die **Wiederherstellung** der Integrität der **Gemeinschaft** als Ganzer.

Nicht zuletzt kann „Restorative Justice“ nicht punktuell in einem rechtsförmigen Verfahren abgeschlossen werden. Vielmehr haben indigene Modelle der Konfliktlösung vorwiegend **zeremoniell-rituellen Charakter.**[79] Darin geht es um einen längeren Vorgang der Heilung sozialer Beziehungen.[80] Auf diesem Weg soll das

---

75 Schild 1998, 431.

76 Vgl. Henderson/McCaslin 2005, 3 f.

77 Vgl. Ross 2005, 187 ff.

78 Vgl. Henderson/McCaslin 2005, 4 f.

79 Vgl. Melton 2005, 108.

80 Vgl. Buller 2005, 2.

durch Unrecht und Traumatisierung verletzte Gleichgewicht in der Gemeinschaft wiederhergestellt werden. In manchen Auffassungen schließt dies auch die Versöhnung mit der gesamten Natur mit ein.[81]

Für die zentralen Zusammenkünfte wird als Sitzordnung stets die Kreisform gewählt.[82] Diese Kreisform hat nicht bloß symbolische Bedeutung, sondern wird selbst als unmittelbarer ritueller Ort der gemeinschaftlichen „Heilung" verstanden. Dies bringt die zentralen Ziele von gemeinschaftlicher Balance und Harmonie unmittelbar zum Ausdruck.[83] Man nennt solche Sitzungen daher **„Healing Circles"**.

1.2.5.2 Das Verfahren des CHCH

Die Durchführung des „Community Holistic Circle Healing Program" (CHCH) umfasst zahlreiche Verfahrensschritte, deren Abfolge strikt geregelt ist. Dennoch handelt es sich aber um keine straffen strafprozessualen Abläufe, sondern um einen langjährigen, vorwiegend kommunikativen und spirituell verstandenen Entwicklungsprozess, der die gesamte Gemeinschaft betrifft.

Grundlegend ist die freie Zustimmung des Opfers zu diesem Verfahren, aber auch die Einwilligung des Täters. Dieser muss bereits im Vorfeld die Bereitschaft zur Verantwortungsübernahme bekunden. Weiter ist auch das Einvernehmen mit den staatlichen Strafverfolgungsbehörden herzustellen.[84]

Die Phase der Vorbereitung der eigentlich zentralen Zusammenkunft des „Healing" bzw. „Sentencing Circle" dient zunächst der Ermittlung (und Offenlegung) aller verfügbaren Fakten. Allen Beteiligten ist frühzeitig ausreichende soziale und psychologische Unterstützung zu gewähren. Oberste Priorität haben dabei der **Schutz und die Sicherheit des Opfers**. Wird in Kooperation mit den staatlichen Strafverfolgungsbehörden entschieden, dass der Vorwurf eines strafrechtlich relevanten Delikts vorliegt und sich der konkrete Fall für eine alternative, gemeinschaftliche Konfliktlösung eignet,[85] wird ein sogen. **„Healing Contract"** vorbereitet. Demnach ist eine alternative Konfliktlösung nur möglich,

- wenn die beschuldigte Person die volle Verantwortung für ihre Taten übernimmt
- und in eine psychologische Behandlung einwilligt.

Das Strafverfahren wird weiter umgehend von den staatlichen Behörden aufgenommen, sollten neue Opfer oder relevante Informationen bekannt werden, die

[81] Vgl. Melton 2005, 108 f.

[82] Vgl. The Hollow Water First Nations Community Holistic Circle Healing Interim Report 2005, 193.

[83] Vgl. Buller 2005, 3.

[84] Vgl. ebd., 2 f. Diese Kooperation mit dem staatlichen Machtapparat ist aber auch ein Hauptkritikpunkt am Verfahren des CHCH von indigener Seite.

[85] Vgl. ebd., 12 f.

nicht vom bisherigen Geständnis umfasst sind, oder wenn sich die beschuldigte Person im Community-Verfahren unkooperativ verhält.

Erst nach umfassenden Vorbereitungen aller Beteiligten kann das eigentliche zeremonielle Treffen in Form eines **„Healing Circle“** stattfinden. Dabei kommt es zu einer Zusammenkunft von der/dem Beschuldigten, dem Opfer, ausgewählten Familienmitgliedern beider Seiten sowie des Unterstützerteams, weiteren Mitgliedern der Gemeinschaft sowie von Vertreter:innen des Gerichts, der Anklage (in Kanada der „Krone“) und der Verteidigung.[86]

Auch das „Hauptverfahren“ im Rahmen des „Healing Circle“ hat nicht primär gerichtsförmigen, sondern spirituellen und kommunikativen Charakter. Am Beginn steht erneut die Konfrontation der beschuldigten Person mit ihrer Tat und deren Akzeptanz der Verantwortlichkeit. Besonders wichtig ist aber auch der nun folgende „erzieherische“ Prozess der Bewusstseinsbildung, der die Tragweite und die destruktiven Auswirkungen der verhandelten Delikte für alle Anwesenden anschaulich deutlich machen soll. Das eigentliche Kernstück des „Healing Circle“ bildet die Möglichkeit für alle Teilnehmer:innen, ihre emotionale Betroffenheit hinsichtlich der Taten mitzuteilen sowie den/die Täter:in zur Verantwortungsübernahme zu ermutigen. V.a. aber soll dabei dem Opfer umfassende Unterstützung angeboten werden. Dazu gehört auch essenziell die Klarstellung, dass dieses keine Mitschuld trifft.[87]

Schließlich wird der **„Healing Contract“** präsentiert. Dieser regelt drei zentrale Punkte:

1. eine Form der Sanktion für den/die Täter:in, die aber dessen/deren Selbstachtung sowie jene der Gemeinschaft wahren muss. In der Regel besteht dies in der Übernahme gemeinnütziger Arbeit;
2. Maßnahmen des Opferschutzes (wie etwa Kontaktbeschränkungen hinsichtlich potenzieller Opfer);
3. das Erfordernis einer psychologischen Behandlung.

Der/die Täter:in muss den „Healing Contract“ akzeptieren und sich öffentlich entschuldigen.[88]

Die Umsetzung des „Healing Contract“ wird auch als gemeinschaftliche Aufgabe verstanden. Sie erfordert einen mehrjährigen Heilungsprozess, der auf die Wiederherstellung des sozialen und spirituellen Gleichgewichts hinsichtlich des konkreten Täters/der konkreten Täterin und der gesamten Gemeinschaft gerichtet

---

86 Vgl. The Hollow Water First Nations Community Holistic Circle Healing Interim Report 2005, 192 f.

87 Vgl. Buller 2005, 16.

88 Vgl. ebd., 17.

ist. Sein Abschluss wird durch einen neuerlichen zeremoniellen Vorgang, die gemeinschaftliche Feier der sogen. „Cleansing Ceremony“, bekräftigt.[89]

Wiederholungsfragen:

1. Weshalb ist die Ausbildung von Souveränitätsbegriff und modernem Gesetzesrecht das Ergebnis eines Säkularisierungsprozesses am Beginn der Neuzeit?
2. Erklären Sie, inwiefern Rechtsregeln nach dem „Alles-oder-nichts“-Prinzip funktionieren. Wie unterscheiden sie sich dadurch von der Anwendung von Rechtsprinzipien?
3. Erklären Sie, welche grundlegenden Zielsetzungen das Modell der „Justice as Healing“ vom Sanktionssystem „westlicher“ Prägung unterscheiden.

[89] Vgl. ebd., 18; The Hollow Water First Nations Community Holistic Circle Healing Interim Report 2005, 195.

2. Kapitel: Die Rechtsgeltung

Aus dem Schlusswort des Richters O. Rothaug, Angeklagter im Juristenprozess, einem der Nachfolgeverfahren des Nürnberger Hauptkriegsverbrecherprozesses: „Ich diente meinem Land mein ganzes Leben hindurch, in welche Position auch immer ich berufen wurde, mit Aufrichtigkeit, einem reinen Herzen und ohne verwerfliche Absicht. [...] Niemand konnte in unserer Position zu dieser Zeit zu der Auffassung gelangen, dass der Staat, dem wir dienten, einmal als Ganzer als Unrechtsstaat angeklagt werden könnte [...]. [Deswegen bin] ich nun besorgt, Ihnen zu beweisen, dass ich sowohl in meinem Dienst als Richter als auch in jenem eines Anklägers die *Gesetze meines Landes nach bestem Wissen und Gewissen gemäß ihrer Bedeutung angewandt* habe. Wir ließen uns von der Praxis des Reichsgerichtshofs leiten und verfuhren in derselben Weise wie die übrigen 60 bis 80 Sondergerichtshöfe. [...] Wir waren keine Experten hinsichtlich *Verbrechen gegen die Menschlichkeit*, und es wurde in keinem einzigen Fall ein Beweis erbracht, dass wir in irgendeinem Zusammenhang *illegale* Methoden angewandt hätten."[1]

Dieser hochrangige NS-Jurist bedient sich einer dezidiert legalistisch-positivistischen Rechtfertigung für die Anwendung der Unrechtsgesetzgebung des NS-Regimes. Es gehe um deren formale Geltung ohne Rücksicht auf den Inhalt. Kann die Geltung von Rechtsnormen stets auf deren formal richtige Erzeugung reduziert werden?

2.1 Der Begriff der Geltung

2.1.1 Einleitung

Normen haben allem Anschein nach eine ganz andere „Existenzweise" als Fakten. Vielfach wird betont, darin manifestiere sich kein „Sein", sondern ein „Sollen". Andere Deutungen sehen darin allerdings auch eine spezifische Form von Realität. Hegel bezeichnet das Recht etwa als „objektiven Geist".[2]

Die **spezifische Verbindlichkeit** von Rechtsnormen nennt man üblicherweise ihre **Geltung**. In einem weiteren Zusammenhang werden dem Begriff der Geltung einerseits der Begriff der **Effektivität** und andererseits der Begriff der **Legitimität**

[1] Trials of War Criminals before the Nuernberg Military Tribunals under Control Council Law 1951, 947 [Übersetzung und Hervorhebung durch Verf.].

[2] Hegel 2021, § 57, 124.

gegenübergestellt. Diese Begriffe müssen zwar unterschieden werden, sind aber auch aufeinander bezogen.

2.1.2 Geltung und Effektivität

Die erste zentrale Unterscheidung ist jene zwischen Geltung und **Wirksamkeit**.

Der normative Geltungsanspruch ist jedenfalls eingebettet in eine Reihe faktischer Phänomene, wie den realen Prozess der Rechtserzeugung einerseits und die tatsächliche Umsetzung der Rechtsnormen andererseits, die für die Erfüllung ihrer Funktionen entscheidend sind, aber dennoch davon unterschieden werden müssen.

Von der normativen Geltung einer Norm muss daher die Effektivität unterschieden werden (auch „faktische Geltung" genannt). Darunter versteht man deren faktische Wirksamkeit. Sie beruht einerseits – und zwar im überwiegenden Maß – auf **freiwilliger Rechtsbefolgung** und andererseits auf der Durchsetzung des Rechts mittels **staatlich organisierten Zwangs** im Falle einer Normverletzung.

Ungeachtet dieser begrifflichen Unterscheidung stützen manche Geltungstheorien die Rechtsgeltung unmittelbar auf die Effektivität von Rechtsnormen oder der gesamten Rechtsordnung (→ Machttheorie, Anerkennungstheorie, 2.2.1 u. 2) oder beziehen diese doch in die Geltungsgrundlagen mit ein (→ siehe Kelsens Theorie der „Grundnorm", 2.2.3).

2.1.3 Geltung und Legitimität

Von der bloßen (normativen) Geltung unterschieden werden kann aber auch die **Legitimität** von Rechtsnormen oder der Rechtsordnung, die auf die inhaltliche oder prozedurale **Rechtfertigung** von Normen abzielt. Damit ist meist die **inhaltliche Qualität** von Normen angesprochen, etwa die Übereinstimmung mit fundamentalen Forderungen der Gerechtigkeit bzw. mit grundlegenden Prinzipien, die der Rechtsordnung als Ganzer immanent sind (wie etwa das Prinzip der Menschenwürde → siehe 4.3.3.2.b).

Welche Rolle aber spielt die Legitimität für die Geltung der Rechtsordnung? Anders gefragt: Bildet die Überstimmung mit fundamentalen Grundsätzen der Gerechtigkeit bzw. mit überpositiven Rechtsprinzipien eine Voraussetzung für die Verbindlichkeit von Normen?

Legitimität kann freilich auch mit der **Einhaltung rechtsstaatlicher und demokratischer Verfahren** begründet werden. Gerade in neueren Ethikmodellen (Diskursethik → vgl. 4.2.2.2) werden prozedurale Anforderungen an die Rechtserzeugung gestellt, die sich nicht mit der Einhaltung bloß *legaler* Verfahren begnügen. Damit sind qualitative Anforderungen an den Prozess der Rechtserzeugung selbst gemeint, die auf die Förderung des demokratischen Konsenses abstellen. (Die

Beschränkung auf Legalität ist dagegen für rechtspositivistische Theorien charakteristisch, vgl. sogleich → 2.2.3.)

Wieweit Legitimität auf Geltung (oder „Legalität") reduziert werden kann, oder umgekehrt die inhaltliche oder prozedurale Legitimität eine direkte Rolle für die Geltung von Normen spielt, ist Gegenstand weitreichender **methodischer Kontroversen.** Von einer rechtspositivistischen Position her wird ein solcher Zusammenhang strikt zurückgewiesen. Andere Ansätze vertreten die Auffassung, dass etwa der Bezug zu übergreifenden Rechtsprinzipien auch methodisch bedeutsam ist, um den Inhalt von Normen adäquat interpretieren und umsetzen zu können.

In jedem Fall enthält der Begriff der Geltung aber immer auch einen Aspekt der „Außerstreitstellung" bzw. der politischen Neutralisierung dessen, was rechtlich verbindlich ist. Geltung bedeutet, dass der Anspruch der Normbefolgung verpflichtend ist, **unabhängig von der Zustimmung der Normadressaten**.

Von manchen Autor:innen wird der juristische Geltungsbegriff deswegen generell in engem Zusammenhang mit der methodischen Richtung des Rechtspositivismus gesehen, zu dessen zentralen Anliegen die Trennung von „Legalität und Legitimität" gehöre. Dies betont etwa C. Schmitt in seiner Kontroverse mit H. Kelsen.[3] Der Geltungsbegriff sei eigentlich selbst ein positivistischer Begriff, der geradezu aus der Ausklammerung der Frage der Legitimität entstanden sei. Die Frage der inhaltlichen Rechtfertigung werde dabei durch jene der **formalrichtigen Erzeugung** ersetzt. „Legalität" erzeuge geradezu die „Illusion" „ein[es] Verfahren[s], das gleichzeitig ordnungsstiftend und doch völlig ‚wertneutral' funktioniere",[4] so Schmitt.

2.1.4 Geltung und Normenhierarchie (Stufenbau)

Wenn wir im Einzelnen die Frage der „Geltung" einer Norm klären wollen, liegt es nahe, die Antwort zunächst im strukturellen Aufbau der positiven Rechtsordnung selbst zu suchen. Das verweist uns auf das System der sogen. „Normenhierarchie".[5] Was ist damit gemeint?

Hinsichtlich des deutschen Verfassungsrechts legt Art. 20 Abs. 3 GG eine **Rangordnung** formell unterschiedlicher Rechtsnormen fest, die auf dem Prinzip der Rechtsstaatlichkeit beruht.[6] So ist für die normative Verbindlichkeit der einfachen parlamentarischen **Gesetze** (Gesetze im formellen Sinn) die Bindung an die **Verfassung** maßgeblich („Vorrang der Verfassung").[7] Akte der gesamten vollziehenden Gewalt und der Rechtsprechung sind ihrerseits an **„Gesetz und Recht"** gebun-

3 Vgl. Schmitt 2012, 8 ff.
4 Ebd., 14.
5 Sommermann 2018, Rn. 265.
6 Vgl. Grzeszick 2022, Rn. 20 ff; Schulze-Fielitz 2015, Rn. 81 ff.
7 Vgl. Sommermann 2018, Rn. 256 ff; Schulze-Fielitz 2015, Rn. 81 ff.

den („Vorrang der Gesetze").[8] Dies betrifft zunächst Rechtsverordnungen[9] und autonome Satzungen von juristischen Personen des öffentlichen Rechts.[10] In weiterer Folge mündet dieser „Stufenbau"[11] in die Anwendung der Gesetze (und der Rechtsverordnungen) durch gerichtliche Urteile und Bescheide im Einzelfall ein. Die **Verfassungs-** bzw. **Gesetzeskonformität** bildet damit die zentrale Grundlage der normativen Verbindlichkeit von (jeweils niederrangigeren) Rechtsnormen.[12]

Autor:innen, die spezifisch auf die (rechtspositivistischen) Theorien Merkls und Kelsens rekurrieren, bezeichnen diese Normenhierarchie dezidiert als **„Stufenbau der Rechtsordnung."** Hinsichtlich der Geltungsbegründung einzelner Normen legen sie den Schwerpunkt primär auf die sogen. **„Erzeugungsregeln"**, d.h. jene höherrangigen Normen, die das **formale Verfahren der Gesetzgebung** bzw. der rechtlichen Entscheidungsfindung im Einzelfall normieren. Man spricht daher von „Erzeugungszusammenhang". Insbes. in Österreich dominiert diese Sicht des Strukturaufbaus der Rechtsordnung zur Geltungsbegründung.

In jedem Fall darf diese Normenhierarchie nicht als bloßer Zusammenhang „rechtlicher Ableitung" verstanden werden, sondern erfordert auf allen Ebenen auch eine konstitutive Komponente der „gestaltende[n] Entscheidung".[13] Von manchen wird dabei jedoch übersehen, dass auch bei der Rechtsanwendung im Zuge des „Stufenbaus" eine bloß formale Ermächtigung (also bloße „Legalität") nicht ausreicht. Auch im kontinentaleuropäischen Gesetzesstaat kann im Vollzug der Gesetze nicht einfach beliebig entschieden, sondern muss mit *spezifisch rechtlichen Gründen* (häufig mit zentralen Rechtsprinzipien, wie etwa dem Gleichheitssatz, dem Grundsatz der Verhältnismäßigkeit, dem Prinzip des Vertrauensschutzes u.a. → vgl. 1.2.3) **argumentiert** werden.[14]

Allem voran bleibt jedoch bislang die Frage offen:

Was begründet die Geltung der Verfassung? Spätestens jetzt stellt sich die Frage nach Grundlagen der Rechtsgeltung, die das System des positiven Rechts auch überschreiten.[15]

---

8 Vgl. Sommermann 2018, Rn. 261 ff.

9 Diesen entsprechen in Österreich „Verordnungen".

10 Vgl. Schulze-Fielitz 2015, Rn. 96.

11 Sommermann 2018, Rn. 265.

12 Vgl. Schulze-Fielitz 2015, Rn. 96 ff.

13 Badura 2018, Rn. 51.

14 Vgl. Dworkin 2022, 106 f; 111 ff; zur Relevanz von Prinzipienargumenten auch im kontinentaleuropäischen Rechtssystem einführend Hammer 2002, 69 ff.

15 Zwar wird im Hinblick auf das GG von einigen Autor:innen explizit auf die Offenheit gegenüber „überpositiven Rechtsprinzipien" verwiesen, insbes. im Hinblick auf Art. 1 Abs. 1 und Art. 20 Abs. 3. Siehe dazu etwas Grzeszick 2022, Rn. 19 f. Doch lässt auch der Rekurs darauf die Frage nach einer umfassenden Theorie der *Rechtsgeltung* offen.

Dafür gibt es eine Reihe unterschiedlicher „Geltungstheorien“, von denen einige in der Folge vorgestellt werden.

2.2 Geltungstheorien

Wir haben gehört, dass Rechtsnormen hinsichtlich ihrer Erzeugung und bezüglich ihrer Wirksamkeit eng mit faktischen Phänomenen verknüpft sind. Sie haben ihren faktischen Ausgangspunkt in der sozialen Wirklichkeit und münden in der Regel in diese wieder ein. Einige Geltungstheorien suchen daher die Grundlagen der Rechtsgeltung im Bereich des Faktischen, des „Seins“. Allen voran gilt das für die Imperativentheorie J. AUSTINS, die eine spezifische Form des Positivismus darstellt.

2.2.1 Die Machttheorie (Imperativentheorie) John Austins (1790–1859)

Die sogen. Machttheorien begreifen die Macht der sozialen Autorität unmittelbar als Geltungsgrund des Rechts. Rechtsnormen werden als **Imperative eines Souveräns** verstanden.

Als weitere zentrale Voraussetzung rückt neben der **autoritativen Erzeugung** die Effektivität – verstanden als **zwangsweise Durchsetzung** – ins Zentrum der Geltungsbegründung. Damit kommt auch dem Element des **Zwangs** besondere Wichtigkeit zu.

Die bekannteste Formulierung einer Machttheorie der Rechtsgeltung stammt von JOHN AUSTIN, einem Vertreter englischer utilitaristischer und analytischer Philosophie. AUSTIN, ein Schüler BENTHAMS, verfolgt mit Nachdruck das Anliegen einer **Trennung von Recht und Moral**. Ähnlich wie viele Jahre später bei KELSEN (vgl. → 2.2.3) ist das zentrale methodische Ziel die klare Unterscheidbarkeit von geltendem Recht unabhängig von inhaltlichen Anforderungen und bloßen legitimen Reformbestrebungen. Es gehe eben um das Recht, „wie es ist“ und nicht um das Recht, „wie es nach den Forderungen der Moral sein sollte“.[16]

Damit sind rechtsstaatliche Forderungen keineswegs ausgeschlossen, ja werden in der utilitaristischen Rechtslehre bereits durch BENTHAM offen propagiert. Keineswegs dürften jedoch vorpositive Prinzipien mit ausdrücklichen gesetzlichen Anordnungen gleichgesetzt werden, solange sie nicht durch diese positiviert wurden.

Die Vermischung von Recht und Moral gefährde aus AUSTINS utilitaristischer Sicht dagegen einerseits den Bestand der Rechtsordnung und verschleiere andererseits

---

[16] Hart 1971, 18.

Reformbedarf. Im schlimmsten Fall führe sie gar zur Anarchie, wie die Schrecken der Französischen Revolution bewiesen hätten.[17]

AUSTIN formuliert seine Imperativentheorie im Kontext des utilitaristisch begründeten Interesses am **Funktionieren der Rechtsordnung**. Er setzt dabei auch ein spezifisch utilitaristisches Menschenbild voraus, wonach menschliches Handeln primär durch die Motivation der **Übelsandrohung** zu steuern sei. Für die Regulierungsfunktion des Rechts sei es daher besonders wichtig, Rechtsnormen möglichst eindeutig zu **identifizieren** und von anderen Regeln oder anderen Willensäußerungen zu unterscheiden.[18]

AUSTIN formulierte folgende Voraussetzungen für die Geltung einer Rechtsnorm:

1. Die Rechtsnorm („law") muss die Form eines **Befehls** haben. Darunter versteht AUSTIN einen Wunsch, der auf das Tun oder Unterlassen einer anderen Person gerichtet ist, verbunden mit der **Androhung eines Übels (Sanktion)** für den Fall der Nichtbefolgung. Um als „law" zu gelten, muss dieser Befehl eine generelle Regel enthalten. Die Übelsandrohung erzeugt dabei unmittelbar die Rechtspflicht der Untertanen. Auch muss der Befehlshaber die Macht haben, seine Befehle durchzusetzen.[19]
2. Eine weitere Voraussetzung ist die sogen. **„Befolgungsgewohnheit"**.[20] Das bedeutet, dass die Mehrheit der Normunterworfenen diesen Befehlen gewohnheitsmäßig gehorcht. Damit ist allerdings keine Anerkennung der Rechtsordnung gemeint, sondern eher ein unreflektierter Gehorsam.
3. Der Befehl muss von dem **Souverän** einer **unabhängigen politischen Gemeinschaft** ausgehen. Damit ist eine Instanz gemeint, die selbst keinen Befehlen unterworfen ist.[21] Dabei kann es sich um einen Alleinherrscher handeln, aber auch um eine Gruppe von Personen oder um das Staatsvolk, letzteres vertreten durch das jeweilige Parlament.[22]

AUSTIN formuliert seine Konzeption offenbar auch als Kritik am Common Law, insbes. wegen dessen gewohnheitsrechtlicher Einflüsse und der Bindung der Richter an übergreifende Rechtsgrundsätze (vgl. → 1.2.4). Im Gegensatz dazu sollen nach AUSTIN auch richterliche Regeln in England als „Befehle" gedeutet werden, insofern das Gericht bei seiner Entscheidung an Stelle des Souveräns handle.[23]

An der Imperativentheorie wurde massive Kritik geäußert:

V.a. lassen sich keineswegs alle Normen auch nur strukturell als „Befehle" deuten. Rechtliche Normen räumen etwa auch rechtliche Befugnisse ein oder

---

[17] Vgl. ebd., 18 f.
[18] Vgl. Austin 1863, 10 ff.
[19] Vgl. Hart 1971, 24.
[20] Ebd., 24.
[21] Vgl. Hart, Introduction to Austin 1863, x.
[22] Vgl. Hart 1971, 26. Dennoch wirft die demokratische Deutung dieses Konzepts auch Widersprüche auf.
[23] Vgl. Löwenhaupt 1972, 135.

normieren, v.a. im Bereich des Privatrechts, Voraussetzungen für ein rechtlich verbindliches Vorgehen. Insbes. lassen sich subjektive Rechte auf dieser Grundlage nicht begründen.[24]

Auch der Rolle der Gerichtsbarkeit (v.a. in England) hinsichtlich der Anwendung des Rechts auf Einzelfälle werde diese Konzeption nicht gerecht, da jene eben auch Grenzfälle und den konkreten sozialen Kontext der anzuwendenden Regel berücksichtigen müsse.[25]

Überhaupt sei die Rolle des Souveräns in dieser Theorie nicht widerspruchslos auf demokratische Gesetzgebung anwendbar, sondern orientiere sich maßgeblich am Modell eines Alleinherrschers.

Offensichtlich ist weiters: Die inhaltliche oder auch prozedurale Qualität der Rechtsordnung (Legitimität → vgl. 2.1.3) hat in diesem Konzept keinen Platz.

Ja, es wird generell nicht zwischen faktischen und normativen Phänomenen unterschieden. Man könnte meinen, das „Sollen" wird gleichsam auf ein **„Wollen"** auf Seiten des Machthabers und auf ein „Müssen" auf Seiten der Normadressat:innen reduziert.

Die rechtliche Verpflichtung besteht damit im Kern nur mehr aus einer **Zwangsandrohung** und der **Macht**, diese durchzusetzen. Ist dies aber ausreichend, um eine spezifisch normative Verbindlichkeit zu begründen, v.a. um das Verhalten der Normadressat:innen wirksam zu regulieren?

So fragte bereits H. L. A. Hart, ein weiterer Vertreter des angelsächsischen Rechtspositivismus, wie denn nach diesem Konzept der Befehl eines Souveräns von dem eines Räubers unterschieden werden könne.

> Hart zufolge sei Austins „Souverän" vergleichbar mit der „Situation eines Banditen, der seinem Opfer mit den Worten ‚Geld oder Leben' entgegentritt. Der einzige Unterschied ist der, daß im Falle eines Rechtssystems der Bandit sich an eine große Anzahl von Menschen wendet, die *an die Erpressung gewöhnt ist und sich immer wieder fügt*".[26]

Bloß **faktische Machtanmaßungen** können zwar Zwang oder Druck ausüben, aber kein rechtliches Sollen (d.h. keine normative Verbindlichkeit) begründen.

2.2.2 Die Anerkennungstheorien

Anerkennungstheorien stellen auf den **Konsens der Rechtsgemeinschaft** als entscheidende Geltungsbedingung ab. Während die Machttheorien im Grunde ein Modell autoritärer Herrschersouveränität spiegeln, „demokratisieren" die Anerken-

[24] Vgl. Hart 1971, 26 ff.
[25] Vgl. ebd., 29 ff.
[26] Ebd., 25 [Hervorhebung durch Verf.].

nungstheorien die Grundlagen der Rechtsgeltung. Sie werfen aber auch eine Reihe ungelöster Fragen auf:

Offen bleibt etwa, welche Normen konkret anerkannt werden müssen, durch wen die Anerkennung erfolgen soll und v.a. in welcher Form sie stattfinden muss. Muss die Zustimmung freiwillig und ausdrücklich erfolgen? Oder reicht die passive Hinnahme, die Befolgung unter Zwangsandrohung?

Von E. R. Bierling stammt die Theorie von der **„indirekten Anerkennung"** der Rechtsordnung. Was ist damit gemeint? Bierling fordert die Anerkennung der Verfassung als Grundlage der Rechtsgeltung. Durch die Anerkennung der Verfassung würden auch alle anderen Rechtsnormen anerkannt.[27] Keineswegs reiche nach Bierling dagegen der Rekurs auf die bloße Macht der sozialen Autorität für die Begründung der Rechtsgeltung aus.[28]

Der wichtigste Vorteil der Anerkennungstheorien besteht darin, dass sie die Bedeutung des freiwilligen Rechtsgehorsams und damit des konkreten **Rechtsethos** hervorheben. In die tatsächliche Zustimmung der Normadressat:innen fließen auch deren rechtliche Überzeugungen mit ein. Dies ist v.a. wichtig, damit die Rechtsordnung ihre Funktionen erfüllen kann. Denn die zwangsweise Durchsetzung von Normen allein kann keineswegs deren Wirksamkeit sichern. Die Effektivität des Rechts hängt hingegen in entscheidender Weise von der freiwilligen Befolgung ab.[29]

Aber ist die „Anerkennung" durch die Rechtsgemeinschaft auch eine Garantie für die Gerechtigkeit der Rechtsordnung? Vielleicht werden Sie nun meinen, die Normadressat:innen werden wohl mehrheitlich keinen ungerechten Normen zustimmen. Menschen verfolgen aber realistischerweise oft – selbst bei demokratischen Entscheidungsprozessen – auch eigennützige Interessen. Auch die Anerkennungstheorien sind also nicht in der Lage, unmittelbar inhaltliche Kriterien zu berücksichtigen. Was für die Anerkennungstheorien zählt, ist der **faktische Konsens** der Rechtsgemeinschaft. Sie belassen die Begründung der Rechtsgeltung daher im Bereich des Tatsächlichen, des „Seins". Die Anerkennung ist selbst – wie die Macht – eben bloß ein **Faktum.**[30] Dagegen bleibt die Frage nach der **„Anerkennungswürdigkeit"**,[31] d.h. ob die Rechtsordnung ihrem Inhalt nach überhaupt „wert" ist, anerkannt zu werden, außer Betracht. Die Frage nach der **„Legitimität"** der Rechtsordnung, sei es aufgrund ihrer inhaltlichen Qualität, sei es aufgrund gerechter Verfahren der Rechtserzeugung und -anwendung, wird davon nicht direkt erfasst.

---

27 Vgl. Bierling 1894 I, 46.
28 Vgl. ebd., 19.
29 Vgl. bereits Welzel 1966, 13.
30 Vgl. Eckmann 1969, 20.
31 Habermas 2023b, 173.

Überlegen Sie auch, was KELSEN (→ siehe sogleich 2.2.3) gegen die Anerkennungstheorie einwenden würde. Welche Gemeinsamkeiten gibt es zwischen Machttheorie und Anerkennungstheorie?

2.2.3 Hans Kelsen (1881–1973): Die Theorie der „Grundnorm"

Im Gegensatz zu den bisher vorgestellten Theorien zielt HANS KELSENS Ansatz auf eine **rein normative Begründung** der Rechtsgeltung ab. Seine „Reine Rechtslehre" versteht sich diesbezüglich in der Tradition des Neukantianismus. Aus methodischen Gründen lehnt KELSEN daher einen Schluss von **„Sein"** auf **„Sollen"**[32] ab. (Aus dem Grund, dass „etwas ist", folgt noch nicht, dass es auch „sein soll"[33] und umgekehrt.) Folglich scheiden für ihn alle faktischen Phänomene, die an der Entstehung von Normen (im Vorfeld der Normgeltung) „real" beteiligt sind, wie etwa die Macht der sozialen Autorität (→ Machttheorie) oder die Zustimmung der Normadressaten (→ Anerkennungstheorie), als mögliche Grundlagen der Rechtsgeltung aus.

Aber auch die Begründung in vorpositiven, etwa ethisch-moralischen, Grundlagen (Grundsätzen der Gerechtigkeit) weist KELSEN zurück. Er begründet dies mit seiner Position eines moralischen „Wertrelativismus", wonach „absolute Werte" eben wissenschaftlich nicht erkennbar wären (→ siehe ausführlicher 4.3.2).

Da es aus seiner Sicht nur „relative" „Moralwerte" (als gleichsam subjektive Moral*vorstellungen* jedes Einzelnen) gibt,[34] werden auch diese subjektiven Überzeugungen als etwas Faktisches verstanden. Auch die direkte Bezugnahme auf Wertvorstellungen stellt daher einen Fehlschluss von Sein auf Sollen dar.

Wenn nun diese beiden Möglichkeiten zur Geltungsbegründung, nämlich entweder durch ein Faktum oder durch vorpositive ethische Prinzipien, ausscheiden, welche Lösung schlägt KELSEN vor?

Grundsätzlich resultiert die Geltung einer Norm stets aus einer ranghöheren Norm. Er nennt dies den „Stufenbau der Rechtsordnung".[35] Welche Norm aber begründet die Geltung der Verfassung?

Um bei der Frage nach dem Geltungsgrund der gesamten Rechtsordnung nicht in eine Suche ins Unendliche zu geraten, braucht es nach KELSEN eine höchste Norm der Rechtsordnung, die „nicht von einer Autorität gesetzt",[36] sondern *„vorausgesetzt"*[37] werden muss. Diese **vorausgesetzte** Norm nennt KELSEN

---

[32] Kelsen 2017, 28 f.
[33] Ebd., 29.
[34] Vgl. ebd., 128 ff.
[35] Ebd., 398 ff.
[36] Ebd., 348.
[37] Ebd., 348 [Hervorhebung im Original].

„Grundnorm".[38] Er bezeichnet sie auch als „transzendental-logische Bedingung",[39] die die Erkenntnis des positiven Rechts ermöglicht. Die Grundnorm ist also selbst **keine positive Norm** (!), sondern eine **Denkvoraussetzung**.

Wie aber lautet der „Inhalt" der Grundnorm?

- Nach KELSEN begründet die Grundnorm die Einheit[40] und Geltung der Rechtsordnung. Sie bezieht sich dabei auf die jeweils bestehende Verfassung und stellt keine Anforderungen an deren Inhalt. Sie fordert daher bloß, „sich so [zu] verhalten, wie die Verfassung vorschreibt".[41]
- Als weitere Voraussetzung verlangt KELSEN allerdings, dass die gesamte Rechtsordnung (aufbauend auf der Verfassung) „im großen und ganzen" effektiv sein muss.[42]

Überlegen Sie sich folgende Konstellation: Die ordnungsgemäß erzeugte Verfassung eines Staates wird durch einen Militärputsch beseitigt und entfaltet keine Wirkung mehr. Das Militär errichtet eine autoritäre Diktatur. Sein Oberbefehlshaber regiert mit Hilfe von „Notverordnungen". Welche Verfassung ist nach KELSEN nunmehr in Geltung?

KELSENS Theorie übte v.a. in Österreich einen erheblichen Einfluss auf Verfassungsverständnis und Methodenlehre aus und wurde auch in weiteren Ländern, bis hin zu einigen Staaten Lateinamerikas, rezipiert. Seine Theorie hat aber auch massive Kritik erfahren. Folgende Argumente wurden gegen die Konzeption der Grundnorm vorgebracht:

Stellt KELSENS „Rückgriff" auf die Effektivität der Rechtsordnung nicht erst recht wieder einen Schluss von Sein auf Sollen dar?[43] Ist nicht auch eine gedachte Norm wie die „Grundnorm" eher etwas „Faktisches" und kein Sollen?

Schließlich bleibt gerade der Rechtspositivismus einseitig am Vorbild der Naturwissenschaften orientiert. Dem „Sein" als Erkenntnisgegenstand der Naturwissenschaften wird das rechtliche „Sollen" als Gegenstand der Rechtswissenschaften gegenübergestellt. Dem Prinzip der „Kausalität" (im Bereich des „Seins") entspricht sodann jenes der „Zurechnung" (im Bereich des „Sollens").[44]

KELSEN greift damit die neukantianische Tradition der getrennten – aber weitgehend „parallelen" – Konstitution von natur- bzw. geisteswissenschaftlichen Erkenntnisgegenständen nach unterschiedlichen „Erkenntniskategorien" auf, vereinfacht sie

38 Ebd., 348 f.
39 Ebd., 360 f; 394.
40 Vgl. Schild 1975, 17.
41 Kelsen 2017, 361.
42 Vgl. ebd., 383 f.
43 Vgl. Schild 1975, 32.
44 Vgl. ebd., 15.

> aber zu unterschiedlichen Bereichen von „Objekten". Die Naturwissenschaften werden ihrerseits offenbar als bloße „Beschreibung von Tatsachen"[45] verstanden.

V.a. aber wurde die Befürchtung geäußert, KELSENS Theorie der Grundnorm könne zur Rechtfertigung jeder beliebigen Rechtsordnung dienen und damit auch jedes Unrechtsregime legitimieren. Thematisiert wurde dies auch hinsichtlich der möglichen Rolle des Rechtspositivismus bei der Entstehung „gesetzlichen Unrechts" in der Zeit des NS-Regimes.

Tatsächlich ließ sich die überwiegende Zahl von NS-Jurist:innen *nicht* von rechtspositivistischen Positionen leiten. Vielmehr zeigt sich in der NS-Jurisprudenz ein charakteristischer Trend zur „Verdrängung formaler Gesetzlichkeit".[46] Insbes. das NS-Strafrecht ist geprägt von markanten Tendenzen der Politisierung und „Entformalisierung", die etwa die Abgrenzung zur „Sitte" aufgeben sowie das Legalitätsprinzip und das Analogieverbot relativieren.[47] Der Rechtspositivismus wurde von NS-Jurist:innen auch wegen seiner Nähe zum Liberalismus abgelehnt.[48]

Wie weit der Rechtspositivismus freilich eine ausreichende Antwort auf die Legitimationsanforderungen demokratischer Rechtsstaatlichkeit und die Erfüllung ihrer Aufgaben bieten kann, ist Gegenstand kontroverser Diskussionen.

2.2.4 Gustav Radbruch (1878–1949): Die Theorie des „gesetzlichen Unrechts"

Alle bislang erörterten Geltungstheorien haben gemeinsam, dass inhaltliche Kriterien keine direkte Rolle für die Rechtsgeltung spielen. Im Gegensatz dazu bezieht RADBRUCHS Konzeption der „Rechtsidee", die auf mehreren „Rechtswerten" aufbaut, auch den Begriff der Gerechtigkeit in die Rechtsgeltung mit ein. Neben dieser nennt RADBRUCH die Rechtswerte Rechtssicherheit und Zweckmäßigkeit.[49]

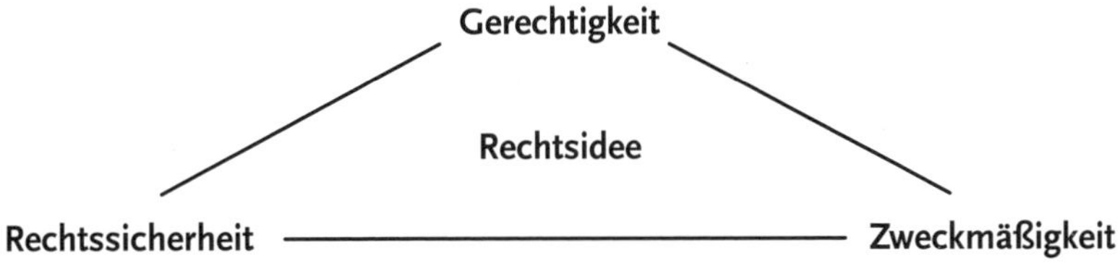

Dieser Zusammenhang zwischen **Gerechtigkeit** und **Geltung** kommt v.a. in dem 1946 von GUSTAV RADBRUCH eingeführten Begriff des **„gesetzlichen Unrechts"**

---

45 Schild 1975, 26.
46 Ambos 2019, 38.
47 Vgl. Ambos 2019, 40 f.
48 Vgl. ebd., 43.
49 Vgl. Radbruch 1999, 211.

zum Ausdruck, der auf den Erfahrungen der Unrechtsgesetzgebung des NS-Regimes beruht.[50]

> Als Beispiele unter vielen sind hier etwa die berüchtigten **„Nürnberger Rassengesetze“** zu nennen,[51] die die systematische Entrechtung der jüdischen Bevölkerung zum Ziel hatten. Sie normierten u.a. ein Heiratsverbot mit Nichtjuden, den weitgehenden Entzug von Geschäftsfähigkeit sowie den Verlust der Staatsbürgerschaft und aller politischen Rechte und wurden schließlich zum Ausgangspunkt für den Holocaust.

Welche Rolle spielt die Gerechtigkeit nun nach Radbruch für die Rechtsgeltung? Radbruchs Geltungstheorie unterscheidet sich in einem ersten Schritt kaum von jener Kelsens.

- Ähnlich wie bei Kelsen kommt es zunächst auf die **ordnungsgemäße Erzeugung** von Rechtsnormen an. Bei den allermeisten Normen reicht dies für die Geltung aus.
- In einem zweiten Schritt werden aber auch **grundlegende Prinzipien der Gerechtigkeit** unmittelbar in die Rechtsgeltung miteinbezogen. Wir werden allerdings sehen, dass es auf die Gerechtigkeit lediglich in seltenen Ausnahmefällen ankommt, nämlich nur hinsichtlich der Prüfung, ob „gesetzliches Unrecht“ vorliegt.

Wie lässt sich ermitteln, wann „gesetzliches Unrecht“ vorliegt? Nach Radbruch hat das Recht mehreren „Rechtswerten“ zu genügen. Die wichtigsten in diesem Zusammenhang sind die **Gerechtigkeit** und die **Rechtssicherheit**. Grundsätzlich dient auch die Rechtssicherheit der Gerechtigkeit. Bei Normen mit ungerechtem Inhalt stehen Gerechtigkeit und Rechtssicherheit aber in einem **Spannungsverhältnis** zueinander.[52] Um festzustellen, ob gesetzliches Unrecht vorliegt, muss man daher zwischen Gerechtigkeit und Rechtssicherheit **abwägen**.

Spannungsverhältnis
Rechtssicherheit ←――――――――→ **Gerechtigkeit**
Abwägung

Enthalten Rechtsnormen etwa nur geringfügiges Unrecht, so geht die Rechtssicherheit vor, da auch als ungerecht empfundene Normen dem Ordnungswert der **Rechtssicherheit** dienen. Ihre Geltung bleibt davon unberührt.[53]

Im Falle von **massivem, „unerträglichem“ Unrecht** aber muss die Rechtssicherheit zu Gunsten der Gerechtigkeit zurücktreten. In diesem Fall liegt „gesetzliches

[50] Vgl. ebd., 217.
[51] Vgl. Dreier/Paulson 1999, 245.
[52] Vgl. Radbruch 1999, 216.
[53] Vgl. ebd., 216.

Unrecht“ vor. Die Konsequenz ist, dass die ordnungsgemäß erzeugte Norm ihre **Geltung verliert** und auch von den Gerichten nicht mehr angewendet werden soll.[54]

Dies kommt in der RADBRUCH'schen Formel zum Ausdruck, die in zwei unterschiedlichen Formulierungen eingeführt wird. Die bekanntere ist die sogen. **„Unerträglichkeitsformel“**. Sie lautet: Wenn die im positiven Recht enthaltene Ungerechtigkeit „ein so unerträgliches Maß erreicht“, dass demgegenüber die durch das positive Recht gewährleistete Rechtssicherheit nicht ins Gewicht fällt, ist diesem die Geltung abzusprechen. Es muss „als ‚unrichtiges Recht‘ der Gerechtigkeit [...] weichen“.[55]

Eine weitere Steigerung enthält die **„Verleugnungsformel“**: „[W]o Gerechtigkeit nicht einmal erstrebt wird, wo die Gleichheit, die den Kern der Gerechtigkeit ausmacht, bei der Setzung positiven Rechts bewußt verleugnet wurde, [...] entbehrt [das Gesetz] überhaupt der Rechtsnatur.“[56] Solche Gesetze erlangen von vornherein **keine Geltung**.

Konkrete Beispiele für „gesetzliches Unrecht“ sind etwa massive Menschenrechtsverletzungen, insbes. des Rechts auf Leben, Folter, ethnische Diskriminierung und Verfolgung u.a.

„unerträglich“ ungerechte Gesetze	→ Geltungsverlust
minder ungerechte Gesetze	→ Geltung

Umgekehrt bedeutet dies aber auch, dass die Geltung der meisten Gesetze, v.a. in einem funktionierenden Rechts- und Verfassungsstaat, von dieser allgemeinen Gerechtigkeitsforderung gar nicht berührt wird. Die RADBRUCH'sche Formel bezieht sich eben nur auf die Ausnahmesituation **„unerträglichen Unrechts“**. Ihre eigentliche Bedeutung entfaltet sie überdies erst im Nachhinein, d.h. in einer **Übergangsgesellschaft** nach dem Ende eines **Unrechtsregimes** bei dessen gerichtlicher Aufarbeitung.

Die RADBRUCH'sche Formel wurde daher bei einigen **NS-Kriegsverbrecherprozessen** angewendet. Neuerliche Aktualität gewann sie nach dem Ende der DDR bei den sogen. **„Mauerschützenprozessen“**, bei denen ehemalige DDR-Grenzsoldaten sowie politisch Verantwortliche des Grenzregimes wegen der „Todesschüsse“ auf Flüchtende an der Berliner Mauer strafrechtlich zur Verantwortung gezogen wurden.[57]

---

[54] Vgl. ebd., 216.
[55] Ebd., 216.
[56] Ebd., 216.
[57] Vgl. Saliger 1995, 35 f; 43 f.

2.2.5 Rechtsgeltung und Diskurstheorie

Wie Sie bereits gehört haben, bezieht Gustav Radbruch – im Gegensatz zu den eingangs erörterten Geltungstheorien – auch grundlegende Prinzipien der Gerechtigkeit (zumindest in einem zweiten Schritt) unmittelbar in den Geltungsbegriff mit ein.

Auch aus der Sicht Jürgen Habermas' kann sich die Begründung der Geltung des Rechts nicht allein auf dessen formal normgemäße („legale") Erzeugung stützen. Wie sieht nun Habermas den **Zusammenhang von Geltung (Legalität) und Legitimität**?

Habermas gilt als einer der bedeutendsten Vertreter der **Diskursethik**. Was versteht man darunter? (→ Zur diskursiven Begründung von Moral vgl. ausführlicher 4.2.2.2.) V.a., was bedeutet dies für die Begründung der Verbindlichkeit des Rechts?

Neuerlich hat bereits das Moralverständnis unmittelbar Auswirkungen auf das Verhältnis von Legalität und Legitimität. Aus der Sicht Habermas' kann es in einer „posttraditionalen" Gesellschaft hinsichtlich moralischer Anforderungen an menschliches Handeln nicht um die Übereinstimmung mit materiellen inhaltlichen Prinzipien gehen.

Habermas löst dabei bereits die Frage der Verbindlichkeit („Geltung") *moralischer* Anforderungen **„prozedural"**. Er stellt auf die Voraussetzung eines **rationalen, herrschaftsfreien Diskurses** ab, in dem alle Beteiligten die gleiche Möglichkeit haben, ihre Argumente in einen **intersubjektiven Prozess** einzubringen (**Diskursprinzip** → vgl. 4.2.2.2).

> Das bedeutet auch, dass das in diesem diskursiven Verfahren erforderliche „kommunikative Handeln" seine „Ziele stets offen deklarier[en]" muss.[58] „Verdeckt strategisches Handeln",[59] d.h. ein Verhalten, das Kommunikation nur benutzt, um dadurch eigennützige Interessen zu fördern, gilt daher nicht als moralisch gerechtfertigt.

Was bedeutet dies aber für den Geltungsanspruch des Rechts, insbes. für das Verhältnis von Rechtsgeltung und Legitimität?

Auch das Recht kann sich in der posttraditionalen Gesellschaft nicht „im Sinne einer Normenhierarchie"[60] unmittelbar aus inhaltlichen moralischen Prämissen ableiten. Recht und Moral stünden vielmehr in der Moderne hinsichtlich der Rechtsgeltung in einem *„Ergänzungsverhältnis"*.[61]

Dabei betont Habermas auch eine signifikante Unterscheidung zwischen Recht und Moral: Anders als die Moral erfordert das Recht seine **Institutionali-**

---

[58] Vgl. Niesen 2018, 642.
[59] Ebd., 642.
[60] Habermas 2023a, 137.
[61] Ebd., 137.

sierung in einem **zwangsbewehrten staatlichen** System, das u.a. „administrativ[e] Macht“[62] einschließt. Dieses hat auch die Funktion, der/dem Einzelnen die Last moralisch motivierter Rechtsbefolgung abzunehmen.[63] Diese werde nötigenfalls durch die „Faktizität“[64] (d.h. den Zwangscharakter) der Rechtsdurchsetzung ersetzt. Die Normadressat:innen können sich daher auch auf „folgeorientierte Klugheitserwägungen“[65] beschränken.

Das bedeutet auch, dass es nicht erforderlich ist, sich mit allen Normen zu identifizieren, sondern es in den meisten Fällen ausreicht, sich am Kriterium der Sanktionsvermeidung zu orientieren.

Anders als in den vorherigen Theorien der Rechtsgeltung ist für diese spezifisch rechtlichen Geltungsanforderungen jedoch **keineswegs jede bloß legale Rechtserzeugung ausreichend** (→ wie bei Kelsens Grundnormtheorie). Die bloß formal normgemäße Erzeugung genügt auch nicht als Ausgangspunkt für die Rechtsgeltung (→ wie bei Radbruchs Theorie des „gesetzlichen Unrechts“). Vielmehr **verknüpft** Habermas die Anforderungen von juristischer und ethischer Geltung (von Legalität und Legitimität) bereits im **Verfahren der Rechtserzeugung** selbst. Er fordert, dass das Recht „in einem demokratischen Verfahren der Rechtssetzung“ erzeugt werden muss, „das die **Vermutung der rationalen Akzeptabilität**“[66] der so positivierten Normen begründet.

Anders als im juristischen Sprachgebrauch üblich, verwendet Habermas den Begriff der „Geltung“ für die kommunikativ legitimierte Verbindlichkeit von rechtlichen *und* moralischen Normen. Die spezifische normative Rechtsgeltung verbindet jedoch Aspekte von Geltung und „Faktizität“ (wegen des damit verbundenen Zwangsapparats, vor allem hinsichtlich der Rechtsdurchsetzung).

Die Grundlage der Rechtsgeltung bildet demnach das **„Demokratieprinzip“**, das eine Verbindung von „Diskursprinzip und Rechtsform“[67] enthält. Das demokratische Verfahren der Gesetzgebung wird als spezifisch politische Form einer „kommunikativen Praxis“ verstanden, die auf die rechtsstaatliche Organisation des modernen Nationalstaats mit seiner Institutionalisierung zentralistischer Macht verwiesen ist. Rechtsstaatlichkeit (auf der Grundlage der Menschenrechte) *und* Demokratie legitimieren einander in Habermas' Geltungstheorie „wechselseitig“.[68]

62 Brune 2010, 37; Forst 2024, 759.
63 Vgl. Habermas 2023a, 147.
64 Ebd., 147.
65 Ebd., 148.
66 Ebd., 51.
67 Forst 2024, 762.
68 Brune 2010, 37.

Das Demokratieprinzip beruht auf einem spezifischen Verständnis von **Volkssouveränität**. Diese meint nach Habermas nicht bloß die abstrakte Zuordnung des staatlichen Machtmonopols zu den Normadressat:innen. Volkssouveränität wird von Habermas vielmehr als „Verfahren" verstanden. Sie umfasst eine **rationale diskursive Praxis** im Gesetzgebungsprozess, die den Gesetzen auch **Zustimmungsfähigkeit** verschafft.

> Die Rechtsgültigkeit einer Norm [...] besagt nun, daß *beides zugleich*[69] garantiert ist: sowohl die *Legalität des Verhaltens* im Sinne einer durchschnittlichen Normbefolgung, die erforderlichenfalls durch Sanktionen erzwungen wird, wie auch die *Legitimität der Geltung* selbst, die eine *Befolgung der Norm aus Achtung vor dem Gesetz jederzeit möglich* macht.[70]

Diese Verfahren gewährleisten nur dann die Legitimation des Rechts, wenn sie **rechtlich verfasst** sind und allen Bürger:innen die **gleiche Chance auf Beteiligung** an einer **diskursiven, d.h. „verständigungsorientierten"**[71] politischen Willensbildung einräumen. Der Gesetzgebungsprozess muss darüber hinaus von **rationalen, nachvollziehbaren Argumenten** und nicht etwa von verdeckten partikularen Interessen gesteuert sein. Problematisch ist nach Habermas daher die Verzerrung demokratischer Diskurse durch die einseitige Durchsetzung eigennütziger Gruppeninteressen im Gesetzgebungsverfahren. Letzteres würde bedeuten, dass legitime „kommunikative Macht"[72] durch „soziale Macht"[73] verdrängt würde.

Aus der Sicht der Diskurstheorie weist daher bereits die Frage nach der Rechtsgeltung über die Frage nach der bloßen spezifischen „Existenzweise" von Rechtsnormen hinaus. Sie beruht im modernen Rechtsstaat in zentraler Weise auf deren **prozeduraler Legitimation in demokratischen Verfahren** und eröffnet damit einen systematischen Zusammenhang zur Demokratietheorie (→ 5.4.4.4).

Wiederholungsfragen:

1. Welche Voraussetzungen formuliert Austin für die Geltung einer Rechtsnorm?
2. Vergleichen Sie die Geltungstheorien Kelsens und Radbruchs.
3. Welche Anforderungen folgen nach Habermas aus dem Prinzip der Volkssouveränität für die Legitimation des Rechts?

---

[69] Habermas 2023a, 49 [Hervorhebung im Original].

[70] Ebd., 49 [Hervorhebung durch Verf.].

[71] Brune 2010, 50.

[72] Habermas 2023a, 187.

[73] Brune 2010, 39.

3. Kapitel: Begründungen von Staat und Recht

Aufgaben und Grenzen staatlicher Gewalt sind gerade in der Gegenwart Gegenstand polarisierender öffentlicher Diskussionen. Dazu haben wohl auch die rezenten gesundheits- und sicherheitspolitischen und ökonomischen Krisen beigetragen.
Sogen. „Reichsbürger:innen" etwa stellen das staatliche Machtmonopol – d.h. die Souveränität des Staats – gar pauschal in Frage. Bekannt wurde die bizarr anmutende Behauptung einer „BRD-GmbH", wonach Deutschland keine gültige Verfassung habe, sondern ein Unternehmen sei. 2022 wurde in diesem ideologischen Umfeld deutschlandweit eine Gruppierung von über 50 Personen aufgedeckt, denen Pläne eines bewaffneten Umsturzes, darunter eines bewaffneten Angriffs auf den Bundestag, vorgeworfen werden.[1] Aber auch während der Covid-19-Pandemie übten sogen. „Maßnahmengegner:innen" heftige Kritik an aus ihrer Sicht übermäßigen staatlichen Eingriffen.
Andererseits steigen gleichzeitig die gesellschaftlichen Erwartungen an die aktive Erfüllung staatlicher Schutzpflichten angesichts aktueller Wirtschaftskrisen und außenpolitischer Krisenherde. Auch wird seit mehreren Jahren die Sicherung territorialer Grenzen in den Fokus politischer Auseinandersetzungen, ja gezielter Symbolpolitik, gerückt.
Die Frage nach der Begründung des Rechts ist eng mit jener nach dem Stellenwert des Staates verknüpft. Welche Aufgaben kann und muss ein moderner Rechtsstaat erfüllen?

Die Frage der philosophischen Begründung des Rechts lässt sich mit den *Geltungstheorien* des Rechts (→ 2.2.1–5) nicht hinreichend beantworten. Schon die diskurstheoretischen Reflexionen zur „Rechtsgeltung" weisen darüber hinaus und stellen einen unmittelbaren Zusammenhang zu aktuellen Herausforderungen der demokratischen Legitimation von Staat und Recht her. (Erinnern Sie sich bitte → 2.2.5.)

Rechtsphilosophie umfasst von jeher auch das Nachdenken über die Gründe für die **Notwendigkeit des Rechts** und über dessen **Funktionen**. Diese wurden stets in einem engen Zusammenhang zum jeweiligen, geschichtlich geprägten **Menschenbild** und den davon abgeleiteten **Grundlagen** und **Aufgaben** des Staates bzw. der politischen Gemeinschaft begriffen. Im Folgenden sollen einige exemplarische Positionen erläutert werden, die die Entwicklung von Staat und Recht maßgeblich beeinflusst haben.

[1] https://www.lpb-bw.de/reichsbuerger (10.2.2025).

Von einem **„Staat"** im eigentlichen Sinn ist überhaupt erst ab der politischen Philosophie der Moderne die Rede. Für ihn spielt der Begriff der Souveränität eine zentrale Rolle, der sich erst in der Ablöse des Rechts von seinen mittelalterlichen Grundlagen am Beginn der Neuzeit ausbildete. (Davon haben Sie bereits gelesen → 1.2.2.1.) Diesem Verständnis eines staatlichen Machtmonopols wurden jedoch unterschiedliche Staatsaufgaben zugeordnet. Aktuell ist es auch massiven Krisen und Kontroversen ausgesetzt.

Aber auch die Konzeptionen vormoderner Autoren liefern bereits maßgebliche Impulse für das Verständnis des Rechts, nicht zuletzt für die spätere Ausbildung von Demokratie und Rechtsstaatlichkeit. Eine wichtige Rolle kommt dabei dem Begriff der **Republik** und dessen Entwicklung zu.

3.1 Vormoderne Grundlagen

3.1.1 Platon (427–347 v. Chr.): Gerechtigkeit als Grundlage der Polis

Vor dem Hintergrund des historischen Niedergangs der unabhängigen griechischen Polis, insbes. der Krise der attischen Demokratie, sowie der Verbreitung orientalischer Despotien entwirft der griechische Philosoph PLATON seine Utopie des idealen Stadtstaates (*Politeia*). Als Erster stellt PLATON darin in systematischer Weise die Frage nach der **Gerechtigkeit als Grundlage der politischen Ordnung.**[2] Er zeigt damit das Ungenügen eines auf bloßem Herkommen oder bloß machtpolitischen Bestrebungen beruhenden Herrschaftsgefüges auf. Anders als moderne Gerechtigkeitstheorien beschäftigt sich PLATONS Konzeption nicht mit der Verteilung von Rechten oder Gütern, sondern zielt auf einen Zustand der **ausgewogenen Harmonie**[3] und **Kooperation** unterschiedlicher sozialer Kräfte in der Polis.

Wie aber begründet PLATON sein Erneuerungsprogramm für die Polis auf der Grundlage der Gerechtigkeit?

Beliebige Machtanmaßungen scheiden als Grundlage der Polis ebenso aus wie die Verankerung in Tradition oder religiös-mythische Zielsetzungen. Im Gegensatz zu den meisten griechischen Philosophen bricht PLATON auch mit dem Rekurs auf Sitte und „nomoi" (einzelne, überlieferte Gesetze), da diese auf bloßer menschlicher Setzung beruhen. Nicht auf ein vorgegebenes Ethos und überlieferte Sitten, sondern auf die **innere Haltung** und konkrete **Einsicht** des einzelnen Menschen soll es in PLATONS Ethik ankommen.[4] In der Folge sucht PLATON auch,

---

2 Vgl. Böckenförde 2006, 73; 99 f.

3 Vgl. ebd., 79 f.

4 Vgl. ebd., 81 f.

die Ordnung der Polis unmittelbar in der **menschlichen Natur** und deren umfassender Verwirklichung zu verankern.

Diesen Zusammenhang stellt er durch die direkte **Analogie** zwischen seiner Vorstellung der **Struktur der menschlichen „Seele“** und der **wohlgeordneten Verteilung** gesellschaftlicher Aufgaben in der **Polis** her.[5] Für PLATON ist die Polis gleichsam ein **„großgeschriebener“ Mensch**. Die arbeitsteilige Organisation der Polis entspricht dabei unmittelbar PLATONS Konzept vom Aufbau der „Seele“:

So unterscheidet PLATON innerhalb der menschlichen Seele **drei verschiedene** seelische Kräfte **(„Seelenteile“)**, die in einem hierarchischen Verhältnis untereinander geordnet sind und zentrale Fähigkeiten des Menschen bezeichnen: die Vernunft, der die Leitungsfunktion zukommt, den Willen (das „muthafte“ Streben) und die Sinnlichkeit. Diesen werden jeweils unterschiedliche Tugenden zugeordnet, nämlich Weisheit (der Vernunft), Tapferkeit (dem Mut) und Besonnenheit (der Sinnlichkeit).[6] Die **Gerechtigkeit** beruht im einzelnen Menschen wie in der gesamten Stadt auf dem **ausgewogenen Verhältnis** dieser Grundtugenden.[7] PLATON zieht einen direkten Vergleich zwischen der „Gesundheit“ eines einzelnen Menschen, die auf der harmonischen Integration seiner drei „Seelenkräfte“ basiert, einerseits und der Gerechtigkeit in der Polis andererseits. Wie die **Gesundheit** im einzelnen Organismus ist auch die **Gerechtigkeit** in der Stadt ein Zustand, der um seiner selbst willen erstrebt wird.[8]

Auf der Ebene der Polis entspricht diesem Modell die Unterscheidung von **drei „Ständen“** von Bürger:innen[9] mit jeweils spezifischen Fähigkeiten und Aufgaben, nämlich der Gruppe der Philosophenherrscher:innen, der Klasse der „Wächter:innen“ und dem sogen. „Nährstand“ (den Bauern, Handwerkern und Handelstreibenden). Den Philosoph:innen, die der Vernunft im Aufbau der menschlichen Seele entsprechen, kommt dabei die Aufgabe der Herrschaft zu. Die Bauern und Handwerker sind für die Sicherung materieller Grundbedürfnisse (in Entsprechung zur Sinnlichkeit beim einzelnen Menschen), die „Wächter:innen“ für die Abwehr äußerer Gefahren zuständig (in Analogie zum „muthaften“ Seelenteil).[10]

---

5 Vgl. Platon, Politeia, 368 d–369 a; Kersting 2006, 76 ff.

6 Vgl. Platon, Politeia, 441 c–442 a; Böckenförde 2006, 80.

7 Vgl. Böckenförde 2006, 80 ff.

8 Vgl. Platon, Georgias, 504 c–d; Böckenförde 2006, 83.

9 Im Gegensatz zu allen anderen hier behandelten Autoren der Antike, Renaissance und Aufklärung bezieht allein PLATON auch Frauen zumindest grundsätzlich nach Maßgabe ihrer individuellen Fähigkeiten in die politischen Funktionen der Polis, d.h. in den Wehrstand und die Leitungsaufgabe der Philosoph:innen, mit ein. Daher wird bei der Darstellung der politischen Philosophie PLATONS diesbezüglich gegendert, nicht jedoch in den darauf folgenden Kapiteln 3.1.2–3.4.4.

10 Vgl. Böckenförde 2006, 86 ff.

Seele		**Tugend**		**Polis**
Vernunft „muthafter“ Seelenteil Sinnlichkeit		Weisheit Tapferkeit Besonnenheit		Philosophenherrscher:innen Wächter:innen Bauern, Handwerker
Ausgewogenes Verhältnis = Gesundheit	⇔	Gerechtigkeit	⇦	harmonische Kooperation

Die Gerechtigkeit in der Polis besteht demnach aus einem System **arbeitsteiliger Kooperation**, in dem **jede/r das „Ihrige/Seinige“** gemäß den jeweils persönlichen Fertigkeiten beiträgt[11] und nicht bloß eigennützige Ziele verfolgt.

Exemplarische Bedeutung kommt dabei dem Stand der „Wächter:innen“ als dem eigentlich **politischen Stand** zu. Dieser soll in besonderem Maße nicht eigennützigen Zielen, sondern dem allgemeinen Interesse der Polis dienen. Daher kommt bei diesem der Bildung eine zentrale Funktion zu. Um weiters die Einigkeit und Freundschaft unter den Wächter:innen zu fördern und eigennützige Sonderinteressen hintanzuhalten, sind in diesem Stand sowohl Privateigentum wie auch alle familiären Strukturen ausgeschlossen. [12] Die Aufgaben der Reproduktion und Kindererziehung sind grundsätzlich der gesamten Gemeinschaft übertragen.[13]

Platon geht also insgesamt von einer **hierarchisch gegliederten** Gesellschaft funktional **ungleicher gesellschaftlicher Rollen** aus, die jedoch nicht auf einer erblichen Ständeordnung oder auf Zwang beruhen sollen, sondern auf individuell unterschiedlichen Anlagen und Fähigkeiten der Menschen. (Platon setzt dabei offenbar drei unterschiedliche Menschentypen voraus.) Dies kommt im sogen. „Metall-Mythos“ zum Ausdruck.

> Ihr alle [in der Polis] seid Brüder [...]. Gott aber, der euch schuf, hat denen unter euch, die zu herrschen befähigt sind, bei der Erschaffung Gold beigemischt, und deshalb seid ihr die Geehrtesten. Den Gehilfen aber [gab er] Silber [bei], den Bauern und allen Handwerkern Eisen und Erz.[14]

Demgegenüber beruht die **Gleichheit** der Bürger:innen auf der integrativen Zugehörigkeit aller zur Polis. V.a. aber spielen Erziehung und Bildung eine zentrale Rolle[15] und erzeugen damit auch eine soziale Durchlässigkeit zwischen den Ständen. Die Polis ist bei Platon wesentlich auch **Bildungsgemeinschaft**. Ausbildung und Erziehung dienen der Entwicklung der jeweils spezifischen Fähigkeiten. Sie ermöglichen auch den Aufstieg von einem Stand zum anderen (v.a. von den

11 Vgl. Platon, Politeia 433 d; 434 a.
12 Vgl. Böckenförde 2006, 90 f.
13 Vgl. Platon, Politeia 457 c–466 d.
14 Ebd., 415 a.
15 Vgl. Böckenförde 2006, 87 ff.

Wächter:innen zur Leitungsfunktion der Philosoph:innen). Da es also für die Funktionen in der Polis in entscheidender Weise auf individuelle Fähigkeiten und die konkrete Ausbildung ankommt – und nicht etwa auf „natürliche“ Rollenzuschreibungen – räumt PLATON (→ anders als später ARISTOTELES) auch Frauen grundsätzlich den Zugang zum Wächter:innenamt und den Aufstieg zur Leitungsfunktion der Philosoph:innen ein.[16]

Das philosophische und politische Modell PLATONS hat nachhaltigen Einfluss auf die Philosophie der Spätantike (insbes. auf AUGUSTINUS) und des Mittelalters ausgeübt, wurde im Frührepublikanismus der Renaissance verstärkt wieder aufgegriffen und hat auch zahlreiche neuzeitliche Denker (so etwa KANT) inspiriert. Es bildet auch den entscheidenden Ausgangspunkt für die daran anknüpfenden Lehren des ARISTOTELES, der jedoch hinsichtlich der Aufgaben und Verfassung der Polis eine grundlegend andere Konzeption vertritt (→ siehe sogleich 3.1.2).

Aus aktueller Sicht wird PLATON kontrovers beurteilt. Manche sehen in seiner Radikalisierung der Ethik und in seiner Destruktion traditioneller Genderrollen erste Anknüpfungspunkte für modernes Freiheitsethos.[17] Kritik haben dagegen insbes. seine Vorstellung der „Kinder- und Frauengemeinschaft“[18] (für den Stand der Wächter:innen), der hierarchisch-ständische Aufbau der Polis sowie die Beschränkung politischer Leitungsaufgaben auf einige wenige außergewöhnlich begabte Bürger:innen erfahren.[19] Insgesamt hat das Ideal eines möglichst homogenen, geschlossenen „Tugendstaates“ auch den Vorwurf des Totalitarismus auf den Plan gerufen[20] und wurde bereits von ARISTOTELES kritisiert:

> Es ist doch klar, dass der Staat, der immer mehr *eins* wird, schließlich gar kein Staat mehr ist. Seiner Natur nach ist er eine Vielheit. Wird er immer mehr eins, so wird aus dem Staat *ein Haus* und aus dem Haus *ein einzelner Mensch.*[21]

3.1.2 Aristoteles (384–322 v. Chr.): Der Mensch als „zoon politikon“

3.1.2.1 Die Natur des Menschen

ARISTOTELES, ein Schüler PLATONS, knüpft kritisch an PLATONS Idealstaatsmodell an. Für ihn ist die Polis kein homogener Tugendstaat, sondern eine differenzierte

16 Vgl. Platon, Politeia, 451 e; 455 d–e.
17 Vgl. etwa Maurer 1970, 218 ff.
18 Bien 1973, 307.
19 Vgl. ebd., 166 ff.
20 Vgl. exemplarisch Popper 2003, 104 ff.
21 Aristoteles, Pol., II 2, 1261 a 18–22 [Hervorhebung durch Verf.].

„Vielheit“[22]. V.a. lehnt Aristoteles Platons ständische Gliederung der Polis ab.[23] Seiner Natur nach sei der Mensch ein „politisches Wesen“ (*zoon politikon*)[24] und damit grundsätzlich auch für Leitungsfunktionen in der Polis geeignet. Politische Aufgaben können nicht auf einige wenige besonders begabte Bürger beschränkt bleiben.[25] V.a. kann der Mensch sein Wesen als Mensch gar nicht als isoliert Einzelner, sondern stets nur im Zusammenleben mit **anderen gleichen Bürgern** in der politischen **Gemeinschaft der Polis** verwirklichen.[26] Was macht aber die eigentliche „Natur“ des Menschen aus, die er nur in der Gemeinschaft der Polis zur Entfaltung bringen kann?

Wie Platon stellt auch Aristoteles nicht bloß auf die biologische Natur des Menschen, auf die Erfüllung bloßer Grundbedürfnisse, ab. Was die spezifische Natur des Menschen ausmacht und ihn von anderen Lebewesen unterscheidet, ist seine **Vernunft (logos).**[27] Doch meint Aristoteles damit nicht das theoretische Wissen, worüber etwa die Philosophen verfügen. Es handelt sich um eine auf die Kommunikation mit anderen ausgerichtete Fähigkeit.[28] Entscheidend ist die jedem Menschen bzw. Bürger zukommende **praktisch-politische Vernunft**, die auf das sittlich richtige Handeln und die Partizipation in der Polisöffentlichkeit gerichtet ist.[29] Diese spezifische Fähigkeit kann der Mensch aber nur in der Gemeinschaft der Polis voll entfalten.

Dies hängt auch mit dem **teleologischen** Naturverständnis (→ siehe dazu auch 3.3.1.1) des Aristoteles zusammen. Was die eigentliche Natur jedes Seienden, auch des Menschen, ausmacht, ist sein **spezifisches Telos (= Zweck, Ziel)**. Dieses sieht Aristoteles aber, anders als Platon, nicht bloß in seiner idealen Form (einer gleichsam transzendenten „Idee“), sondern bei allen Lebewesen als **Resultat eines natürlichen, zielgerichteten Entwicklungsprozesses.**[30] Entsprechend muss auch der Mensch seine Vernunft(-natur) allererst aktiv entfalten. Anders als andere Lebewesen muss er dies selbsttätig, durch **sein eigenes Handeln** erreichen.[31] Dieser Begriff spezifisch zielgerichteter Entwicklung bzw. Handlungen wird auch als **„Streben“** bezeichnet.

Es kommt darauf an, eine **dauerhafte Haltung praktisch-politischer Tugendhaftigkeit** als „zweite Natur“ auszubilden.[32] Dies kann man auch nicht lernen bzw.

[22] Böckenförde 2006, 120; Höffe 2024, 34.
[23] Vgl. Maier 2002, 80 f.
[24] Aristoteles, Pol., I 2, 1253 a 2 f.
[25] Vgl. Maier 2002, 80 f; Bien 1973, 160 ff; 328 ff.
[26] Vgl. Maier 2002, 108 f.
[27] Vgl. Aristoteles, Pol., I 2, 1253 a 9 f.
[28] Vgl. Höffe 1979, 23 f.
[29] Vgl. Maier 2002, 78 f.
[30] Vgl. Spaemann/Löw 1981, 57 ff; Ritter 1977, 59 f.
[31] Vgl. Ritter 1977, 59 ff.
[32] Vgl. Aristoteles, N.E., I 6, 1098 a 18–20; Ritter 1977, 66 ff.

lehren, aber durch praktische Erfahrung einüben. Deswegen ist der Mensch auf die **Kommunikation mit anderen** – gleichen und freien – Bürgern in der Polis verwiesen. Er braucht zur sittlichen Orientierung auch das Ethos, die Gewohnheiten und Gesetze der Polis.[33] Nur so kann er ein **gutes, geglücktes Leben (Eudaimonia)** führen. Die Polis ist, so Aristoteles, zwar „um des bloßen [Über-]Lebens entstanden", besteht aber „um des vollkommenen Lebens willen".[34] Die Polis dient also nicht nur der Erfüllung menschlicher Grundbedürfnisse und dem Schutz der Bürger, sondern der umfassenden Verwirklichung ihres Menschseins, eben dem **„guten Leben"**.

> Wie nämlich der Mensch, wenn er vollendet ist, das beste der Lebewesen ist, so ist er abgetrennt von Gesetz und Recht das schlechteste von allen. Das schlimmste ist die bewaffnete Ungerechtigkeit. Der Mensch besitzt von Natur als Waffen die Klugheit und Tüchtigkeit, und gerade sie kann man am allermeisten in verkehrtem Sinne gebrauchen. [...] Die Gerechtigkeit dagegen ist der staatlichen Gemeinschaft eigen.[35]

Mit der Verwiesenheit des Menschen auf die Polis hebt Aristoteles auch die **Sonderstellung des Menschen** hervor. Ein Mensch, der der Polis nicht bedürfe, also sich selbst genüge, sei, so Aristoteles, „entweder ein Tier oder ein Gott".[36]

> Dies ist nämlich dem Menschen im Gegensatz zu den anderen Lebewesen eigentümlich, daß er allein die Wahrnehmung des Guten (*agathon*) und des Schlechten (*kakon*), des Gerechten und Ungerechten [...] besitzt. Die Gemeinschaft in diesen Dingen schafft das Haus und den Staat.[37]

Im Ansatz verfolgt Aristoteles ein **Modell bürgerlicher Gleichheit** in der Polis, das sich gegen eine ständische Aufgabenteilung richtet. Doch können in seinem Konzept keineswegs alle Menschen daran teilhaben. Vollberechtigte Mitglieder der Polis sind nur **erwachsene männliche Bürger** (die ausreichend ökonomisch unabhängig sind). Denn Frauen und Kinder haben einen diesen gegenüber jeweils unterschiedlich abgestuften Status und sind v.a. auf die Sphäre des **Hauses (oikos)** beschränkt. Sklaven haben in gewisser Hinsicht gar den Status von Sachen.[38]

---

[33] Vgl. Maier 2002, 93 ff.
[34] Aristoteles, Pol., I 2, 1252 b 29–30.
[35] Ebd., I 2, 1253 a 31–35.
[36] Ebd., I 1, 1253 a 27–30.
[37] Ebd., I 1, 1253 a 15–18.
[38] Vgl. Maier 2002, 109 ff.

3.1.2.2 Die Verfassung der Polis

Für die Verwirklichung eines gelungen-geglückten Lebens kommt nach Aristoteles auch der konkreten Verfassung der Polis besondere Bedeutung zu. Dabei knüpft er an einen traditionellen Bestand überlieferter Staatsformen, insbes. aber an die Verfassungslehre Platons, an und entwickelt davon ausgehend ein Schema von **sechs Regierungsformen**. Dieses ist einerseits „quantitativ" nach der **Zahl der Herrschenden** differenziert. Andererseits wird „qualitativ" bei gleicher Organisation der Regierungsbeteiligung die jeweils „geglückte" Herrschaftsform von der ihr entsprechenden Fehlform abgehoben. Für die geglückte Herrschaftsform ist charakteristisch, dass sie **„zum Nutzen der Regierten"** und nicht „zum Nutzen der Regierenden" ausgeübt wird.[39]

So kann neben der zahlenmäßigen Gliederung vernünftiger Herrschaftsformen in **Monarchie – Aristokratie – Republik („Politie")** von der Monarchie die **Despotie**, von der Aristokratie die **Oligarchie** und von der Republik die **Demokratie** als jeweils korrespondierende Defizienzform unterschieden werden. Die Oligarchie ist eine verfehlte Herrschaftsform, weil sie einseitig die Interessen der Reichen privilegiert.[40] Die (antike) Demokratie versteht Aristoteles als Herrschaftsform der großen Menge der „Armen". Sie ist aus seiner Sicht ebenfalls eine Fehlform, weil die „Armen" besonders für Manipulation und Stimmenkauf anfällig wären. Sie schafft damit dem schädlichen Einfluss von „Demagogen" Raum.[41] Diese verfolgen in ähnlicher Weise ihre eigennützigen Interessen wie „Schmeichler" in einer Alleinherrschaft. Außerdem geht Aristoteles vom antiken Verständnis einer reinen Volksabstimmungsdemokratie aus, bei der „alles [im Einzelfall] mit Abstimmungen verwaltet wird".[42] Dennoch versteht er die (antike) Demokratie als *relativ beste* unter den Fehlformen, während die Despotie die schlechteste darstellt. Sobald jedoch in einer Demokratie allgemeine Gesetze herrschen, nähert sie sich bereits einer „Politie" (Republik) an.[43] Was wir heute unter „Demokratie" verstehen, entspricht dennoch am ehesten dem Konzept der „Politie" (oder Republik).

„Zum Nutzen der Regierten"	**Herrschaftsträger**	**„Zum Nutzen der Regierenden"**
(1.) Monarchie	einer	(6.) Despotie
(2.) Aristokratie	wenige	(5.) Oligarchie
(3.) Republik („Politie")	alle	(4.) Demokratie

39 Vgl. Aristoteles, Pol., III 7, 1279 a 33–1279 b 10; IV 2, 1289 a 25–30; Maier 2002, 130 f.
40 Vgl. etwa Aristoteles, Pol., IV 4, 1290 b 1 f.
41 Vgl. ebd., IV 4, 1292 a 15–23.
42 Ebd., IV 4, 1292 a 34–36.
43 Vgl. ebd., IV 4, 1292 a 1 ff.

Besonders exemplarische Bedeutung gewinnt für Aristoteles die sogen. **„gemischte“** Verfassung: die Republik. Sie stellt eine Mischung aus **Demokratie und Oligarchie** dar, durch die sich die jeweils einseitigen Ziele der beiden Staatsformen (nämlich, so Aristoteles, „Freiheit“[44] bzw. „Reichtum“[45]) in der Ausrichtung auf die politische Tugend der Bürger ergänzen. Eine „wohlgemischte“ Republik erkennt man Aristoteles zufolge daran, dass sie ebenso gut als Demokratie wie als Oligarchie angesprochen werden kann.[46]

Aristoteles verbindet dabei die Anforderungen einer **institutionellen** und **sozialen** Mischung:

1. Die Mischverfassung soll **institutionell-organisatorische Elemente** der beiden genannten „reinen“ Staatsformen ausgewogen verbinden (institutionelle Mischung).[47]
2. Sie muss sich darüber hinaus auch auf einen **breiten sozialen Mittelstand** ökonomisch unabhängiger Bürger stützen können (soziale Mischung).[48]

> In allen Staaten gibt es drei Teile, die sehr Reichen, die sehr Armen und die Mittleren. Wenn nun das Maß und die Mitte anerkanntermaßen das Beste sind, so ist auch in bezug auf die Glücksgüter der mittlere Besitz von allen der beste. Denn in solchen Verhältnissen gehorcht man am leichtesten der Vernunft. Schwierig ist es dagegen, wenn man übermäßig schön, kräftig, adlig oder reich ist, oder umgekehrt übermäßig arm, schwach und gedemütigt. Die einen werden leicht übermütig und schlecht im Großen, die anderen bösartig und schlecht im Kleinen; die einen tun im Übermut Unrecht, die andren in Boshaftigkeit.[49]

Dieser besonderen Bedeutung eines breitgestreuten „mittleren Besitzes“ der Bürger liegt die aristotelische Überzeugung zugrunde, dass **ökonomische Unabhängigkeit**, die von der **Sorge um die bloße Daseinssicherung** freigibt, die Voraussetzung zur Ausbildung sittlicher Reife und der zum politisch-verantwortlichen Tun befähigenden bürgerlichen Tugend bildet.[50]

Gestützt auf den sozialen Mittelstand der Bürger, sieht Aristoteles in der „gemischten“ Verfassung die Herrschaft über **Gleiche und Freie** verwirklicht, in der alle dazu fähig sind, ebenso **„gut zu regieren“** wie **„gut regiert zu werden“**.[51] Wenn also alle „von Natur gleich sind“,[52] soll auch niemand auf Dauer regieren oder sich regieren lassen. Die Republik gewährleistet unter Freien und Gleichen die

---

44 Maier 2002, 132.
45 Aristoteles, Pol., IV 8, 1294 a 11.
46 Vgl. ebd., IV 9, 1294 b 13–18.
47 Vgl. Maier 2002, 142.
48 Vgl. Aristoteles, Pol., IV 11, 1295 b 39 f.
49 Ebd., IV 11, 1295 b 1–11.
50 Vgl. ebd., IV 6, 1292 b 22 ff.; 11, 1295 b 1–40.
51 Vgl. ebd., III 4, 1277 b 10–15.
52 Ebd., II 2, 1261 a 39–1261 b 1.

Teilnahme aller an der beratenden und richtenden Gewalt sowie die gleichmäßige abwechslungsweise **Aufeinanderfolge aller im Amt des Regierens.**[53] Denn da auch unter von Natur aus Gleichen „alle zugleich unmöglich regieren [können]“[54], sollen „abwechslungsweise die Gleichberechtigten einander Platz machen und außerhalb des Amtes einander ebenbürtig“[55] sein.

> Denn es können nicht alle gleichzeitig regieren, sondern jahrweise oder nach irgendeiner anderen Ordnung oder Zeit. Auf diese Weise werden doch alle regieren, wie wenn etwa Schuster und Schreiner in der Arbeit abwechselten und nicht immer dieselben Schuster und Schreiner wären. [...] Da regieren sie dann abwechslungsweise und werden regiert, *als wären sie andere geworden.*[56]

Dieses Konzept des Aristoteles hat für die Politiktradition bis heute prägende Bedeutung erlangt. Die Rezeption seiner Philosophie im 13. Jh. gestaltete die gesamte europäische Naturrechtstradition um. V.a. das Modell der aristotelischen Republik wurde ab der Renaissance von vielen Philosophen der Moderne aufgegriffen und neu interpretiert (etwa von Machiavelli, Montesquieu, Rousseau und Hegel). Mit seinen zentralen Merkmalen der **aktiven, gleichen Bürgerpartizipation**, **sozialer Ausgewogenheit** und eines tragenden **politischen Ethos** bleibt es auch bestimmend für eine zentrale Strömung der politischen Philosophie der Gegenwart, v.a. im nordamerikanischen Raum (→ vgl. die Philosophie des „Kommunitarismus“, 6.3) und übte bereits ab dem 18. Jh. einen wichtigen Einfluss auf die moderne amerikanische und europäische Verfassungsentwicklung aus.[57]

3.2 Aufbruch in die Moderne: Die Renaissance des Republikanismus

3.2.1 Das Modell der unabhängigen Bürgerherrschaft („Civic Humanism“)

Die Auseinandersetzung mit der „gemischten Verfassung“ des Aristoteles beginnt bereits im Mittelalter nach der Wiederentdeckung der Schriften des Aristoteles (vermittelt durch arabische Philosophen). In ihrer Rezeption durch Thomas von Aquin gerät dennoch gerade das Erfordernis *aktiver Bürgerpartizipation* in Vergessenheit. Thomas interpretiert dies zur *allgemeinen Gesetzesbindung* von Herrschern und Beherrschten um.[58]

---

53 Vgl. Bien 1973, 335 ff; Maier 2002, 159 ff.
54 Aristoteles, Pol., II 2, 1261 a 33.
55 Ebd., II 2, 1261 b 3 f.
56 Ebd., II 2, 1261 a 32–37; 1261 b 2–6 [Hervorhebung durch Verf.].
57 Vgl. etwa Höffe 2024, 45 f.
58 Vgl. Maier 2002, 411 ff.

Ab dem 14. Jh. setzt jedoch eine breite philosophische Strömung ein, die die Befreiung des Menschen aus mittelalterlichen Ordnungsvorstellungen, insbes. die Abkehr von der Sicht der irdischen „miseria hominis", propagiert.[59] Dieser setzen die Philosophen des Humanismus zunächst v.a. ein **Bildungsideal** entgegen, das sich an antiken Quellen, v.a. an Platon und Cicero, orientiert.

Bereits ab dem Ende des 12. Jh. entstanden darüber hinaus insbes. in Oberitalien eine Reihe unabhängiger Stadtstaaten, allen voran Venedig und Florenz, die das Modell der Republik oder Mischverfassung neu umsetzten. Dabei ging es sowohl um äußere Unabhängigkeit (vor allem gegenüber Papst und Reich) als auch um die „Selbstregierung" der unabhängigen Bürger im Inneren.[60] Damit tritt bereits in der Frühmoderne ein Modell politischer Herrschaft in der Ablöse mittelalterlicher Feudalgesellschaft auf den Plan, das – in Adaption der aristotelischen Mischverfassung – auf der **unmittelbaren aktiven Partizipation gleicher Bürger** beruht. Auch in der politischen Philosophie der Renaissance verlagert sich damit der Fokus vom bildungshumanistischen Ideal zur aristotelisch geprägten Wertschätzung des aktiven politischen Lebens in der unabhängigen Bürgerschaft (etwa bei Bruni, Salutati u.a.). In der Forschung wurde diese Strömung häufig als „Civic Humanism" bezeichnet.[61]

Allerdings konnte sich diese Form der **republikanischen Bürgergesellschaft**, in der die Regierung unmittelbar von den freien Bürgern selbst wahrgenommen wurde (konkret realisiert in Oberitalien, aber auch im hanseatischen Raum),[62] längerfristig nicht gegen das Modell der Souveränität des Staates behaupten. (→ Von letzterem haben Sie bereits im Zusammenhang mit der Entstehung des Gesetzesrechts gehört. Vgl. 1.2.2.1.) Dieses bildete sich zunächst – ganz im Gegensatz zur „Bürgergesellschaft" – vornehmlich als Machtkonzentration („power container"[63]) innerhalb monarchisch regierter **Territorialstaaten** aus. (An diese Entstehungsbedingungen des *souveränen* Staates knüpft auch die Kritik → postmoderner (sogen. poststrukturalistischer) Autor:innen am modernen Staat an. Vgl. dazu unten, 3.5.2.)

59 Vgl. Pico della Mirandola 1990, 5 ff.
60 Vgl. Münkler 1984, 152 ff.
61 Vgl. Baron 1955, 43 ff; 79 ff.
62 Vgl. Anderson 2004, 20.
63 Giddens 1981, 185.

3.2.2 Niccolò Machiavelli (1469–1527): Entmoralisierung der Politik und Republikideal

3.2.2.1 Der „principe nuovo“

Als besonders einflussreicher politischer Autor dieser Zeit gilt NICCOLÓ MACHIAVELLI, der vom Mainstream des sogen. „Civic Humanism“ abweicht. Anders als PICO DELLA MIRANDOLA und MARSILIUS FICINO gehört er zwar zu jenen Autoren, die nicht auf die moralische Innerlichkeit des Einzelnen rekurrieren, sondern auf die **aktive bürgerliche Teilhabe am politischen Leben**, die „vita activa“. Sein Menschenbild ist aber deutlich pessimistischer als jenes anderer Renaissancedenker.

MACHIAVELLI gilt gemeinhin als Vordenker spezifisch moderner politischer Rationalität, als Vorbild einseitig strategisch ausgerichteter Staatsraison.[64] Zwar knüpft MACHIAVELLI in zahlreichen Punkten an antikes politisches Denken an und bleibt vormoderner Begrifflichkeit verhaftet, gestaltet sie aber in charakteristischer Weise um.

In seinem wohl bekanntesten Werk, *Il principe* („Der Fürst“), greift er formal die Literaturgattung mittelalterlicher **Fürstenspiegel** auf, verkehrt deren traditionelle pädagogische Intentionen aber in ihr Gegenteil.[65] Als Leitbild eines guten Herrschers galt es im mittelalterlichen Verständnis nämlich, dem allgemeinen Ideal eines guten Menschen – eben in vollendeter Form – gerecht zu werden. Maßstab und Legitimation eines guten Herrschers war demnach ein hervorragendes Maß an Tugendhaftigkeit.[66] Was aber waren die entscheidenden Merkmale dieses Tugendbegriffs? Dabei orientierte man sich ab dem Hochmittelalter erneut am aristotelischen Vorbild eines gelungen-geglückten Lebens. Zu dessen grundlegendem Verständnis gehörte die **Habitualisierung** des guten Handelns. Wie Sie bereits gehört haben (→ 3.1.2.1; siehe auch 4.2.1), verlangte dies eben die Ausbildung einer dauerhaften, verlässlichen Haltung politischer Tugendhaftigkeit.

Eben dieses Erfordernis spezifisch politischer Tüchtigkeit greift MACHIAVELLI auf, verkehrt es aber angesichts geänderter politischer Herausforderungen geradewegs in sein Gegenteil. Will der Fürst nun seinen Aufgaben gerecht werden, vor allem seine Macht erhalten, darf er gerade ***nicht*** **tugendhaft** im überlieferten Sinn sein. Dabei geht es aber nicht um den Ausschluss sittlicher Handlungsorientierung, falls die Umstände eben diese gebieten. Was der Fürst der Renaissance aber um jeden Preis vermeiden soll, ist, dass sein Handeln berechenbar wird. Die Tugend des Renaissancefürsten ist gerade die **„Tugend“ der „Charakterlosigkeit“**.[67] Was nun politisch gefragt ist, ist nicht Beständigkeit und eine dauerhaft konsolidierte ethische Haltung. Vielmehr geht es um den möglichst flexiblen Einsatz

[64] Vgl. Münkler 1984, 282 ff.
[65] Vgl. Kersting 1988b, 89 ff.
[66] Vgl. etwa Thomas von Aquin 1971, 35 f.
[67] Kersting 1988b, 93.

aller verfügbaren Mittel im Hinblick auf die jeweils geänderte Situation, die „qualità de' tempi".[68] Nunmehr sind alle moralischen Eigenschaften des politischen Handelns prinzipiell gleichwertig. Entscheidend ist die **Situationstauglichkeit** und ihr möglichst flexibel wechselnder Einsatz.[69] Nur dadurch kann der Herrscher seine „Handlungsmächtigkeit" stetig steigern. Dies aber ist notwendig, um das zentrale Ziel des **„mantenere lo stato"**[70] (den Macht-Status erhalten) zu gewährleisten.

„Lo Stato" bezeichnet hier nicht – wie im modernen Italienisch – den „Staat", sondern ist abgeleitet von einem vormodernen Status- und Standesbegriff. „Mantenere lo stato" meint daher noch nicht die Erhaltung des Staates, sondern die Festigung des (Macht-)Status des Fürsten.

Dafür sind alle Mittel – unabhängig von ihrer ethisch-moralischen Qualität – gleichwertig. Es kommt eben darauf an, was „fortuna" und die wechselnden politischen Umstände erfordern.

Der Fürst müsse nach MACHIAVELLI „eine Gesinnung haben, aufgrund derer er bereit ist, sich nach dem Wind des Glücks (fortuna) und dem Wechsel der Umstände zu drehen und [...] vom Guten so lange nicht abzulassen, wie es möglich ist, aber sich zum Bösen zu wenden, sobald es nötig ist."[71]

Milde, Barmherzigkeit und Gerechtigkeit sind nicht mehr geboten als rücksichtslose Grausamkeit, wenn dies die jeweilige Situation erfordert. Der „principe nuovo" verbindet gar die Natur eines (Raub-)Tiers mit der des Menschen. Ihm stehen daher „zweierlei Kampfweisen" offen: Einerseits bedient er sich der „Waffen" des Menschen, nämlich der „Gesetze", solange dies genügt. „[D]a aber die erste [Kampfweise] oftmals nicht ausreicht, ist es nötig, auf die zweite zurückzugreifen,"[72] nämlich die „bloß[e] Gewalt".[73] In diesem Fall darf der Fürst nicht davor zurückschrecken, die „Gewalt des Löwen" oder die „List und Verschlagenheit des Fuchses" einzusetzen. Stets geht es darum, das **Repertoire der Strategien** seiner Machterhaltung zu **erweitern**.

Das Menschenbild MACHIAVELLIS unterscheidet sich dadurch deutlich von jenem der früheren, humanistischen Denker der Renaissance. Weder um die innere Freiheit des Menschen geht es, noch um die Rückbesinnung auf dessen politische Vernunftnatur. Was das Streben des Menschen bestimmt, sind nach MACHIAVELLI die per se unbegrenzten Begierden von **„ambizione" (Ehrgeiz/**

---

68 Machiavelli 1986, XXV, 194.
69 Vgl. ebd., XVIII, 135 ff.
70 Ebd., XVIII, 138.
71 Ebd., XVIII, 139.
72 Ebd., XVIII, 135.
73 Ebd., XVIII, 135.

Ruhmsucht) und **„avarizia“ (Geiz/Gier)**.[74] Seine Anthropologie scheint damit vieles vorwegzunehmen, was Denker des 17. Jh., wie Hobbes und Spinoza, zum Ausgangspunkt eines mechanistischen Menschenbilds (vgl. → 3.4.1.1; 5.4.2) machen. Doch bildet sich in Machiavellis Menschenbild noch kein naturwissenschaftliches Denken ab.[75] Es bleibt vielmehr vormoderner (Strebens-)Begrifflichkeit verhaftet, entledigt sich aber deren ursprünglicher sittlicher Einhegung. Dadurch wird das Streben maßlos und tendenziell destruktiv. Dies führt zu einer frühen Form der **„Entmoralisierung“ der Politik** (der Trennung von Politik und Moral).[76] Damit erscheint Machiavelli als Wegbereiter eines modernen Politikverständnisses, das dieses primär als strategische Mittelrationalität *ohne vorgängige Bindung an ein tradiertes Ethos* begreift.[77]

Die Denkfiguren von Naturzustand und Gesellschaftsvertrag (→ 3.3.2–3) als Antwort auf die destruktiven Anteile der menschlichen „Natur“ haben im (aristotelisch geprägten) politischen Denken der Renaissance dagegen noch keinen Platz.

3.2.2.2 Die Republik

Dennoch ist das auch von Machiavelli propagierte Ordnungsmodell jenes einer **Republik (Mischverfassung)**, welches er in seinem Werk *Discorsi* vorstellt – dies vor dem Hintergrund des Niedergangs mächtiger oberitalienischer Renaissancerepubliken.[78] (Sie haben diese Verfassungsform bereits bei Aristoteles kennengelernt.)

Denn gerade die republikanische Regierungsform habe aus der Sicht Machiavellis die größte Fähigkeit zur politischen Selbstbehauptung. Diese – und nicht die Alleinherrschaft eines Einzelnen – könne daher den Bestand eines Gemeinwesens am Längsten gegen die Wechselfälle „fortunas“ sichern. Gleichzeitig garantiert sie am besten die politische Freiheit des **„vivere politico“** (die jedoch keineswegs mit modernen Freiheitsrechten gleichgesetzt werden kann). Ihre Garanten sind die Herrschaft der Gesetze, Sitten und Gewohnheiten[79] (an Stelle des Diktats eines Einzelnen) sowie die **aktive politische Partizipation** und institutionelle Einbindung aller politischen Gruppen. Diese spiegelt das republikanische Motiv der „Mischung“ unterschiedlicher Verfassungsformen wider (vgl. → die aristotelische Mischverfassung, 3.1.2.2).

Jedoch gibt es nicht nur Gemeinsamkeiten, sondern auch markante Unterschiede zur aristotelischen Republik. Anders als Aristoteles beschränkt Machiavelli

[74] Vgl. Kersting 1988b, 37 ff.
[75] Vgl. ebd., 37.
[76] Vgl. ebd., 98 ff.
[77] Vgl. Münkler 1984, 284.
[78] Vgl. ebd., 164 ff; 184 ff; 218 ff.
[79] Vgl. Machiavelli 1977, I, 4, 19.

diese nicht auf die Verbindung von Demokratie und Oligarchie, sondern zielt in Anknüpfung an das Modell des Stoikers Polybios auf eine Einbeziehung *aller* Verfassungsformen.[80]

V.a. aber verwirft Machiavelli das Erfordernis sozialer Homogenität als Voraussetzung einer funktionierenden Republik. Er vertraut ganz im Gegenteil auf die **produktive** und **stabilisierende Wirkung sozialer Gegensätze** im Rahmen republikanischer Institutionen.[81] Konkret geht es um den Konflikt zwischen Volk (populo) und Adel (nobili). Diese repräsentierten „zwei verschiedene Temperamente" („du[e] umori diversi"[82]), die der Republik ein größeres Maß an Handlungsmöglichkeiten eröffnen als einer Alleinherrschaft.

> „Die Republik kann sich bei der verschiedenen Veranlagung ihrer Bürger besser den verschiedenen Zeitverhältnissen anpassen als ein Alleinherrscher", so Machiavelli. „Denn ein Mensch, der an eine bestimmte Art zu handeln gewöhnt ist, ändert sich [...] nie und muss, wenn die veränderten Zeitverhältnisse zu seinen Methoden nicht mehr passen, notwendig scheitern."[83]

V.a. seien gerade aus der produktiven Bewältigung dieser Gegensätze alle „Gesetze und Einrichtungen zum Besten der allgemeinen Freiheit"[84] hervorgegangen, wie schon die Geschichte Roms beweise.

Neben der innenpolitischen Freiheit zur aktiven bürgerlichen Partizipation betont Machiavelli auch die **außenpolitische Unabhängigkeit**. Er ist ein entschiedener Befürworter eines Bürgerheers und Kritiker des Söldnerwesens. Die republikanische „virtù" umfasst auch die militärische Tüchtigkeit und Tapferkeit zur Verteidigung der Stadt. Ja, diese Tugenden dienen aus Machiavellis Sicht gar der Förderung von republikanischem Patriotismus und politischem Zusammenhalt innerhalb des Gemeinwesens.[85]

Wie aber lässt sich Machiavellis Republikideal mit der Konzeption des „principe nuovo" vereinbaren?

Zum einen enthält *Der Fürst* keine Staatslehre, sondern eine Theorie **politischer Handlungsmächtigkeit** („mantenere lo stato") und politischer Selbstbehauptung, in deren Zentrum die stetige Erweiterung strategischer Verhaltensweisen mit dem Ziel der Machterhaltung steht. Letztlich räumt er bei der Umsetzung dieser zentralen politischen Zielsetzung gar der Republik die besseren Chancen ein. Auch beruhen beide Werke auf einem gemeinsamen Menschenbild, das konfliktischen Antrieben eine politisch produktive Rolle zuordnet.

---

80 Vgl. Polybios 1963, Bd. 1, VI, 526 ff.

81 Vgl. Machiavelli 1977, I, 4, 19.

82 Machiavelli 1986, IX, 74.

83 Machiavelli 1977, III, 9, 315.

84 Ebd., I, 4, 19.

85 Vgl. Kersting 1988b, 137 ff.

V.a. aber stellt Machiavelli einen **geschichtsphilosophischen** Zusammenhang zwischen beiden Herrschaftsformen her, der an Polybios' Modell des „Kreislaufs der Verfassungen" anknüpft. Dieser war der Meinung, dass alle „reinen" Verfassungsformen (die eben nicht mit anderen „gemischt" werden) dem ständigen Verfall ausgesetzt seien, sodass in der Regel eine (relativ) schlechte Verfassungsform einer noch defizienteren weichen müsse.[86] Allein die Mischung aus allen Formen könne diesem ständigen Verfallsprozess Einhalt gebieten. Auch Machiavelli ist von der stabilitätsfördernden Qualität der „gemischten Verfassung" überzeugt. Jedoch sind die Bürger nicht selbst in der Lage, diese einzurichten. Zur Überwindung eines anfänglichen Zustands des politischen Chaos bedarf es aus seiner Sicht der demiurgischen Gestalt eines **„uomo virtuoso"** (eines besonders tüchtigen Menschen), dem es gelingt, in erzieherischer Weise die menschlichen Leidenschaften zu zähmen, aber auch mit machtpolitischen Mitteln eine funktionierende Republik zu errichten. In der Rolle dieser Gründerfigur ordnen manche Autor:innen die Bedeutung des „principe nuovo" ein.[87] Dessen Aufgabe ist freilich mit der Errichtung einer stabilen, funktionierenden Republik erschöpft.

3.3. Naturzustand und Gesellschaftsvertrag

3.3.1 Der Naturbegriff

3.3.1.1 Der teleologische Naturbegriff

Wenn in den vergangenen Kapiteln vom Begriff der „Natur", insbes. von der „Natur des Menschen", die Rede war, so entspricht dieser Begriff keineswegs dem modernen naturwissenschaftlichen Naturverständnis. In der antiken griechischen Philosophie – und daran anknüpfend auch im europäischen Mittelalter – steht ein **„teleologischer Naturbegriff"** im Mittelpunkt der Naturbetrachtung, aber auch der Ethik und der politischen Philosophie.

„Natur" bezeichnet in diesem Zusammenhang einen **Ordnungsbegriff**, der v.a. auf das eigentliche Wesen einzelner Lebewesen, Dinge etc. bezogen ist. Dieses wird unter Zugrundelegung insbes. platonischer und aristotelischer Konzeptionen durch dessen je spezifisches „Telos" (= seinen **vernünftigen Zweck** bzw. sein **Ziel**, auch im Sinne von Ende bzw. **Ergebnis**) definiert. Dieser „Zweck" bestimmt

86 Vgl. Machiavelli 1977, I, 2, 13 ff; Machiavelli 1990, V, 1, 185 f.
87 Vgl. Kersting 1988b, 132.

sich nicht einseitig durch die Funktionstauglichkeit eines Seienden, sondern beruht auf dessen idealer Form oder vollendeter Gestalt (seiner *perfectio*).[88]

Ab der Stoa wird dieser teleologische Naturbegriff auf die umfassende Ordnung des Kosmos bezogen. Sie kommt in einem universalen **„Naturgesetz" (lex naturalis)** zum Ausdruck.[89] Die christliche Rezeption erweitert dieses Konzept durch den Gedanken der göttlichen Schöpfung dieser Ordnung (*creatio ex nihilo*). Nunmehr bezeichnet der Begriff der Natur einen **universalen, hierarchisch gestuften Ordnungszusammenhang**, in dem jedem Seienden sein spezifischer Platz zukommt.[90]

Auch der Mensch ist einerseits in diese zweckgerichtete Ordnung integriert, indem er seine Wesensbestimmung verwirklicht. Aufgrund seiner Vernunft wird ihm andererseits aber auch eine **Sonderstellung** eingeräumt. Diese kommt in der griechischen Klassik insbes. in seiner **„politischen Natur"** (→ *zoon politikon*) zum Ausdruck und wird damit zum Ausgangspunkt für die Notwendigkeit von Staat und Recht. Nach Thomas von Aquin ist der Mensch seinem Wesen nach **„gewissermaßen"** auf **„alles"** (**„quodammodo omnia"**[91]) ausgerichtet.

Dieses Konzept einer auf ursprüngliche Weise zweckgerichteten, umfassenden Ordnung der Wirklichkeit hat von Anfang an auch normative Implikationen. In ihr sind auch die **grundlegenden Prinzipien** menschlichen Zusammenlebens verankert, die der Mensch durch seine Vernunft erkennen kann. In der Spätantike und im Mittelalter wird dieser Zusammenhang metaphorisch im Begriff der **„lex naturalis"** zum Ausdruck gebracht,[92] an den auch die spätere Tradition des „Naturrechts" anknüpft. Selbst Locke greift diesen Begriff auf, verleiht ihm aber eine völlig neue Bedeutung (→ vgl. 3.4.2.1).

Das positive Recht (die „lex humana") gewinnt seine Geltung dadurch, dass es die lex naturalis näher konkretisiert. Jedoch bietet der Begriff des „Naturgesetzes" ursprünglich wenige inhaltliche Vorgaben, sondern fungiert mehr als kritisches Prinzip hinsichtlich der praktischen Vernünftigkeit konkreter Normen.[93]

3.3.1.2 Der Naturbegriff der neuzeitlichen Naturwissenschaften

Gesellschaftlich-politische Umbrüche am Beginn der Neuzeit (Konfessionskriege, Untergang der „religiös-politischen Einheitswelt des Mittelalters" → siehe 1.2.2.1) sowie v.a. der Aufstieg der Naturwissenschaften entziehen dieser teleologischen

88 Vgl. Spaemann/Löw 1981, 27 ff; 51 ff.
89 Vgl. Böckenförde 2006, 235 ff.
90 Vgl. Maier 2002, 192 ff.
91 Thomas von Aquin, Scg, III, 112.
92 Vgl. Maier 2002, 293 ff.
93 Vgl. ebd., 282 ff; 291 ff; 309 ff.

Naturordnung die Grundlage und beenden damit die unmittelbar gesellschaftlich-politische Bedeutung des Naturbegriffs.

Nunmehr löst ein **materialistisch-mechanisches Naturverständnis** teleologische Konzeptionen ab. Die aufkommenden Naturwissenschaften, aber auch Philosophen dieser Zeit, wie DESCARTES und SPINOZA, begreifen die gesamte Natur als **durchgängig kausalgesetzlich bewirkt** und als nach quantitativen Kriterien **mathematisch beschreibbare**[94] Materie. Damit ist „Natur" kein Ordnungsbegriff mehr, sondern bezeichnet das gleichsam wertfreie Faktum naturgesetzlicher Abläufe.[95] Aus diesem rein faktischen, empirisch beschreibbaren Geschehen lässt sich kein rechtliches Sollen mehr ableiten.[96]

3.3.2 Der Naturzustand

Das Naturrechtsdenken bzw. die politische Philosophie der Moderne benötigen daher einen grundsätzlichen neuen Bezugspunkt für die Begründung von Staat und Recht. Diesen finden sie im Menschen als **freiem, vernünftigem Individuum**, das dabei erstmals in radikaler Weise auch als **Trieb- und Bedürfniswesen** (im Sinne der Naturwissenschaften) wahrgenommen wird. Nicht mehr von der „Natur" als umfassender Ordnung ist die Rede, sondern von der **„Natur des Menschen"**, nunmehr v.a. bezogen auf das einzelne Individuum.[97]

Um nun die eigentliche Natur des Menschen „freizulegen", bedienen sich zahlreiche Theoretiker der Moderne, allen voran der englische Philosoph THOMAS HOBBES, des Gedankenexperiments eines „Naturzustands". Dieser Naturzustand ist kein historischer Anfangszustand der Gesellschaft, sondern ein **gedachter Zustand**. In Anlehnung an mechanische Erkenntnismodelle der Naturwissenschaften soll dabei das soziale und rechtliche Gefüge gedanklich in seine ursprünglichen „Bausteine", eben die einzelnen Individuen ohne vorgängige soziale Bindung, zerlegt werden. Staat und Recht werden experimentell „weggedacht", um so die **ursprüngliche Natur des Menschen** zu ermitteln.[98] In Analogie zu den Naturwissenschaften kann der Naturzustand auch als „Versuchsanordnung"[99] verstanden werden.

Dieser Naturzustand, in exemplarischer Form entworfen bei THOMAS HOBBES, zeigt sodann den Menschen als ursprünglich **freies, rationales Trieb- und Bedürfniswesen**, das nicht mehr von Natur aus auf die politische Gemeinschaft ausge-

---

94 Vgl. Koch 2024, Rn 3 ff.

95 Vgl. van der Wal 2017, 51 ff.

96 Dieser „mechanistische" Naturbegriff passt keineswegs auf alle Naturphänomene, wie etwa lebende Organismen, insbes. höher entwickelte Tiere. Auch in der modernen Physik wurde er längst durch differenziertere Modelle ersetzt.

97 Vgl. Kersting 2015, 17 f.

98 Vgl. Höffe 1989, 291 ff.

99 Ebd., 294.

richtet, sondern fortwährenden **Konflikten** ausgesetzt ist.[100] Der Naturzustand ist aber nicht bei allen Philosophen nur ein Zustand der Unsicherheit und Bedrohung (wie bei HOBBES). Aus ihm werden (bei LOCKE und KANT) auch **fundamentale Rechte** oder **normative Prinzipien** abgeleitet, die den Staat zu ihrer Sicherung verpflichten. Allerdings zeigt der Naturzustand stets die Unerträglichkeit und Unhaltbarkeit eines Zustands ohne vernünftige und gesicherte Rechtsordnung auf. Immer ist der Naturzustand ein Ausgangszustand **ursprünglicher Gleichheit und Freiheit**, der nur durch die **vertragliche Selbstbindung gleicher Individuen** überwunden werden kann.[101]

3.3.3 Der Gesellschaftsvertrag

Auf das Gedankenexperiment des Naturzustands folgt daher stets ein weiteres Gedankenexperiment, nämlich das Modell eines **hypothetischen Gesellschaftsvertrags**, der die **Legitimation von Recht und Staat** begründet. Seine zentralen Aufgaben sind die Herstellung eines **Friedens- und Rechtszustands**, um die tödliche Ausweglosigkeit des Naturzustands zu überwinden, und die Errichtung einer souveränen Staatsgewalt. Die Konstruktion des Gesellschaftsvertrags bringt aber nicht nur die überlebensnotwendige Bedeutung von Staat und Recht zum Ausdruck. Sie bekräftigt erneut den Gedanken der ursprünglichen gleichen Freiheit aller Menschen. Denn der Naturzustand kann eben nur auf dem Wege der **Selbstorganisation** der Individuen, also durch die **wechselseitige Einschränkung der Willkür**, überwunden werden.[102]

Neben der Errichtung einer friedenssichernden souveränen Staatsgewalt werden aus dem Modell des Gesellschaftsvertrags in der Folge auch **fundamentale Gerechtigkeitsprinzipien** abgeleitet.[103] Insbes. dient der Gesellschaftsvertrag nicht nur der Herrschaftslegitimation, sondern auch als **hypothetisches Beurteilungsprinzip**, ob eine konkrete Rechtsordnung bzw. bestimmte Gesetze als Vereinbarung gleicher und freier Individuen gedacht werden können.[104]

3.3.4 Der Begriff des Naturrechts

Der Begriff des Naturrechts bezieht sich in geschichtlicher Perspektive auf sehr unterschiedliche Positionen, denen gemeinsam ist, dass sie auf **unverfügbare Grundlagen** des Rechts Bezug nehmen. Niemals wurde darunter jedoch ein kompaktes Normensystem „über" oder „neben" positiven Rechtsnormen verstanden,

[100] Vgl. ebd., 291 ff.
[101] Vgl. Kersting 2015, 18 f.
[102] Vgl. ebd., 20 ff.
[103] Vgl. ebd., 26.
[104] Vgl. ebd., 104 ff.

wie dies positivistische Positionen gelegentlich suggerieren. Viel eher ging es darin um kritische Prinzipien, die zur Begründung, aber auch Hinterfragung überlieferter menschlicher Satzungen herangezogen wurden.[105] Die Vorstellung von einem **universalen teleologischen „Naturgesetz"** als allgemeinem „Nomos" der Welt entsteht erst in der Stoa[106] und wird v.a. in der lex-naturalis-Lehre des Augustinus und des Thomas von Aquin aufgegriffen.[107] Am Beginn der Neuzeit setzt das sogen. „Spanische Naturrecht" (Schule von Salamanca) diese Tradition in differenzierter Form fort.[108] Besondere Bedeutung für die Entwicklung des modernen Rechtsstaates kommt dem „rationalistischen Naturrecht" der Moderne zu (ab dem 17. Jh.), das nicht mehr auf eine universale Naturordnung, sondern auf die **menschliche Vernunftnatur** rekurriert und entscheidende Grundlagen für Souveränitätsbegriff, Menschenrechte und Demokratie liefert (→ siehe unten 3.4.1–4).

In der Gegenwart hat der Begriff des „Naturrechts" weitgehend an Bedeutung verloren. Unverfügbare Grundlagen des Rechts werden v.a. im **Prinzip der Menschenwürde** oder **fundamentalen Menschenrechten** verortet. Daneben spielen **prozedurale Modelle der Legitimation** des Rechts eine zentrale Rolle. (Von daher ergeben sich inhaltliche Querverbindungen u.a. zu den Kapiteln → Recht und Moral, → Menschenrechte und Demokratie, → Theorien der Gerechtigkeit, → Einführung in die Bioethik.)

3.4 Exemplarische Rechtsdenker der Moderne

3.4.1 Thomas Hobbes (1588–1679): Vom „bellum omnium contra omnes" zur Souveränität

In der politischen Philosophie des englischen Philosophen Thomas Hobbes zeigt sich in exemplarischer Weise die Wende vom politischen Verständnis der Vormoderne (das auch im Mittelalter in entscheidender Weise von Platon und Aristoteles beeinflusst war) hin zur **Legitimation des modernen Staates**. Wie wir bereits gesehen haben, stellt sich dieser auch historisch erst als Produkt sozialer und politischer Veränderungen am Beginn der Neuzeit dar (→ vgl. den Prozess der Säkularisierung im Gefolge der Religionskriege, 1.2.2.1). Zwar bleibt die Tradition eines von Platon und Aristoteles herkommenden Bürgerrepublikanismus bei vielen Autoren der Renaissance (→ etwa bei Machiavelli, 3.2.2) und in der Aufklärung (etwa bei Montesquieu und → Rousseau, 3.4.3) weiter wirksam. Zum zentralen Fundament moderner Staatlichkeit steigt aber der Begriff der **Souveränität** auf.

[105] Vgl. Maier 2002, 291 ff.

[106] Vgl. Spaemann/Löw 1981, 80 ff.

[107] Vgl. Böckenförde 2006, 205 ff; 235 ff; Maier 2002, 280 ff.

[108] Vgl. Böckenförde 2006, 339 ff.

Zur Begründung von Staat und Recht bedient sich HOBBES der Denkfiguren von **Naturzustand** und **Gesellschaftsvertrag** (→ siehe 3.3.2–3), die für einen großen Teil der politischen Theorien wegweisend werden. Dieser Konzeption liegt ein grundsätzlich anderes Menschenbild zugrunde als das des *zoon politikon* in aristotelischer Tradition. **Nicht von der politischen Natur** des Menschen geht HOBBES aus, sondern von seiner **Konfliktnatur**, dem Faktum der Gefährdung des Menschen durch die anderen.[109]

3.4.1.1 Der Naturzustand

Wie begründet HOBBES diese Sicht des Menschen? HOBBES versucht, die Natur des Menschen durch ein Gedankenexperiment freizulegen, den sogen. **Naturzustand**. Dabei handelt es sich um einen gedachten Zustand, in dem es weder Recht noch Staat noch irgendwelche anderen sozialen Hierarchien gibt. Im Naturzustand kommt sodann der Mensch als einzelnes, ursprünglich isoliertes Individuum in den Blick. (→ Beachten Sie diesen fundamentalen Unterschied zur aristotelischen Auffassung vom *zoon politikon.*) Dabei zeigt sich die Natur des Menschen nicht in erster Linie in seiner Vernunft, sondern in elementaren naturhaften Antrieben und Neigungen, v.a. dem **Streben nach Selbsterhaltung** und **Glück**.[110] Das Verlangen nach Glück richtet sich auf unterschiedliche Gegenstände, die dem „angenehmen Leben"[111] dienen, und ist per se unersättlich. Es zielt auf immer neue Bedürfnisbefriedigung. Wichtig ist es dabei, deren Genuss auch auf Zukunft hin zu sichern. Deshalb und wegen der gleichzeitigen Knappheit der Güter verbindet sich damit weiter ein naturwüchsiges „rastloses Verlangen" jedes Einzelnen „nach immer neuer **Macht**".[112]

Dabei geht HOBBES von einem mechanistischen Menschenbild aus, das alle menschlichen Empfindungen auf die kausale Einwirkung physikalischer Objekte in der Außenwelt zurückführt. Die menschlichen Affekte steuern ihrerseits unmittelbar die „Bewegung[en]"[113] der Menschen.[114] Menschen im Naturzustand erscheinen im eigentlichen Sinn nur als Körper unter anderen Körpern.[115] Wird die „Bewegung" einmal angestoßen, setzt sie sich mechanisch fort.

In den Konzeptionen des HOBBES spiegelt sich das materialistisch veränderte Weltbild der beginnenden Naturwissenschaften. Auch die politische Philosophie soll nach dem Modell mathematisch-physikalischer Aufklärung „more geometri-

[109] Vgl. Kersting 2015, 39.
[110] Vgl. Hobbes 2010, I, 13, 118; Höffe 1989, 309 ff.
[111] Hobbes 2023, I, 6, 98.
[112] Ebd., I, 11, 75.
[113] Ebd., I, 6, 41.
[114] Vgl. Kersting 2009, 70 ff.
[115] Vgl. Kersting 2005, 50.

co" operieren. Dies wird auch als „resolutiv-kompositive" Methode bezeichnet.[116] Danach soll die soziale Ordnung durch das Gedankenexperiment des Naturzustands zu Erkenntniszwecken zuerst gedanklich in ihre ursprünglichen „Bestandteile", eben die einzelnen Individuen, zerlegt werden. In einem zweiten Schritt werden diese durch den Gesellschaftsvertrag zu einer vernunftgemäßen Ordnung zusammengefügt. (→ Siehe dazu bereits 3.3.2–3.)

Dieser gedachte Naturzustand ist nach Hobbes auch ein rechtlich **regelloser Zustand**, in dem unbeschränkte Willkürfreiheit herrscht. Hobbes versteht Freiheit als **Willkürfreiheit**, d.h. als bloße Beliebigkeit des Tuns ohne moralisch-normative Bindungen.[117] Er definiert sie geradezu „physikalisch" als **„Abwesenheit aller äußeren Hindernisse"**[118] der Bewegung im Sinne des Fehlens von mechanischem Widerstand. Diese Freiheit gibt dem Einzelnen das „natürliche Recht", „seine eigene Macht nach seinem Willen zur Erhaltung seiner eigenen Natur, d.h. seines eigenen Lebens, einzusetzen und folglich alles zu tun, was er nach eigenem Urteil und eigener Vernunft als das zu diesem Zweck geeignetste Mittel ansieht".[119]

Da im Naturzustand auch alle rechtlichen Regeln fehlen, die jemandem irgendein Gut zur exklusiven Nutzung oder Verfügung zuordnen, hat jeder **ein Recht auf alles**. Dieses „Recht" ist allerdings in sich widersprüchlich. Denn da nun alle Güter von allen beansprucht werden können, stellt sich dieses Recht auf alles gleichzeitig als ein **Recht auf nichts** heraus.[120] Insofern es dabei auch um den Zugang zu lebensnotwendigen Gütern geht und diese Güter knapp sind,[121] resultiert daraus ein **Krieg aller gegen alle (bellum omnium contra omnes)**,[122] von dem eine **ständige tödliche Bedrohung** für alle ausgeht.

Dieses allseitige existenzielle Bedrohungsszenario beruht nicht primär auf der natürlichen Destruktivität oder gar Bosheit der Menschen, sondern entwickelt unter der Voraussetzung des Fehlens einer vernünftigen rechtlichen Ordnung eine **unaufhaltsame Eigendynamik**. Diesem Krieg aller gegen alle kann sich niemand entziehen, weder der persönlich Friedliebendste noch der Stärkste.

Erneut erweist sich das von der neuzeitlichen Physik inspirierte Menschen- und Gesellschaftsbild des Hobbes. Er versteht den Naturzustand als „matter in motion",[123] in dem die Menschen mit Materieteilchen verglichen werden, die durch physikalische Kräfte (ihre zentralen Antriebe) gegeneinander geschleudert werden.

---

116 Vgl. Ottmann 1992, 75 ff.
117 Vgl. Hobbes 2023, I, 14, 118.
118 Ebd., I, 14, 118.
119 Ebd., I, 14, 118.
120 Vgl. Hobbes 2017, I, 10, 65; I, 11, 67.
121 Vgl. Kersting 2005, 65.
122 Hobbes 2017, praef., 32; Hobbes 2010, I, 13, 117.
123 Kersting 1988a, 135.

Warum kann niemand aus eigener Kraft diesen Kreislauf der Bedrohung durchbrechen? HOBBES geht von einer umfassenden Ungewissheit und Komplexität künftiger Bedrohung im Naturzustand aus. (Vgl. dazu die Überforderung des Rechtsstaates durch das spezifische Bedrohungspotential → des modernen Terrorismus, siehe 5.3.4.) Diese Bedrohung erfordert eine langfristige **„Strategie offensiven Misstrauens“.**[124] Niemand kann im Krieg aller gegen alle durch bloß defensive Maßnahmen überleben. Jeder muss sich bemühen, dem möglichen Angriff eines anderen durch **präventive Machtvermehrung** zuvorzukommen, und steigert damit den Konflikt. Die individuellen Strategien schaukeln sich gegenseitig auf und führen zu einer Negativspirale zunehmender Destruktivität und allseitiger „Verfeindung“.[125] (Vgl. die Aktualität dieses **strategischen Dilemmas** in der US-Sicherheitsdoktrin der „pre-emptive strikes“, im sogen. „Krieg gegen den Terrorismus“ sowie bereits in der Politik des Wettrüstens im „Kalten Krieg“.)

> Die Menschen seien, so HOBBES, „hinsichtlich ihrer körperlichen und geistigen Fähigkeiten so gleich geschaffen, daß trotz der Tatsache, dass bisweilen der eine einen offensichtlich stärkeren Körper oder gewandteren Geist als der andere besitzt, der **Unterschied** zwischen den Menschen alles in allem doch **nicht so beträchtlich** ist [...]“.[126]

Es kann folglich keinen „Gewinner“ im „Krieg aller gegen alle“ geben. HOBBES geht von einer „Bedrohungssymmetrie“[127] im Naturzustand aus. Aus diesem Kriegszustand kann niemand als „Sieger“ hervorgehen. In diesem pessimistischen Gesellschaftsbild versteckt sich jedoch auch ein wichtiges aufklärerisch-politisches Anliegen des HOBBES: Alle Menschen sind ursprünglich **gleich**[128] – **gleich in ihrer Bedrohtheit**.

3.4.1.2 Gesellschaftsvertrag und Leviathan

Welchen Ausweg schlägt HOBBES zur Überwindung dieses Kriegszustands auf Leben und Tod vor?

Neuerlich stellt er ein Gedankenexperiment an. Unter der Voraussetzung der Gleichheit aller Menschen im Naturzustand kann der Krieg aller gegen alle nur durch einen (gedachten) **Gesellschaftsvertrag** überwunden werden, der der Begründung von Staat und Recht zur Sicherung von **Frieden** und **Selbsterhaltung** der Bürger dient.

---

124 Kersting 2015, 40.
125 Ebd., 40.
126 Hobbes 2023, I, 13, 94 [Hervorhebung durch Verf.].
127 Kersting 2015, 42.
128 Vgl. Hobbes 2023, I, 15, 117 f.

In einem ersten Schritt muss dabei die im Naturzustand herrschende **Willkür wechselseitig eingeschränkt** werden.

> *Jedermann soll freiwillig, wenn andere ebenfalls dazu bereit sind, auf sein Recht auf alles verzichten, soweit er dies um des Friedens und der Selbstverteidigung willen für notwendig hält, und er soll sich mit soviel Freiheit gegenüber anderen zufriedengeben, wie er anderen gegen sich selbst einräumen würde.*[129]

In dieser vertraglichen Selbstbeschränkung auf Gegenseitigkeit kommt kein moralisch begründeter Respekt gegenüber den anderen zum Ausdruck, sondern das Kalkül eines **rationalen Egoisten**, der an der dauerhaften Erhaltung eines möglichst großen Freiheitsraums interessiert ist. Dieser wechselseitige Verzicht aus wohlverstandenem Selbstinteresse reicht aber nicht aus. Zunächst erzeugt dieser Zusammenschluss nur einen äußerst labilen Friedenszustand. Zu seiner Sicherung bedarf es in einem zweiten Schritt der Errichtung einer **starken Staatsgewalt**, die den Frieden mit Hilfe des Rechts durchsetzen soll. Deren umfassende Herrschaftsgewalt veranschaulicht Hobbes durch den Vergleich mit einem biblischen Meeresungeheuer, dem **„Leviathan"**. Der Gesellschaftsvertrag ist diesbezüglich ein Vertrag zu Gunsten eines Dritten, der zwischen den einzelnen Bürgern abgeschlossen wird, aber einseitig den Herrscher autorisiert.[130] Da der Souverän selbst nicht Vertragspartner ist, kann er diesen Vertrag grundsätzlich auch nicht brechen. Ein Widerstandsrecht der Bürger scheidet nach Hobbes im Allgemeinen daher aus.

Hobbes' Staatskonzept vereint eine ungeteilte Machtfülle in der Hand des Herrschers **(→ keine Gewaltenteilung!)**. (Damit unterscheidet er sich von Machiavellis Präferenz für die Republik, obwohl dieser von vergleichbaren anthropologischen Voraussetzungen ausgeht.) Entschieden weist Hobbes das Modell einer gemischten Verfassung zurück. Der Herrscher monopolisiert die Macht im Staat **(Herrschersouveränität)** und steht über dem Gesetz **(„princeps legibus solutus")**. Es existiert keinerlei rechtliche Einschränkung der Herrschersouveränität im engeren Sinn. Dies begründet Hobbes mit dem Erfordernis der Letztentscheidungskompetenz des Herrschers zum Zwecke der Friedenssicherung.[131]

Häufig wurde Hobbes daher auch als Vordenker modernen politischen Totalitarismus verstanden. Von den Autokratien des 20. und 21. Jh. unterscheidet sich sein Modell aber durch den Verzicht auf eine spezifische ideologische Funktionalisierung staatlicher Machtfülle. Stattdessen steht die **friedenspolitische** Ausrichtung der Staatsmacht im Mittelpunkt.

Die **Hauptaufgabe** des Staates, **Frieden** und Sicherheit dauerhaft zu garantieren, verlangt aus der Sicht Hobbes' die Errichtung einer starken Staatsgewalt.[132] Diese

---

[129] Ebd., I, 14, 100 [Hervorhebung im Original].
[130] Vgl. Kersting 2015, 48; Hobbes 2023, I, 18, 137.
[131] Vgl. Hobbes 2023, II, 26, 211 f; Kersting 2005, 100 ff.
[132] Vgl. Hobbes 2023, II, 30, 255.

Herrschaft ist aber ebenso strikt „zweckgebunden".[133] Ihre Ausübung ist untrennbar mit der zentralen Aufgabe der Sorge für das **„Wohl des Volkes"** (die ***salus populi***)[134] verknüpft, wodurch allein auch der Frieden erst verwirklicht werden kann.

Die Garantie der Sicherheit umfasst daher nicht nur, so HOBBES, „die bloße Erhaltung des Lebens, sondern auch alle anderen Annehmlichkeiten des Lebens, die sich jedermann durch rechtmäßige Arbeit ohne Gefahr oder Schaden für den Staat erwirbt".[135] Zu den „Annehmlichkeiten des Lebens" zählt er vor allem „Freiheit und Wohlstand"[136] – soweit sie mit dem Wohl und der Sicherheit des Staates verträglich sind. Darin kommen eine **frühe wohlfahrtsstaatliche Ausrichtung** sowie die grundsätzliche Gewährleistung von **Freizügigkeit** zum Ausdruck.[137] Daneben enthält der „Leviathan" auch einige grundlegende Garantien gegen strafrechtliche Willkür, wie insbes. das Verbot der Folter und jenes willkürlicher oder exzessiver Bestrafung.[138]

All dies sind jedoch keine Rechtsansprüche der Bürger, sondern moralische Pflichten des Herrschers im Dienst der Friedenssicherung.

3.4.2 John Locke (1632–1704): Volkssouveränität und „Gesetz der Natur"

Im Gegensatz zu seinem Landsmann THOMAS HOBBES, der im Hinblick auf die Überwindung einer Bürgerkriegssituation argumentierte, stehen bei JOHN LOCKE nicht allein die Friedenssicherung und die Stabilität staatlicher Souveränität im Vordergrund. LOCKE gilt vielmehr als Vorreiter liberaler bürgerlicher Rechtsstaatlichkeit, entscheidender naturrechtlicher Wegbereiter der Menschenrechte und Befürworter eines allgemeinen Widerstandsrechts. Im historischen Kontext erscheint LOCKE daher als Impulsgeber für die „Glorious Revolution", die die Erhaltung des englischen Parlamentarismus gegen absolutistische Anmaßungen der Stuart-Könige[139] durchsetzte.[140] Sein *First Treatise of Government* ist eine Kampfschrift gegen die Theorien eines patriarchal konzipierten absolutistischen Gottesgnadentums (wie sie v.a. von seinem wichtigsten Kontrahenten SIR ROBERT FILMER vertreten wurden).[141] LOCKES Lehren übten aber auch großen Einfluss auf die amerikanische und die französische Menschenrechtsentwicklung sowie auf die Ausbildung amerikanischer Verfassungskultur aus.

---

133 Kersting 2009, 202.
134 Hobbes 2008, 172.
135 Hobbes 2023, II, 30, 255.
136 Vgl. Hobbes 2008, 173 ff.
137 Vgl. Münkler 1993, 141.
138 Vgl. Hobbes 2023, I, 14, 107 f; II, 28, 238 ff.
139 Vgl. Brocker 1995, 24 ff.
140 Vgl. Brocker 2024, 258 ff.
141 Vgl. ebd., 261 f.

3.4.2.1 Der Naturzustand

Auch LOCKE geht von einem gedachten Naturzustand aus, der sich allerdings vom Gedankenexperiment des HOBBES in charakteristischer Weise unterscheidet:

LOCKE begreift den Naturzustand zwar ebenfalls als Zustand **ursprünglicher Freiheit und Gleichheit**, in dem kein Mensch einem anderen unterworfen ist.[142] Doch dieser Zustand ist **kein regelloser Zustand**, in dem Willkür herrscht. Es ist, so LOCKE, „kein Zustand der Zügellosigkeit". In ihm gilt vielmehr das **„Gesetz der Natur"** („the law of nature").[143] LOCKE greift damit einen Begriff aus der klassischen (stoisch-mittelalterlichen) Naturrechtstradition auf und gibt ihm einen neuen individualrechtlichen Inhalt. Das natürliche Gesetz ist für jeden kraft seiner Vernunft zweifelsfrei erkennbar. Es räumt jedem in gleicher Weise die natürlichen Rechte auf **Eigentum, Freiheit, Leben und körperliche Unversehrtheit** ein („life, liberty and property").[144]

Eine zentrale Rolle für die Begründung naturrechtlicher **Gleichheit** spielt der **Begriff des Eigentums.** Gegen die Befürworter eines königlichen Gottesgnadentums (v.a. FILMER) macht LOCKE gezielt auch schöpfungstheologische Argumente geltend: Als Geschöpfe seien die Menschen ausschließlich Gottes „Eigentum", was jede **rechtlich uneingeschränkte Herrschaftsgewalt** über sie ausschließt.[145]

Das Eigentum figuriert aber auch als **Kern- und Überbegriff** für die Freiheitsrechte jedes Einzelnen. Das Recht auf Eigentum umfasst nicht nur im engeren Sinn die Sachverfügung, sondern bedeutet zunächst ganz allgemein das **Eigentum an der eigenen Person**:

> **[E]very man has a property in his own person.** This no body has any right to but himself.[146]

Dieser **„Selbst-Besitz" („self-ownership")** macht den Menschen eben auch zum „Eigentümer" seines Körpers, seines Lebens und seiner Freiheit. All dies sind vorstaatliche Rechte, die bereits vor dem Abschluss eines Gesellschaftsvertrags existieren. Auch das Eigentum an Sachen wird nicht erst vertraglich begründet. Aus dem naturrechtlichen Selbsterhaltungsrecht bzw. -gebot folgt, dass Sacheigentum bereits originär im Naturzustand, nämlich durch die Investition von Arbeit in „Material", erworben werden kann.[147]

Unter der Herrschaft des **„law of nature"** ist der „eigentlich[e] Naturzustand" nach LOCKE ursprünglich kein Kriegszustand, sondern ein „Zustand des Friedens,

---

[142] Vgl. Locke 1977, II, 2, § 4, 201 f.
[143] Vgl. ebd., II, 2, § 6, 203.
[144] Vgl. ebd., II, 2, § 6, 203.
[145] Vgl. ebd., II, 2, § 6, 203; Kersting 2015, 59.
[146] Locke 2016, V, § 27, 25 [Hervorhebung durch Verf.].
[147] Vgl. Locke 1977, II, 5, §§ 26 f, 216 f.

des Wohlwollens, der gegenseitigen Hilfe und Erhaltung".[148] Warum muss aber auch nach LOCKE der Naturzustand aufgegeben werden?

Im Naturzustand ist die Durchsetzung der natürlichen Freiheitsrechte nicht gesichert. Die Gründe dafür liegen im **Fehlen allgemeiner Gesetze**, die das „Gesetz der Natur" konkretisieren, sowie einer allgemein anerkannten **gesetzgebenden Instanz.**[149] Weiters fehlt es an **unparteiischen Richtern**[150] und an einer **„gebührende[n] *Vollstreckung*"**[151] ihrer Urteile.

Wer hat nach LOCKE die Kompetenz zur Vollziehung des Gesetzes der Natur *im Naturzustand*?

LOCKE geht davon aus, dass im Naturzustand jeder Mensch selbst **Richter und Vollstrecker** des Naturgesetzes sei. Jedem räumt er eine natürliche Strafbefugnis ein, alle „ihm bekannten Delikte mit individueller Strafgewalt zu ahnden".[152] Allerdings scheitert eine adäquate Rechtsdurchsetzung im Naturzustand an den Parteilichkeiten und der Voreingenommenheit der Bürger. Insbes. **„Leidenschaften"**, Bosheit und Rachsucht in eigener Sache sowie **Gleichgültigkeit** und Nachlässigkeit in den Angelegenheiten der anderen führen zu einer ungleichen Rechtsdurchsetzung.[153] Der Naturzustand ist daher nach LOCKE zwar kein regelloser Kriegszustand, aber ein Zustand massiver **Rechtsunsicherheit.** Durch die Einführung des Geldes, die zur Ausbreitung **ökonomischer Ungleichheiten** führt, steigern sich die Konflikte in der Gesellschaft.[154]

3.4.2.2 Der Gesellschaftsvertrag

Zur Überwindung der Unsicherheiten und Konflikte im Naturzustand sieht auch LOCKE einen Gesellschaftsvertrag **(original compact)** vor, der sich von dem des HOBBES aber grundlegend unterscheidet. „Das große und *hauptsächliche* Ziel, weshalb Menschen sich zu einem Staatswesen zusammenschließen, ist also die *Erhaltung ihres Eigentums*",[155] betont LOCKE. Mit „Eigentum" ist aber keineswegs primär Sacheigentum gemeint, wie wir bereits gehört haben. Das „Eigentum" an der eigenen Freiheit und dem eigenen Leben sind ebenfalls davon umfasst und gehen dem Sachbesitz vor.

Im original compact schließen sich die Bürger selbst in einer Art **demokratischen „Urversammlung"**[156] zu einer **„political or civil society"** bzw. einem „politi-

[148] Ebd., II, 3, § 19, 211.
[149] Vgl. ebd., II, 9, § 124, 278 f.
[150] Vgl. ebd., II, 9, § 125, 279.
[151] Ebd., II, 9, § 126, 279 [Hervorhebung im Original].
[152] Vgl. ebd., II, 2, §§ 7 ff, 203 ff.
[153] Vgl. ebd., II, 9, §§ 125 ff, 279 f.
[154] Vgl. ebd., II, 5, §§ 47 ff, 229 ff.
[155] Ebd., II, 9, § 124, 278 [Hervorhebung im Original].
[156] Brocker 2024, 268.

schen Körper" („body politick") zusammen.[157] Sie bilden so gewissermaßen ein überindividuelles Subjekt und übertragen an dieses ihre individuelle Strafgewalt aus dem Naturzustand – nicht jedoch ihre natürlichen Freiheitsrechte. Dieser allgemeine politische Körper wird damit zum Inhaber der Souveränität, die nicht weiter auf einen Herrscher übertragen wird **(Volkssouveränität)**.[158] Seine politische Handlungsfähigkeit erhält er durch die Einführung des **Mehrheitsprinzips**.[159] Im Gesellschaftsvertrag werden zwei Gewalten errichtet: die **Legislative** und die **von ihr abhängige Exekutivgewalt**.[160] Locke wird daher auch als früher Vertreter der Lehre von der **Gewaltenteilung** angesehen.

Die Ausübung dieser Kompetenzen wird den obersten Organen des Civil Government übertragen, welche diese Funktionen auf der Grundlage eines **Treuhandverhältnisses** (trust) zur „political society" ausüben.[161] Lockes Gesellschaftsvertrag dient daher nicht nur zur **Legitimation**, sondern auch zur **Limitierung** der Staatsgewalt.

Eine absolutistische Staatsform ist aufgrund des Gesetzes der Natur (insbes. aufgrund des **Verbots der „Selbstversklavung"**) ausgeschlossen.[162] Mangels unabhängiger Richter wäre in einer absolutistischen Staatsform der Naturzustand gar nicht überwunden.[163] Aber auch in einer demokratischen oder „gemischten" Verfassungsform können die natürlichen Freiheitsrechte beim Übergang in den Staatszustand nicht aufgegeben werden. Die Regierung ist vielmehr dadurch in ihrer **Macht begrenzt** und bleibt auf den **Schutz der Freiheitsrechte verpflichtet**.[164] (Darin findet sich ein entscheidender Beitrag für die philosophische Begründung der → Menschenrechte, vgl. dazu 5.1.1.2.) Zentraler Staatszweck ist es, den „sicheren Genuss des Eigentums" im „friedlichen Miteinanderleben"[165] zu gewährleisten. Im Falle der Verletzung der natürlichen Freiheitsrechte durch das Civil Government räumt Locke jedem Bürger ein aktives **Widerstandsrecht** ein.[166] Dieses beruht auf dem ursprünglichen Recht des Volkes auf Selbstverteidigung, das gesellschaftsvertraglich (ebenfalls) nicht übertragbar ist.[167]

Locke gilt als bedeutender Denker spezifisch bürgerlich-liberaler Rechtsstaatlichkeit, der wesentliche Institutionen moderner Verfassungsstaatlichkeit vorweggenommen hat. Kritisch wurde zu seinen Konzeptionen angemerkt, dass er schon im Naturzustand von einer Eigentümergesellschaft[168] ausgeht. (→ Vgl. das dazu

---

157 Vgl. Locke 1977, II, 7, § 89, 254 f.
158 Vgl. ebd., II, 13, § 149, 294.
159 Vgl. ebd., II, 8, §§ 95 ff, 260 ff.
160 Vgl. ebd., II, 9, § 127, 280.
161 Vgl. ebd., II, 13, § 149, 293 f.
162 Vgl. ebd., II, 4, § 22, 213 f.
163 Vgl. ebd., II, 7, § 90, 255 ff.
164 Vgl. ebd., II, 13, § 149, 294.
165 Vgl. ebd., II, 8, § 95, 260.
166 Vgl. ebd., II, 18, §§ 207 ff, 329 ff; 19, §§ 221 ff, 337 ff.
167 Vgl. ebd., II, 14, § 168, 306 f; Brocker 1995, 261 ff.
168 Vgl. Macpherson 2016, 302 ff.

kontrastierende Bild Rousseaus vom „homme sauvage", unten 3.4.3.1.a.) Sein Menschenbild ist von Anfang an durch das Modell eines **Besitzbürgers** geprägt. Die **Aufgaben des Staates** sind im Sinne des politischen Liberalismus **beschränkt** – im Kern eben auf die Sicherung der Freiheitsrechte life, liberty and property. Wohlfahrtsstaatliche Überlegungen oder Kriterien sozialer Gerechtigkeit spielen in diesem Gesellschaftskonzept im Allgemeinen keine Rolle.

3.4.3 Jean-Jacques Rousseau (1712–1778): Der Gemeinwille

Wie vor ihm Hobbes und Locke knüpft auch Jean-Jacques Rousseau an die neuzeitliche Tradition an, wonach alle staatliche Herrschaft nicht mehr teleologisch in einer umfassenden natürlichen Ordnung vorgegeben,[169] sondern **durch die Vernunft des Menschen selbst zu errichten sei.** Dabei bedient sich auch Rousseau der Gedankenexperimente von **Naturzustand** und **Gesellschaftsvertrag** zum Zweck der Herrschaftslegitimation. Gleichzeitig verfolgt der Vertragsgedanke bei Rousseau jedoch bereits das Anliegen der **Gegenaufklärung**, nämlich gerade die ideologischen Funktionen bürgerlich-liberalen Naturrechtsdenkens aufzudecken. Sein Naturzustandsmodell ist in der Folge **geschichtlich** weiter in sich differenziert. Den Gedanken des Gesellschaftsvertrags versucht er, mit jenem des bürgerlichen **Republikanismus** zu verbinden.

3.4.3.1 Die Konzeption des Naturzustands

Rousseaus Konzeption des **Naturzustands** unterscheidet sich maßgeblich von denen seiner Vorgänger. Insbes. unterwirft Rousseau den Naturzustand auch einer geschichtsphilosophischen Interpretation.[170] Zwar geht auch er von einer, vor der Errichtung einer vernünftigen staatlichen Ordnung gegebenen, umfassenden Konfliktsituation konkurrierender Individuen aus. Doch dieser „Naturzustand" entspricht in seiner Sicht keineswegs der **ursprünglichen** Natur des Menschen,[171] sondern stellt bereits die **ideologische** Festschreibung einer bestimmten geschichtlich gewordenen Situation dar, nämlich einer bürgerlichen **Konkurrenz- und Klassengesellschaft.**[172]

> Die Philosophen, welche die Grundlagen der Gesellschaft untersucht haben, haben alle die Notwendigkeit gefühlt, bis zum **Naturzustand** zurückzugehen, **aber keiner von ihnen ist bei ihm angelangt**. [... Sie] haben von dem Naturrecht gesprochen, das jeder habe, zu behalten, was ihm gehört. [...] Wieder andere haben dem Stärkeren

---

[169] Vgl. Forschner 1977, 25 ff.
[170] Vgl. ebd., 44 ff.
[171] Vgl. Rousseau 1984, 69 ff.
[172] Vgl. Forschner 1977, 63.

von Anfang an die Autorität über den Schwächeren zugeschrieben und damit die Regierung sofort entstehen lassen. [...] Alle schließlich haben unablässig von Bedürfnis, von Habsucht, von Unterdrückung, von Begehren und von Stolz gesprochen und damit **auf den Naturzustand Vorstellungen übertragen, die sie der Gesellschaft entnommen hatten**. Sie sprachen vom wilden Menschen und beschrieben den bürgerlichen Menschen.[173]

a. Der „homme sauvage"

Diesem Menschenbild stellt ROUSSEAU das Bild des ursprünglichen **„homme sauvage" bzw. „homme naturel"** gegenüber. Dieser lebte **isoliert**, in friedlicher Selbstgenügsamkeit und ungebrochener **Harmonie mit der Natur**. Er folgte ausschließlich den vorrationalen, instinktähnlichen Impulsen des „amour de soi"[174] (Selbstliebe), welcher auf **Selbsterhaltung** gerichtet ist, und der „pitié" („Mitleid", genauer dem Widerwillen, einen anderen Menschen leiden zu sehen), die der **Arterhaltung** dient.[175] Letztere bezeichnet ROUSSEAU als ein „sentiment naturel" (eine Art natürliche Empathie), die die Selbstliebe „mäßigt" und sozial „nützlicher" sei als die „erhabenen Maxime[n]"[176] der Vernunft. Der „homme sauvage" repräsentiert anfänglich gar ein vorrationales Stadium des Menschen.[177] In diesem Zustand naturwüchsiger, geschichtsloser Harmonie und Selbstgenügsamkeit[178] bedarf es noch nicht des Gebrauchs planender Vernunft und daher auch keiner Rechtsordnung.

Was möchte uns ROUSSEAU damit sagen?

Sein Motiv des „homme sauvage" enthält eine eindringliche Absage an das herrschende Menschenbild von Rationalismus und Aufklärung, aber auch an jenes der zeitgenössischen bürgerlichen Gesellschaft. Dieses entspricht aus seiner Sicht eben *nicht* der „Natur des Menschen". Der „homme sauvage" figuriert in allen Punkten als das Gegenbild zum Menschen als Konfliktwesen oder Besitzbürger. Aber auch sämtliche Institutionen der bürgerlichen Gesellschaft, wie das Eigentum, ja sogar die Familie, werden vor diesem Hintergrund als Resultat eines geschichtlichen Verfallsprozesses entlarvt.

Den unheilvollen Charakter dieser Entwicklung unterstreicht ROUSSEAU durch ein weiteres Argument: Nicht seine Natur, sondern **äußere, zufällige Umstände**, v.a. die Verschlechterung und Einschränkung seiner natürlichen Lebensbedingungen durch Naturkatastrophen, lassen den Menschen aus dieser ursprünglichen Harmonie heraustreten.[179] Das Entstehen von **Arbeit**, im Sinne einer auf Zukunft gerichteten Produktion, ist der Ausgangspunkt der **Geschichtlichkeit** des

---

173 Rousseau 1984, 69–71 [Hervorhebung durch Verf.].
174 Forschner 1977, 31.
175 Rousseau 1984, 148; 150; vgl. Forschner 1977, 28 ff.
176 Rousseau 1984, 150 f.
177 Vgl. ebd., 173 ff.
178 Vgl. Forschner 1977, 34 f.
179 Vgl. Rousseau 1984, 166 f; Forschner 1977, 34; 36.

Menschen, jener **„perfectibilité"**,[180] die ihn aus seiner in sich selbst ruhenden Selbstgenügsamkeit zu immer neuer Bedürfnisbefriedigung und Interessenverwirklichung über das jeweils Erreichte hinaustreibt.

Nicht aufgrund der Sozialnatur des Menschen, sondern aufgrund schwierigerer Lebensbedingungen entstehen erste Formen der Vergemeinschaftung der Menschen als einfache Jäger- und Sammlergesellschaft.[181] Schließlich entwickelt sich daraus auch eine erste „naturwüchsige Form der Sozietät",[182] die jedoch auf keinem Vertrag beruht, sondern auf ersten Ansätzen eines gemeinsamen Ethos. Rousseau bezeichnet diese Phase als das „goldene Zeitalter".[183]

b. Der „bourgeois"

Einen radikalen Einschnitt verursacht die Einführung von Ackerbau und Metallbearbeitung.[184] Diese bringen als entscheidende Faktoren der Beschleunigung des Verfallsprozesses die Entstehung von **Eigentum** und **Arbeitsteilung** hervor.

> Der erste, der ein Stück Land eingezäunt hatte und es sich einfallen ließ, zu sagen: *dies ist mein*[185] und der Leute fand, die einfältig genug waren, ihm zu glauben, war der wahre Gründer der bürgerlichen Gesellschaft. Wie viele Verbrechen, Kriege, Morde, wie viel Not und Elend und wie viele Schrecken hätte derjenige dem Menschengeschlecht erspart, der die Pfähle herausgerissen oder den Graben zugeschüttet und seinen Mitmenschen zugerufen hätte: ‚Hütet euch, auf diesen Betrüger zu hören; ihr seid verloren, wenn ihr vergeßt, daß *die Früchte allen gehören und die Erde niemandem.*'[186]

An diesem Zitat zeigt sich deutlich der Kontrast zwischen den Eigentumsvorstellungen von Locke und Rousseau.

Damit ist nicht nur die friedliche Autarkie des „homme naturel" endgültig überwunden. Es entsteht eine noch im engeren Sinn vorstaatliche, aber bereits denaturierte Gesellschaftlichkeit des Menschen, in der die ursprünglichen spontanen Antriebe des „amour de soi" und der „pitié" unwirksam geworden sind. In ihr ist der Mensch als **„bourgeois"** einerseits zur Befriedigung seiner vermehrten Bedürfnisse auf die Hilfe und Anerkennung der anderen angewiesen, andererseits sind seine Interessen egozentrisch allein auf sich selbst bezogen. Sie gründet sich daher ausschließlich auf eine den Menschen sich selbst entfremdende **feindselige Abhängigkeit**. Die damit verbundene **Entfremdung** und **Zerrissenheit** des bourgeois findet ihren institutionellen Ausdruck in **Arbeitsteilung** und **privatem**

---

180 Rousseau 1984, 102.
181 Vgl. ebd., 193.
182 Forschner 1977, 41.
183 Vgl. ebd., 42.
184 Vgl. ebd., 42.
185 Hervorhebung im Original.
186 Rousseau 1984, 173 [Hervorhebung durch Verf.].

Besitz, welche wiederum **Konkurrenzstreben, materielle Ungleichheit** und ungerechtfertigte **Herrschaft** hervorbringen.[187]

Inwiefern beschreibt ROUSSEAU auch mit dem Konfliktzustand des bourgeois den „Naturzustand" des Menschen?

- Einerseits macht ROUSSEAU eindringlich deutlich, dass die Situation des bourgeois keineswegs der Natur des Menschen entspricht. Diese ist selbst bereits das Resultat eines **Verfalls- und Entfremdungsprozesses** des Menschen.

  Damit distanziert sich ROUSSEAU eben auch von vergleichbaren Auffassungen hinsichtlich der „Natur des Menschen" bei HOBBES oder LOCKE. Er sucht die Ursache der Konflikte im Naturzustand auch nicht in anthropologischen Konstanten, menschlichen Trieben und Leidenschaften, sondern in **ökonomischen** Entwicklungen.
- Andererseits stellt die Situation des bourgeois dennoch eine **vorpolitische, vorgesellschaftsvertragliche** Befindlichkeit des Menschen dar und erfüllt insofern ebenfalls die Funktion eines – gewissermaßen „zweiten", eben eines bereits korrumpierten – „Naturzustands".[188] Diesen aus seiner Sicht immer noch *vorstaatlichen* Zustand, nämlich als Zustand *vor* der Errichtung einer *vernünftigen* Rechtsordnung, versteht er auch nicht als Zustand der Gleichheit, sondern der (ökonomischen) **Ungleichheit**.[189]

3.4.3.2 Der Gesellschaftsvertrag

a. Kritik an liberalen Konzeptionen des Gesellschaftsvertrags

Auf der Grundlage dieser bereits korrumpierten „Natur des Menschen" kann in der Folge keine vernünftige Rechtsordnung errichtet werden.[190] Es genügt daher auch nicht, mittels eines Gesellschaftsvertrags die **Willkür aller nur wechselseitig einzuschränken**. Die davon abgeleiteten „natürlichen" Rechte liberaler Staatstheorie, wie z.B. auf Leben, Freiheit und Eigentum, würden bloß weiterhin diese antagonistische und atomistische Gesellschaftsstruktur bewahren und festigen. Sie leisten ja nichts anderes, als deren Grunddynamik egoistischer Interessenverfolgung bloß äußerlich zu beschränken. Dadurch werde keine qualitative Veränderung erreicht.

Dies würde zwar allenfalls den Frieden und das Überleben sichern. In den Grenzen eines liberalen Gesellschaftsvertrags dauert aus der Sicht ROUSSEAUS jedoch der *Naturzustand* fort. Es reiche gewiss auch nicht, bloß **formale Rechts-**

[187] Vgl. Forschner 1977, 43 f.
[188] Vgl. Rousseau 1984, 221.
[189] Vgl. Kersting 2005, 142.
[190] Vgl. ebd., 169.

gleichheit herzustellen.[191] Denn diese würde den **Zustand materieller Ungleichheit und sich bekämpfender Privatinteressen weiter festigen.**[192]

Die eigentliche konfliktische Dynamik des (zweiten) Naturzustands entsteht auch nicht aus der allgemeinen Triebnatur des Menschen (wie bei → Hobbes, vgl. 3.4.1.1), sondern letztlich aus dem „fundamentalen Antagonismus zwischen Armen und Reichen".[193] Ein Gesellschaftsvertrag unter diesen Ausgangsbedingungen würde nach Rousseau auf einen Betrug der Reichen gegenüber den Armen hinauslaufen:

> *Sie haben mich nötig, denn ich bin reich und Sie sind arm. Machen wir untereinander einen Vertrag: Ich erlaube, dass Sie die Ehre haben, mich zu bedienen, unter der Bedingung, dass Sie mir das Wenige geben, das Ihnen bleibt, und dafür die Mühe, die ich habe, Ihnen zu befehlen.*[194]

b. Die volonté générale

Ausgehend von seiner Kritik am herkömmlichen Vertragsmodell stellt Rousseau daher die Frage nach den Bedingungen jener gesellschaftlichen und rechtlichen Ordnung, die **Freiheit und Glück jedes einzelnen Bürgers** wirklich gewährleistet.

> Innerhalb meines Themas kann man die Schwierigkeit folgendermaßen formulieren: ‚Es muss eine Gesellschaftsform gefunden werden, die mit der ganzen gemeinsamen Kraft aller Mitglieder die Person und die Habe eines jeden einzelnen Mitglieds verteidigt und beschützt; in der jeder einzelne, mit allen verbündet, nur sich selbst gehorcht und genauso frei bleibt wie zuvor.' Das ist das Grundproblem, das der *Gesellschaftsvertrag (contrat social)* löst.[195]

Dabei kann jedoch nicht weiterhin das natürliche Selbstinteresse des Menschen als Ausgangspunkt einer solchen vertraglichen Einigung dienen, da aus dem ehemals autarken bzw. kooperativen **„amour de soi"** der auf konkurrierendes Erwerbsstreben gerichtete **„amour propre"** (Eigenliebe) geworden ist.

Eine vernünftige Freiheitsordnung kann nur dadurch erreicht werden, dass die **natürliche Freiheit** des Menschen aufgegeben und vollständig in der durch den Gesellschaftsvertrag begründeten **politischen Freiheit** aufgehoben wird.[196] Der Übergang vom „Naturzustand" zum „bürgerlichen Zustand" erfordert eine **künstlich errichtete „zweite Natur des Menschen"** auf der Grundlage von Vernunft und

191 Vgl. Forschner 1977, 48 f.
192 Vgl. Rousseau 1984, 215 ff.
193 Kersting 2005, 142.
194 Rousseau 1995, 50 f [Hervorhebung im Original].
195 Rousseau, CS, 1, 6, 73 [Hervorhebung im Original].
196 Vgl. ebd., 1, 8, 79.

Vaterlandsliebe.[197] Aus dem **bourgeois** (Besitzbürger) muss der **citoyen** (Staatsbürger) werden.

> Ausgangspunkt des Rechts ist nicht die wechselseitige Einschränkung der Willkür, sondern die **„aliénation totale"**, „die völlige Überäußerung eines jeden Mitglieds mit all seinen Rechten an die Gemeinschaft. Wenn sich nämlich jeder ganz übereignet, ist die Bedingung für alle gleich; niemand hat ein Interesse daran, sie für die anderen drückend zu machen."[198]

> Dies bedeutet jedoch keineswegs die Preisgabe der Freiheit, sondern dient dazu, rechtlich-politische Freiheit überhaupt zu ermöglichen. Besonders eindringlich besteht ROUSSEAU auf der gänzlichen **Unveräußerlichkeit der Freiheit:** „Auf seine Freiheit verzichten heißt, auf sein Menschtum, auf seine Menschenrechte, sogar auf seine Pflichten zu verzichten."[199]

Grundlage und Maßstab einer rechtsstaatlichen Ordnung ist demnach der alle Lebensbereiche umfassende Zusammenschluss zu einem **vernünftigen Gemeinwillen**, der **volonté générale**, die erst die Freiheit jedes Einzelnen gewährleistet. Diese kann folglich nicht jeden beliebigen Inhalt haben oder auf beliebige Weise zustande kommen. Aus dem Begriff der „volonté générale" folgen vielmehr grundlegende Anforderungen an eine vernünftige, freiheitsverbürgende Gesetzgebung:[200]

1. An der Gesetzgebung muss **jeder einzelne Bürger unmittelbar beteiligt** sein. Denn die Bürger sind aufgrund des Gesellschaftsvertrags Inhaber **unveräußerlicher Souveränität**, Gesetzgeber und Untertanen zugleich. Dabei ist die politische Willensbildung jedes Einzelnen grundsätzlich nicht auf dem Weg politischer Repräsentation übertragbar.[201] ROUSSEAU vertritt hiermit ein Konzept **direkter Demokratie** und radikaler **Volkssouveränität.** (Darin zeigt sich auch der aristotelische Einfluss im Demokratieverständnis ROUSSEAUS. Dies erzeugt allerdings ein Spannungsverhältnis zu den Bedingungen der Willensbildung im modernen Flächenstaat. ROUSSEAU hat offensichtlich eher kleine politische Gemeinschaften vor Augen.[202])

   Neben diesem **demokratisch-prozeduralen**[203] Kriterium werden aus dem Gesellschaftsvertrag aber auch weitere Anforderungen der Gerechtigkeit an die Gesetzgebung abgeleitet:

---

[197] Vgl. Forschner 1977, 154.
[198] Rousseau, CS, 1, 6, 73 [Hervorhebung durch Verf.].
[199] Ebd., 1, 4, 67.
[200] Vgl. Forschner 1977, 127.
[201] Vgl. Rousseau, CS, 3, 15, 158.
[202] Vgl. ebd., 3, 4, 129.
[203] Vgl. Kersting 2005, 179.

2. Die Gesetze müssen **allgemein** sein und **alle in gleicher Weise betreffen**. Dies erschöpft sich nicht in **formaler Rechtsgleichheit**, sondern schließt auch **gleiche materielle Ausgangsbedingungen** ein. Rousseau geht von der annähernd „sozio-ökonomischen Gleichheit“[204] der Lebensverhältnisse in einer Gesellschaft aus.
3. Vom Begriff der „volonté générale“ wird jener der **„volonté de tous“** unterschieden. Darunter versteht man ein faktisches Abstimmungsergebnis als Summe oder Schnittmenge von Privatinteressen. Die „volonté de tous“ ist aber nur dann ***auch*** eine „volonté générale“, wenn sie ***mehr* ist als ein bloß tatsächlicher und nur formal allgemeiner Konsens aller Beteiligten**. Dieser könnte ja auch das Ergebnis, etwa der **Kompromiss, gegenläufiger Sonderinteressen** sein, die jeweils nur den Vorteil Einzelner oder bestimmter Gruppen verfolgen.[205] Insbes. bei unterschiedlichen gesellschaftlichen Stärkepositionen könnte daraus niemals ein gerechtes Gesetz hervorgehen.

   Die **volonté générale** wird jedoch nur dann verwirklicht, wenn die Gesetzgebung keinem eigennützigen Privatinteresse (auch nicht mehreren davon) folgt, sondern **allgemeinen Prinzipien**, die **Glück und Freiheit der gesamten Gemeinschaft sowie jedes Einzelnen als deren Mitglieds** zum Ziel haben. Darin kommt die Bedeutung des → Prinzips der **„Verallgemeinerung“** für die Gesetzgebung zum Ausdruck.[206] Dieser Gedanke wurde maßgeblich von Kant aufgegriffen. (→ Siehe dazu ausführlicher unten, 3.4.4.3.b.)

3.4.4 Immanuel Kant (1724–1804): Der Rechtsstaat zur Sicherung gleicher Freiheit

3.4.4.1 Der Begriff der Freiheit

Immanuel Kant knüpft in seiner Rechts- und Staatsphilosophie an Hobbes an, was die Notwendigkeit von Recht und Staat angeht.[207] Den eigentlichen Ausgangspunkt seiner Rechtsbegründung bilden aber nicht die Konfliktnatur des Menschen oder dessen grundlegende Triebe und Bedürfnisse, die eben bloß „empirische“ Faktoren darstellen.[208] Kant sucht vielmehr einen Grund, der bei jedem Menschen unabhängig von empirischen Besonderheiten, also „a priori“, besteht.[209]

---

204 Forschner 1977, 122; vgl. Rousseau, CS, 3, 4, 129.
205 Vgl. Forschner 1977, 135; Rousseau, CS, 4, 1, 168.
206 Vgl. Kersting 2005, 175 f.
207 Vgl. Kersting 2007, 253.
208 Vgl. Kant, GMS, 76 ff.
209 Vgl. ebd., 81 ff; Luf 1978, 23 f.

Er findet diesen in der **Freiheit** des Menschen als eines endlichen Vernunftwesens, die ihn befähigt, die Zwecke seines Handelns selbst zu setzen.[210]

Was aber versteht KANT unter Freiheit? Welche Konsequenzen hat dieses Konzept für sein Menschenbild bzw. Moralverständnis?

Anders als in weiten Teilen der antiken und mittelalterlichen Ethik sind die sittlichen Ziele menschlichen Handelns nicht mehr im gelebten Ethos der Gemeinschaft oder in der Kommunikation mit anderen (→ exemplarisch bei ARISTOTELES, vgl. 3.1.2) vorgegeben, sondern unterliegen der **verantwortlichen Bestimmung jedes Einzelnen.** Im Unterschied etwa zu HOBBES versteht KANT unter Freiheit aber nicht Beliebigkeit des Tuns, Willkürfreiheit („zu tun, was man gerade will"), sondern **Autonomie**,[211] d.h. (moralische) **Selbstgesetzgebung**.

Darunter versteht man die **jedem Menschen** zukommende Fähigkeit, im Rahmen seiner moralischen Selbstbestimmung die Regeln seines Handelns **unabhängig von Befehlen anderer selbstverantwortlich** zu setzen.[212]

Der Begriff der Autonomie (= Freiheit) lässt sich daher durch eine „negativ[e]"[213] und eine „positiv[e]"[214] Komponente näher erläutern:

1. Zum einen schließt Autonomie die „Abhängigkeit von eines Anderen nötigender Willkür"[215] aus (**„negative Komponente"**). Dies umfasst auch die Ablehnung moralischer Fremdbestimmung, z.B. durch die Gebote einer moralischen oder religiösen Autorität. Letzteres würde eine bloß „heteronome Moral" begründen, die von KANT zurückgewiesen wird. Unter „Fremdbestimmtheit" versteht KANT aber auch ein Handeln, das nicht vernunftbestimmt ist, sondern sich *unmittelbar* durch „sinnliche Antriebe"[216] oder eigennützige Interessen leiten lässt.[217]
2. Zum anderen ist freiheitliches Handeln nach KANT nicht beliebig, sondern beruht auf moralisch verantwortlicher Selbstbestimmung[218] (**„positive Komponente"**). Autonomie unterscheidet sich damit von bloßer Willkürfreiheit (wie sie etwa von HOBBES verstanden wurde).

In diesem Sinn ist der Mensch moralisch „nur seiner eigenen [vernünftigen] Gesetzgebung unterworfen".[219]

Die Freiheit kommt jedem Menschen **„a priori"** (= „vor jeder Erfahrung"), d.h. in **unbedingter** und **gleicher** Weise „kraft seiner Menschheit",[220] also gewisserma-

[210] Vgl. Kant, KpV, § 8, 144 ff.
[211] Vgl. ebd., 210.
[212] Vgl. Kant, VARL, 341; Kersting 2007, 160 f.
[213] Kant, GMS, 81; Kaulbach 1969, 236.
[214] Kant, GMS, 81; Kaulbach 1969, 236.
[215] Kant, MdS, 345.
[216] Kant, ebd., 318.
[217] Vgl. Kant, GMS, 76 ff.
[218] Vgl. Kersting 2007, 160 f.
[219] Kant, GMS, 65.
[220] Kant, MdS, 345.

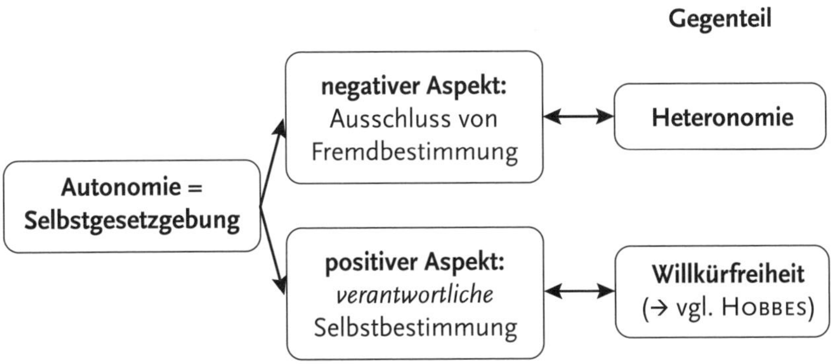

ßen „von Geburt an", zu.[221] Das bedeutet, sie ist unabhängig von individuellen Eigenschaften, Fähigkeiten oder Leistungen und kann auch keinem Menschen etwa aufgrund eines besonderen Fehlverhaltens abgesprochen werden.

Diese Konzeption unbedingter menschlicher Freiheit kommt etwa deutlich in § 16 des österreichischen ABGB (Allgemeines Bürgerliches Gesetzbuch) zum Ausdruck, das von der Philosophie KANTS maßgeblich beeinflusst ist:

> „Jeder Mensch hat angeborne, schon durch die Vernunft einleuchtende Rechte, und ist daher als eine Person zu betrachten."

Diese allgemeine menschliche Fähigkeit zu vernünftiger Selbstbestimmung bildet auch die Grundlage für die Anerkennung der – für alle Menschen gleichen – **Menschenwürde**. (→ Siehe dazu 4.3.3.2.b.)

3.4.4.2 Freiheit und Recht

Womit begründet KANT die Notwendigkeit von Recht?

Da die Bestimmung der Zwecke des Handelns (und der Mittel zu ihrer Verwirklichung), wie wir gehört haben, jedem Einzelnen obliegt, ist das Handeln der Menschen von vornherein nicht mit dem aller anderen verträglich. Der Gebrauch der Freiheit des einen kann dazu führen, dass der Handlungsraum eines anderen eingeschränkt und dessen Freiheit verletzt wird (unabhängig auch davon, ob Menschen nun moralisch verantwortlich handeln wollen oder ihre Freiheit zu beliebiger Willkür ausnutzen).[222] Dies begründet die Notwendigkeit und Aufgaben

---

[221] Vgl. ebd., 345.
[222] Vgl. Kant, GMS, 59.

des Rechts und in der Folge jene einer **souveränen Staatsgewalt unter Rechtsgesetzen.** Wesentlich ist, dass die Menschen in ihrer Freiheit weder durch den Staat bevormundet, noch durch Übergriffe anderer eingeschränkt werden.

Ziel des Rechts ist es, das Freiheitshandeln aller **nach allgemeinen Regeln äußerlich miteinander vereinbar** zu gestalten.

> Recht ist demnach nach KANT der „Inbegriff der Bedingungen, unter denen die Willkür des einen mit der Willkür des andern nach einem allgemeinen Gesetze der Freiheit zusammen vereinigt werden kann".[223] (Unter „Willkür" versteht KANT hier die „äußere" Erscheinungsweise freiheitlichen Handelns.)

Recht hat demnach die Aufgabe, menschlicher Freiheit einen **äußeren Entfaltungsbereich**[224] zu sichern, nicht aber etwa zu moralischem Handeln direkt anzuleiten oder über die Gesinnung der Bürger zu urteilen.

Das zentrale **Rechtsprinzip der Freiheit** steht bei KANT in engem Zusammenhang mit jenem der **Gleichheit.** Aus seinem Verständnis unbedingter menschlicher Freiheit folgt auch die Anforderung an das Recht, die **wechselseitige Anerkennung** aller als gleich und frei zu gewährleisten.[225] **Freiheit und Gleichheit** sind keine konkurrierenden Prinzipien, sondern stehen in einem notwendigen inneren Zusammenhang. Diese beiden normativen Prinzipien prägen auch KANTS Verständnis einer **rechtsstaatlichen Republik.**[226]

3.4.4.3 Kants Rechtsstaatsidee

Zur Sicherung von Freiheit und Recht bedarf es auch nach KANT der Errichtung einer **souveränen Staatsgewalt** durch einen gedachten Gesellschaftsvertrag. Hinsichtlich des Begriffs der Souveränität knüpft KANT an HOBBES an.

Im gedachten „Naturzustand" gibt es zwar ein **„provisorisches" Eigentumsrecht** (ein „provisorisches äußeres Mein und Dein"),[227] das aber mangels rechtsstaatlicher Rahmenbedingungen nicht durchgesetzt werden kann. Ja, wegen der **Konfliktneigung** der Menschen führt dies (→ ähnlich wie bei HOBBES) zu einer allgemeinen Unsicherheit, die einem latenten Kriegszustand gleicht.[228]

Anders als HOBBES begründet KANT aber die Notwendigkeit eines Gesellschaftsvertrags nicht mit dem natürlichen Selbsterhaltungsinteresse der Menschen, son-

[223] Kant, MdS, 337.
[224] Vgl. Luf 1978, 48.
[225] Vgl. ebd., 144 f.
[226] Vgl. ebd., 144 ff.
[227] Kant, MdS, 366 f.
[228] Vgl. Kersting 2007, 255.

dern mit einer **Rechtspflicht**, diesen Zustand der Gesetzlosigkeit zu verlassen (***exeundum e statu naturali***).[229]

Die primäre Aufgabe des Staates ist daher (→ anders als bei HOBBES) nicht die Gewährleistung der Selbsterhaltung der Bürger, sondern die **Durchsetzung des Rechts**, nämlich **allgemeiner Gesetze** zur Sicherung von Freiheit und Gleichheit. KANT verbindet das Konzept der Souveränität mit der Idee der **Rechtsstaatlichkeit**, der eine entscheidende Rolle in KANTS Staatslehre zukommt. In diesem Sinn versteht KANT den Staat „als die Vereinigung einer Menge von Menschen unter Rechtsgesetzen".[230] Ja, er betont, dass „die einzig bleibende Staatsverfassung [jene sei], wo **das Gesetz selbstherrschend** ist, und an keiner besonderen Person hängt".[231]

KANT zieht aber aus seiner prinzipiellen Rechtsstaatsidee nur wenige konkrete verfassungsstaatliche Konsequenzen:

a. Die Herrschaft der Gesetze

Zu den Grundlagen der rechtsstaatlichen Republik gehören etwa die **Gleichheit aller vor dem Gesetz** und die **Bindung staatlicher Organe an die Gesetze**.[232] KANT geht von der „Souveränität der Gesetze" aus, er verbindet damit aber **keine** institutionelle Umsetzung des Gedankens der **Volkssouveränität**. Die Legitimation der Gesetzgebung wird zwar gesellschaftsvertraglich begründet. Ihre Ausübung bleibt aber politisch-institutionell dem Monarchen vorbehalten.[233] In ihm sieht KANT den Garanten einer **über den Parteienstreitigkeiten** stehenden **Objektivität**. KANT nimmt damit wohl auch gegen die Tradition des englischen Parlamentarismus Stellung, bei dem er eine Zersplitterung staatlicher Souveränität befürchtet.

b. Der „vereinigte Willen des Volkes"

Dennoch enthält KANTS Gesetzgebungslehre auch **demokratische** Tendenzen. V.a. greift KANT einen zentralen demokratischen Aspekt aus ROUSSEAUS Modell der volonté générale (→3.4.3.2) auf und entwickelt ihn weiter.

Im Anschluss an ROUSSEAU formuliert KANT einen **hypothetischen Prüfmaßstab**[234] für die Rechtmäßigkeit der Gesetze. Dies kommt in der „praktischen Vernunftidee"[235] des sogen. **„vereinigten Willens des Volkes"**[236] zum Ausdruck. Demzufolge ist der Gesetzgeber verpflichtet, „seine Gesetze so [zu] gebe[n], **als [ob] sie aus dem vereinigten Willen eines ganzen Volkes haben entspringen können**, und jeden Untertan, sofern er Bürger sein will, so anzusehen, als ob er zu

229 Vgl. Kant, MdS, 755 ff.
230 Ebd., 431.
231 Ebd., 464.
232 Vgl. Luf 1978, 138.
233 Vgl. ebd., 139.
234 Vgl. ebd., 140.
235 Kersting 2007, 274.
236 Kant, MdS, 432.

einem solchen Willen mit zusammen gestimmet habe".[237] Die Legitimation der Gesetze beruht auf deren ***hypothetischer*** (gedachter) **Zustimmungs*fähigkeit*** durch alle Bürger, nicht jedoch auf bestimmten Verfahren der konkreten Partizipation.

Darin kommt auf der Ebene der politischen Gesetzgebung das rechtsethische Prinzip der **Verallgemeinerung** zum Ausdruck, das auch in KANTS **„kategorischem Imperativ"** – dort hinsichtlich der Beurteilung *moralischen* Verhaltens – eine zentrale Rolle spielt. (→ Vgl. dazu die „Verallgemeinerungsformel" des kategorischen Imperativs, 4.3.3.2.a.) KANT führt weiter aus: „Was ein Volk nicht über sich selbst beschließen kann, das kann der Gesetzgeber auch nicht über das Volk beschließen."[238] In diesem Sinn bezeichnet er den „vereinigten Willen des Volkes" als den „Probierstein der Rechtmäßigkeit eines jeden öffentlichen Gesetzes".[239] (→ Vgl. dazu ROUSSEAUS „volonté générale". KANT rezipiert dezidiert nur die letzte der dort dargestellten Voraussetzungen des Gemeinwillens.)

c. Gewaltenteilung

Als weiteres zentrales Merkmal seiner republikanischen Verfassung versteht KANT das Konzept einer **funktionalen Gewaltenteilung** für „die öffentliche Sicherung der Freiheit". Die Rechtsdurchsetzung verlange die „Absonderung der ausführenden Gewalt [der Regierung] von der gesetzgebenden".[240] Ein differenziertes System von „checks und balances", wie es die englische Verfassung vorsieht, die auch als Vorbild für MONTESQUIEUS bekannte Gewaltenteilungslehre diente, lehnt KANT jedoch ab.[241]

Generell enthält KANTS Staatslehre verhältnismäßig geringe Vorgaben für die konkrete verfassungsrechtlich-organisatorische Ausgestaltung eines Rechtsstaates, sondern soll mehr als „Richtschnur" bzw. Leitbild für konkrete historische Staatsverfassungen dienen. (KANT verweist diesbezüglich ausdrücklich auf die vergleichbare Funktion von PLATONS Idealstaatskonzeption der *Politeia*.[242])

d. Der Zwang als doppelte Negation

Für die Staatsaufgabe der Sicherung der Freiheit durch allgemeine Gesetze spielt die Anwendung von **Zwang** zu deren Durchsetzung eine zentrale Rolle.

Wie rechtfertigt KANT den Rechtszwang zum Schutz der Freiheit?

Er versteht den Zwang gleichsam als **„doppelte Negation"**[243]: Wird ein „gewisser Gebrauch der Freiheit"[244] eines Menschen zur Freiheitsbeschränkung eines ande-

---

[237] Kant, TP, 153.
[238] Ebd., 162.
[239] Ebd., 153.
[240] Kant, ZeF, 206 f.
[241] Vgl. Kersting 2007, 308 f; 360 ff.
[242] Vgl. Kant, KrV, 323 f.
[243] Höffe 1982, 354.
[244] Kant, MdS, 338.

ren bzw. für alle anderen, so versteht er dies als ein „Hindernis der Freiheit nach allgemeinen Gesetzen".[245] Der Zwang, der sich gegen diese Freiheitsverletzung richtet, hebt diese (erste) „Negation" der Freiheit auf. Er ist gewissermaßen die Negation der Negation, nach KANT die **„Verhinderung eines Hindernisses der Freiheit"**.[246] Er stellt damit die allgemeine Freiheit („die Freiheit nach allgemeinen Gesetzen"[247]) wieder her.

Die Ausübung von staatlichem Zwang ist nach KANT nur in einer rechtsstaatlichen Republik legitim.

An dieses Konzept der „doppelten Negation" knüpft auch KANTS – und später HEGELS – Rechtfertigung der **Strafe** an, wird aber für den Bereich des Strafrechts weiter differenziert.[248]

3.5 Die postmoderne Dekonstruktion des Souveränitätsbegriffs

3.5.1 Michel Foucault (1926–1984): Der Siegeszug der „Disziplinarmacht"

FOUCAULT ordnet die eigentliche Ausübung souveräner Staatsmacht einer längst überkommenen Periode der öffentlichen Inszenierung von Strafgewalt zu. Ab dem 18. Jh. wurde dieses Ritual zur Wiederherstellung verletzter Herrschersouveränität und des im Gesetz zum Ausdruck kommenden Herrscherwillens[249] abgelöst. Dies geschah jedoch nicht primär durch die Ausrichtung auf die Umsetzung allgemeiner Gesetze und die Rehabilitierung der Straftäter als Rechtssubjekte, wie es die Reformjuristen der Aufklärung anstrebten,[250] etwa C. BECCARIA (vgl.→ 4.4.1). Vielmehr setzt sich eine ökonomische und dezentral organisierte **„‚Mikrophysik' der Macht"**[251] durch. Dieser Paradigmenwechsel fand exemplarisch auf dem Gebiet des Strafrechts statt und manifestierte sich in der Durchsetzung der Gefängnisstrafe. Bei dieser geht es keineswegs um die Humanisierung des Strafvollzugs. Sie dient vielmehr der Restitution des Straftäters als „homo oeconomicus"[252] durch die **Bekämpfung des Müßiggangs** und die **Abrichtung von „Gehorsamssubjekten"**.[253] War ehemals der menschliche Körper das Ziel souveräner Machtbehauptung (durch öffentliche Grausamkeit), geht es jetzt um dessen effiziente ökonomische Nutzung und die Kontrolle der „Seele".[254] Moderne Macht

---

245 Ebd., 338.
246 Ebd., 338.
247 Ebd., 338 f.
248 Vgl. Höffe 1982, 352 ff.
249 Vgl. etwa Foucault 1994, 63 ff; 169.
250 Vgl. ebd., 93 ff; 169.
251 Ebd., 178.
252 Marti 1999, 89.
253 Ebd., 89.
254 Vgl. ebd., 84.

beruht nicht auf „sichtbarer" manifester Unterwerfung, sondern stellt sich als ökonomisch oder wissenschaftlich gebotene „Disziplin"[255] dar, deren Herrschaftscharakter nicht aufs Erste offensichtlich ist.

Was versteht FOUCAULT unter **Herrschaft als Disziplin**?

Die „Mechanik"[256] der Disziplin beruht auf der **„Kunst der Verteilungen"**.[257] Die Methoden der „Disziplinarmacht"[258] sind demnach 1. *„Einschließung"* oder *„Klausur"* (nicht nur in Gefängnissen, sondern auch in Klöstern, Kasernen, Krankenhäusern etc.),[259] 2. *„Parzellierung"* (in Einzelgefängniszellen, aber etwa auch an bestimmten Fabrikarbeitsplätzen mit genau definierten Aufgaben)[260] und 3. ein hermetischer, *lückenloser Zeitplan*, der keinerlei Freiraum lässt. Die lückenlose Einteilung des Tages bzw. der Arbeit in kleinste Zeiteinheiten schafft dadurch eine ununterbrochene Kontrolle.[261]

Als Vorbild dieses Herrschaftsmechanismus dient das von BENTHAM entwickelte Gefängnismodell des **„Panopticon"**,[262] in dem die Gefangenen in Einzelzellen voneinander getrennt sind und durch die ringförmige Anordnung der Zellen von einem einzelnen zentralen Bewacherposten aus kontrolliert werden. Dieser hat in alle Zellen Einblick, ist aber seinerseits für niemand sichtbar. Schließlich erzeugt schon die Vorstellung einer zentralen Bewachung ununterbrochene Kontrolle, selbst wenn der Posten gar nicht besetzt ist.[263]

> Daraus ergibt sich die Hauptwirkung des Panopticon: die Schaffung eines bewussten und permanenten Sichtbarkeitszustandes beim Gefangenen, der das automatische Funktionieren der Macht sicherstellt. Die Wirkung der Überwachung ‚ist permanent, auch wenn ihre Durchführung sporadisch ist'; die Perfektion der Macht vermag ihre tatsächliche Ausübung überflüssig zu machen; der **architektonische Apparat** ist eine **Maschine**, die ein Machtverhältnis schaffen und aufrechterhalten kann, welches vom Machtausübenden unabhängig ist; [...] Zu diesem Zweck hat Bentham das Prinzip aufgestellt, daß die Macht sichtbar, aber uneinsehbar sein muß; sichtbar, indem der Häftling ständig die hohe Silhouette des Turms vor Augen hat, von dem aus er bespäht wird; uneinsehbar, insofern der Häftling **niemals wissen darf, ob er gerade überwacht wird**; aber er muss **sicher sein, dass er jederzeit überwacht werden kann**. [...] Diese Anlage ist deswegen so bedeutend, weil sie die **Macht automatisiert** und **entindividualisiert**.[264]

[255] Foucault 1994, 171.
[256] Ebd., 176.
[257] Ebd., 181.
[258] Marti 1999, 93.
[259] Vgl. Foucault 1994, 181 ff.
[260] Vgl. ebd., 183 ff.
[261] Vgl. ebd., 192 ff.
[262] Vgl. ebd., 256 ff.
[263] Vgl. ebd., 258 f.
[264] Ebd., 258 f. [Hervorhebung durch Verf.].

Dieses Modell war bereits von BENTHAM auch für Schulen, Spitäler, Armenhäuser, Kasernen u.a. vorgesehen. FOUCAULT erkennt darin den zentralen Wirkmechanismus moderner Disziplinargesellschaft. Macht ist darin nicht eindeutig in Leitungspositionen fassbar und entzieht sich damit auch einer rechtlichen Legitimation. Sie entsteht vielmehr als **„feinmaschiges Informationsnetz“**[265] zwischen den einzelnen Individuen, die aufgrund der herrschenden „Disziplin“ auch durch **wechselseitige Überwachung** an ihrer eigenen Kontrolle mitwirken. Sie zielt auf die Unterwerfung des menschlichen Körpers unter die Anforderung der Steigerung ökonomischer Nützlichkeit sowie unter den Prozess der „Normalisierung“[266] (d.h. seine fortwährende Anpassung an „Normen“), bei der Abweichungen strikt sanktioniert werden. Dies erzeugt eine **informelle Maschinerie der Macht**, die sich demokratischer und rechtlicher Kontrolle entzieht.

> [W]enn das allgemeingültige Rechtssystem der modernen Gesellschaft den Machtausübungen Grenzen zu setzen scheint, so hält doch ihr allgegenwärtiger Panoptismus im Gegensatz zum Recht eine sowohl unabsehbare wie unscheinbare Maschinerie in Gang, welche die Asymmetrie der Mächte unterstützt, verstärkt, vervielfältigt und die ihr gezogenen Grenzen unterläuft.[267]

3.5.2 Jacques Derrida (1930–2004): Dekonstruktion des Nationalstaates und „Mondialisierung“ der Demokratie

Radikaler noch verfolgt DERRIDA das Anliegen der „Dekonstruktion“ der zentralen Legitimationsprojekte von Aufklärung und Moderne. Diese enthielten eine gleichsam „metaphysische“ Überhöhung von Rechtsstaatlichkeit und Volkssouveränität, ja letztlich von dessen zentralem legitimatorischen Bezugspunkt, dem **autonomen Subjekt** selbst.

DERRIDAS Kritik am herrschenden Rechts- und Staatsverständnis nimmt seinen Ausgang von seiner Metaphysik- und Sprachkritik. Als zentraler Angelpunkt fungiert sein Begriff der **„Différance“**, der etwa mit „Andersheit“ („Nicht-Identität“) oder „Aufschub“ übersetzt werden kann.[268] Dies bedeutet u.a., dass wie in der Anwendung sprachlicher Begriffe auch in der Rechtsanwendung (im Gerichtsurteil) stets eine unüberwindbare Kluft bei der „Subsumtion“ des „Singulären“ unter allgemeine Regeln verbleibe.[269]

---

265 Marti 1999, 93.
266 Ebd., 92 f.
267 Foucault 1994, 286.
268 Vgl. Lüdemann 2011, 63 ff.
269 Vgl. Krauß 2001, 33 ff; 102 ff.

Die Idee einer – sei es auch gedachten – ursprünglichen gesellschaftsvertraglichen Einigung oder der Rückbezug auf „das eine mit sich selbst identische Volk“[270] als „demokratische Selbstermächtigung“[271] sei eine „Illusion“. Diese sei nicht weniger metaphysisch als ältere „transzendente“, etwa religiöse, Begründungen des Rechts. DERRIDA kritisiert insbes. die aufklärerische Idee des „Naturzustands“ als eines ursprünglichen Idealzustands, von dem die Legitimation des Rechts abgeleitet werden könne.[272] Stets gehe es dabei um die Voraussetzung eines „reinen“ Anfangs „unmittelbar[er]“, „absoluter Präsenz“.[273] Die Denkfiguren von herrschaftsfreiem Naturzustand, rationalem Sozialkontrakt und ursprünglicher demokratischer Einheit (→ vgl. etwa die Rolle der „political society“ in der politischen Philosophie LOCKES, 3.4.2.2) verstellen den Blick auf die immer auch **gewaltsamen** Komponenten bei der Errichtung jeder politischen Ordnung[274] und die unaufhebbare **„Differenz“** zwischen menschlichen Individuen.

Nie gehe etwa der Gründungsakt eines Staates von einem Volk als Einheit aus, wie etwa die amerikanische Unabhängigkeitserklärung suggeriere. Immer sei dieser vorgebliche „Volkswillen“ von Einzelnen oder bestimmten Gruppen geprägt.[275] Auch der Begriff eines allgemeinen autonomen Subjekts sei eine Abstraktion, die die unaufhebbare „Andersheit“ unter Individuen ebenso ausblende wie die Erkenntnisse der Psychoanalyse.[276]

Jedem Gründungsakt eines Rechtssystems, jeder Verfassungsgebung, ja schließlich jedem Gesetzgebungsakt sei notwendig **ein Moment der Gewalt inhärent**.[277] Dieser Anteil an Gewaltsamkeit im Recht setze sich auch in der weiteren Hierarchie der Rechtserzeugung und -anwendung fort. Immer enthalte sie auch Aspekte der „Dezision“.[278] Gewalt sei ein unvermeidbarer Bestandteil des Rechts. Recht und Gerechtigkeit stünden dagegen in einem nicht auflösbaren Spannungsverhältnis.

Während ab den 70er Jahren des 20. Jahrhunderts die Debatte um die Gerechtigkeit im Anschluss an J. RAWLS’ *Theorie der Gerechtigkeit* (siehe dazu ausführlich → 6.2) wieder auflebt und dabei zunächst an die Theorie des Gesellschaftsvertrags (vor allem jene KANTS) wiederanknüpft, distanziert sich DERRIDA auch hinsichtlich der Gerechtigkeit von den Überzeugungen der Aufklärung. Alle zeitgenössischen Theorien der Gerechtigkeit hätten eine Gemeinsamkeit. Sie meinen, Gerechtig-

270 Ebd., 103.
271 Ebd., 103.
272 DERRIDA setzt sich diesbezüglich v.a. mit der Naturzustandskonzeption ROUSSEAUS auseinander. Vgl. Derrida 2021, 283 ff.
273 Krauß 2001, 111; vgl. Derrida 2021, 237 ff; 506 ff.
274 Vgl. Derrida 2022, 11 ff.
275 Vgl. Derrida 1986, 10 ff.
276 Vgl. Krauß 2001, 176.
277 Vgl. Derrida 2022, 36 ff.
278 Krauß 2001, 163.

keit müsse auf **„Reziprozität“** (Wechselseitigkeit) beruhen. Dies gilt für liberale Theorien ebenso wie für Ansätze, die sich kritisch mit Rawls' Kantrezeption auseinandersetzen, nämlich insbes. jene kommunitaristischer Autor:innen (vgl. → 6.3). Welcher Maßstab der Güterverteilung von unterschiedlichen Richtungen auch immer propagiert werde (sei es jener formal-egalitärer Gleichheit oder sozialer Gerechtigkeit), immer gehe es doch um einen wesentlich **ökonomischen** Zugang.[279]

Derrida verwirft diesen Ansatz von Grund auf. Er orientiert sich hinsichtlich des Begriffs der Gerechtigkeit vielmehr an E. Lévinas – und distanziert sich damit erneut von den Überzeugungen der Aufklärung. Wie begründet Lévinas – und mit ihm Derrida – diese Abkehr vom ethischen Erbe der Aufklärung?

Aufgrund des Scheiterns aller herkömmlichen Ethik angesichts der **Erfahrung von Auschwitz** müsse Gerechtigkeit nach Lévinas neu konzipiert werden. Ihr sei eben gerade die rechtliche Vorstellung der **„Symmetrie“**[280] (die Logik wechselseitiger Ansprüche) fremd. Gerechtigkeit sei zwar universal. Ihr „Kern“ sei aber **keineswegs die Gleichheit**, sondern die **empathische Zuwendung zum Anderen.**[281] Ihr Prinzip sei gerade die Andersheit, die „absolute Singularität des Einzelnen“.[282] Gerechtigkeit beansprucht – anders als das Recht – gerade keine „Subsumtion“ unter allgemeine Regeln, Prinzipien oder Begriffe. Sie sei, so Derrida, „unendlich [...], unberechenbar, widerspenstig gegen jede Regel, der Symmetrie gegenüber fremd“.[283] Sie sei auch nicht „autonom“, sondern „heteronom“, weil sie nicht vom autonomen Subjekt, sondern von **der Bedürftigkeit des „Anderen“** ausgehe.

Trotz dieser Unvermittelbarkeit von Gerechtigkeit und Recht geht es Derrida gewiss nicht um die Idealisierung von purer Dezision und staatlicher Machtausübung durch das Recht. Dekonstruktivistische Diskurse zielen vielmehr darauf ab, den Blick für **ideologisch verschleierte Gewaltverhältnisse und Ungleichheiten** auch im demokratischen Rechtsstaat zu schärfen.

Insbes. der moderne Souveränitätsbegriff habe aus dieser Sicht seinen Ursprung aus monarchischen Legitimationsstrukturen niemals überwunden.[284] In der Kritik steht vor allem der strikte **Territorialbezug des modernen Staates** und seiner – sei es auch demokratischen – Gesetzgebung. Eben dieses längst obsolet gewordene territorial-zentralistische Ordnungsmodell frühmodern(-monarchischer) Herkunft sei wegen seiner „genealogische[n]“[285] Implikationen anachronistisch und demokratiepolitisch problematisch.

---

279 Vgl. Lüdemann 2024, 106 f.
280 Krauß 2001, 167.
281 Vgl. Lévinas 2022, 71 ff.
282 Lüdemann 2024, 107.
283 Derrida 2022, 44.
284 Vgl. Derrida 2006, 35–37.
285 Derrida 2018, 155.

Die spezifische Fokussierung des Rechtsstaats auf Grenzregime, Migration und Asyl sowie Bedrohungspotenziale, die „Fremden" zugeschrieben werden, ja deren symbolische Überfrachtung in aktuellen sicherheitspolitischen Diskursen lässt sich aus dieser Sicht als Krisenphänomen nationalstaatlicher Legitimation verstehen, die längst wesentliche Machteinbußen durch supra- und internationales Recht, ja durch die Prozesse der Globalisierung erfahren hat (vgl. → 1.2.2.3).

Derrida plädiert demgegenüber für die „**Mondialisierung**"[286] (abgeleitet von frz. „le monde", Welt) im Sinne der **Internationalisierung von Demokratie**. Es gehe um eine über die Grenzen des Staates bzw. der Nation hinausgehende Universalisierung. Das Prinzip dieser neuen demokratischen Universalisierung sei keine nationalstaatliche oder sonstige durch „Abstammung" generierte „*Identität*", sondern, so Derrida, die „namenlos[e] und irreduzibl[e] *Singularität* von Einzelnen".[287]

Wiederholungsfragen:

1. Inwiefern vertritt Aristoteles ein Modell bürgerlicher Gleichheit? Wodurch sind dieser in der aristotelischen Politik auch Grenzen gesetzt?
2. Welche kritische Funktion kommt dem Bild vom „homme sauvage" in der politischen Philosophie Rousseaus zu?
3. Erklären Sie die Methoden und Wirkungsweise der „Disziplinarmacht" nach Foucault.

---

[286] Lüdemann 2011, 168.

[287] Derrida 2018, 157 [Hervorhebung durch Verf.].

4. Kapitel: Das Verhältnis von Recht und Moral

„Stellen Sie sich vor, Sie seien ein höherer Polizeioffizier. In Ihrem Land [...] gäbe es viele linke und rechte Terroristen, jeden Tag Morde, Brandanschläge, Tötung und Schäden für zahlreiche Unbeteiligte. Sie hätten den Führer einer solchen Gruppe gefangen. Sie könnten, wenn Sie ihn folterten, vermutlich das Leben vieler Menschen retten – zehn, hundert, tausend [...]. Würden Sie es tun?“[1]

Diese Darstellung einer drastischen ethischen Dilemmasituation wurde vom bekannten Soziologen NIKLAS LUHMANN bereits 1991 formuliert. Szenarien dieser Art haben insbes. nach den terroristischen Anschlägen vom 11. September 2001 (9/11) verstärkt Eingang in die Diskussion gefunden.

Wenn Sie nun glauben, es handle sich hier um das Beispiel eines *Konflikts zwischen* Recht und Moral, ginge diese Deutung am eigentlichen Kern des Problems vorbei.

In solchen „ethischen Versuchsanordnungen“ wird vielmehr der *zentrale moralische Bezugspunkt* moderner Rechtsstaatlichkeit selbst in Frage gestellt – das Prinzip der Menschenwürde. (Mehr dazu in → 4.3.3.2.b – 4.4.3.)

Im folgenden Kapitel soll es also um das Verhältnis von Recht und Moral gehen. Dabei handelt es sich keineswegs nur um eine kontroverse methodische Fragestellung und abstrakte Grundlagenprobleme. Wie sie bereits erkennen konnten, befinden wir uns damit unmittelbar auch am „Puls“ aktuellster rechtsethischer Herausforderungen und Grenzfragen.

4.1 Einleitung

Die Klärung des Verhältnisses von Recht und Moral gehört zu den Kernfragen der Rechtsphilosophie, wodurch auch wesentliche Vorentscheidungen für andere Themenbereiche getroffen werden, insbes. hinsichtlich der Funktionen des Staates oder grundlegender Anforderungen der Gerechtigkeit sowie aktueller rechtsethischer Aufgabenstellungen. Von daher bestehen inhaltliche Querverbindungen zu fast allen anderen Abschnitten, etwa zu jenen über → die Rechtsgeltung (Kap. 2), → die Begründungen von Staat und Recht (Kap. 3), → die Menschenrechte (Kap. 5), → die Gerechtigkeit (Kap. 6) und → Fragen der Rechtsethik (Kap. 7).

---

1 Luhmann 1993, 1 [Hervorhebung durch Verf.]. Dieser führte dieses Beispiel jedoch in einem anderen Kontext in die Debatte ein.

Grundsätzlich gibt es zum Verhältnis von Recht und Moral eine Fülle divergierender Positionen, für die verschiedene **methodische** Auffassungen und **kulturelle** Faktoren, v.a. aber der jeweilige **geschichtliche Verständnishorizont** eine maßgebliche Rolle spielen. Übersichtsweise können drei Grundpositionen unterschieden werden:

- Die **Einheits- oder Verbindungsthese:**[2] Dabei werden Recht und Moral als integrative Bestandteile einer umfassenden Ordnung begriffen, die auf einem gemeinschaftlichen Ethos des menschlichen Zusammenlebens beruht (→ vgl. 4.3.1).
- Die **Trennungsthese:**[3] Dies bedeutet, dass die Geltung sowie zentrale Inhalte des Rechts als grundsätzlich unabhängig von moralischen Anforderungen begriffen werden. Recht kann daher **jeden beliebigen Inhalt** haben (→ vgl. 4.3.2).
- **„Vermittelnde" Auffassungen**[4] gehen von einer begrifflichen Unterscheidung von Recht und Moral aus. Das Recht ist aber hinsichtlich seiner Legitimation auf **fundamentale moralische Grundlagen** verpflichtet, etwa den Grundsatz der Menschenwürde (→ vgl. 4.3.3.2.b – 4.4.3). Trotzdem verbleiben Recht und Moral auch in einem grundsätzlichen Spannungsverhältnis. Moralische Prinzipien dienen in der Regel als **kritischer Maßstab**, der konkrete rechtliche Normierungen überschreitet und in unterschiedlichen geschichtlichen und gesellschaftlichen Herausforderungen je neu für rechtliche Regulierungsaufgaben heranzuziehen ist (→ vgl. 4.3.3).

Für das Verständnis dieser unterschiedlichen Auffassungen des Verhältnisses von Recht und Moral ist zu berücksichtigen, dass von vornherein auch höchst **unterschiedliche Moralbegriffe** und **Ethikmodelle** herangezogen werden (→ vgl. sogleich 4.2). Das betrifft keineswegs nur den Pluralismus inhaltlicher Auffassungen, sondern, viel grundlegender, die grundsätzliche Perspektive, unter der menschliches Handeln als moralisch beurteilt werden soll. Kommt es etwa auf die eigene **Verantwortung** oder auf die Befolgung von **Geboten** oder Konventionen an? Stellt man auf den **„guten Willen"** ab oder auf eine dauerhafte **sittliche Haltung**? Geht es um **unbedingte Prinzipien** oder um **kollektive Nutzenüberlegungen**? Welche Rolle spielt der **Konsens** einer Gemeinschaft?

4.2 Unterschiedliche Ethiktypen und Moralbegriffe

Im Anschluss daran können mehrere Ethiktypen und Moralbegriffe unterschieden werden. Aus der Vielfalt möglicher moralphilosophischer Positionen sollen v.a. einige für das Verhältnis von Recht und Moral besonders bedeutsame Unterscheidungen hervorgehoben werden:

---

[2] Zu dieser sehr gebräuchlichen Unterscheidung vgl. etwa Mahlmann 2015, 255.

[3] Vgl. Mahlmann 2015, 257.

[4] Gelegentlich werden solche Auffassungen auch als „moderne Verbindungstheorien" bezeichnet. Siehe etwa Mahlmann 2015, 257.

4.2.1 Pflichtenethik (deontologische Ethik) oder Tugendethik?

In modernen (kontinental-)europäischen philosophischen Theorien und moralischen Alltagsauffassungen dominieren Ethikmodelle des **deontologischen** Typus **(Pflichtenethik)**.[5]

Auch unter diesem Begriff können inhaltlich und formal ganz unterschiedliche Moralbegründungen zusammengefasst werden, die alle die Befolgung **moralischer Pflichten** fordern. Dabei macht es einen entscheidenden Unterschied, ob diese Verpflichtung auf der verantwortlichen Selbstbestimmung des Einzelnen beruht (**autonome Moral** → exemplarisch hierfür ist **Kants** Verständnis von **Autonomie**[6] bzw. **Moralität** → siehe ausführlich bereits oben, 3.4.4.1 und unten, 4.3.3.1) oder aus einem Katalog materialer Pflichten besteht, die etwa aus der Natur abgeleitet oder von einer moralischen oder religiösen Autorität reklamiert werden.[7] Dies kann man auch als „**heteronome**" Moralauffassung bezeichnen. Solche Gebotsethiken werden ab der Aufklärung als problematischer Eingriff in die menschliche Freiheit verstanden.

Bei vielen Philosophen der Antike und des Mittelalters dominiert aber gar nicht das Konzept einer Pflichtenethik, sondern das einer **Strebens-** bzw. **Tugendethik**. Solche Ethiken sind weniger von individueller Verantwortlichkeit als von gemeinschaftlichem **Konsens** und **Traditionen**[8] bestimmt. Doch geht es auch hier nicht bloß um die äußere Erfüllung überlieferter Regeln, sondern um die Ausbildung einer dauerhaften und verlässlichen sittlichen **Haltung**, die Einübung („Gewöhnung") erfordert[9] und sich auch am Vorbild anderer orientiert.[10] Es kommt dabei aber nicht (primär) auf den „guten Willen"[11] bei der einzelnen Handlung an,[12] sondern auf die Verwirklichung eines umfassend **geglückten Lebens.**[13] Dabei handelt es sich um keine Ethik des „**Sollens**", sondern eine Ethik des „**Sein-Könnens**".[14] Dem Recht kommt dabei häufig eine **kommunikativ-erzieherische** Funktion zu, während der Aspekt des Zwangs in den Hintergrund rückt.[15]

Exemplarisch für eine solche Tugendethik ist das ethische Modell des Aristoteles (→ vgl. 3.1.2), das in der mittelalterlichen Philosophie ab dem 13. Jh. wieder aufgegriffen wird (bedeutendster Vertreter: Thomas von Aquin).[16] Aber auch bei zahlreichen neoaristotelischen und kommunitaristischen Autor:innen der Gegen-

---

5 Vgl. Krämer 1992, 9 ff.
6 Vgl. Kant, MdS, 509. Darauf wird ausführlich in den Kap. 4.3.3–4.4.3 Bezug genommen.
7 Vgl. Krämer 1992, 13.
8 Vgl. Höffe 1996, 132 ff.
9 Vgl. Aristoteles, N.E., II 1, 1103 a 14–26.
10 Vgl. Höffe 1996, 142 ff.
11 Kant, GMS, 18.
12 Vgl. Höffe 1996, 139.
13 Vgl. Krämer 1992, 10.
14 Kluxen 1974, 221.
15 Vgl. Maier 2002, 333 ff.
16 Vgl. ebd., 275 ff.

wart, v.a. im angloamerikanischen Raum, spielt es eine zentrale Rolle (H. Arendt, M. Nussbaum, W. Kymlicka).[17] In modernen tugendethischen Ansätzen steht dabei des Öfteren das Anliegen im Vordergrund, die Anforderungen von **Moralität** und **gemeinschaftlichem Ethos** zu verbinden, ohne jedoch etwa moralischen Gewissenszwang auszuüben. Beispiele für solche „Tugenden" wären Haltungen der Toleranz, praktizierter Solidarität, der Integrationsbereitschaft gegenüber Fremden u.a.

4.2.2 Weitere aktuelle Ethikmodelle

Darüber hinaus sind aber noch weitere bedeutsame Ethiktypen in der philosophischen Debatte vertreten, die sich in der Weise ihrer Begründung und Argumentation grundsätzlich unterscheiden, insbes. **utilitaristische** und **diskursethische** Ansätze.

4.2.2.1 Die utilitaristische Ethik

Utilitaristische Ethiken werden häufig auch als „konsequentialistisch" bezeichnet. Dies signalisiert bereits, dass es jedenfalls um die moralische Bewertung des **Resultats** menschlichen Handelns geht. Nicht der „gute Wille" des Einzelnen, noch seine vorbildliche Lebensführung geben den Ausschlag. Was zählt, ist das vorteilhafte Ergebnis einer Handlung oder rechtlichen Maßnahme, eben der „Nutzen" für die Gesamtheit der Gesellschaft.

> Das Kriterium der erfolgreichen Umsetzung als integrativer Aspekt ethischen Handelns selbst wurde freilich schon in Tugendethiken unterstrichen (→ 4.2.1). Ging es da doch eben um das *gelungen*-geglückte *Leben* in seiner Gesamtheit, das etwa auch die Verwirklichung konkreter Chancen und die erforderliche Einübung des sittlichen Handelns umfasst.

Utilitaristische Denker:innen unterscheiden sich jedoch auch von Tugendethiken maßgeblich:

1. Allem voran wird der Nutzen menschlichen Handelns typischerweise **ökonomisch** bewertet.
2. Dies hängt auch damit zusammen, dass es in der Regel eben nicht auf den Vorteil des Einzelnen ankommt, sondern auf den **kollektiven Nutzen** der gesamten Gemeinschaft. Es geht um das **„größtmögliche Glück der größtmöglichen Zahl"**.

---

[17] Vgl. etwa exemplarisch Arendt 2000, 323.

3. Dies setzt in der Folge voraus, dass die zugrunde liegenden Faktoren auch quantifizierbar bzw. mathematisch bewertbar sind. Dafür muss ein einheitlicher Maßstab gefunden werden. Nach BENTHAM, dem Vordenker utilitaristischer Ethik, sind es Freude und Schmerz, die es zu berücksichtigen und gegenseitig zu verrechnen gilt.[18] Dabei ging man davon aus, dass sich diese nach bestimmten Parametern quantitativ bestimmen lassen. Um eines größeren Vorteils für die Gesamtheit willen können dabei Leiden und Tod einzelner Menschen (oder anderer Lebewesen) u.U. in Kauf genommen werden. Entscheidend ist, dass dadurch die „Gesamtmenge" an Freude und Lust letztendlich vermehrt wird.

Als Defizit dieses Konzepts wird v.a. geltend gemacht, dass darin kein Platz ist für individuelle Rechte und Freiheiten. Der einzelne Mensch figuriert nur als „Durchlaufposten" in einer Gesamtnutzenrechnung. Aus der Sicht KANTS wird er dadurch zum Objekt, geradezu zu einer „Ware", degradiert (vgl. dazu später ausführlicher → 4.3.3.2.b). Utilitaristische Ethikmodelle befinden sich in der Regel in einem **Spannungsverhältnis zur Menschenwürde**.

Eine besondere Rolle spielte der Utilitarismus ab den 1970er Jahren in der modernen **Tierethik**. Anders als die (deontologische) Ethik KANTS oder ältere Ethiken stellt der Utilitarismus nicht auf Vernunft bzw. Freiheit zur Begründung von Rechtssubjektivität ab, sondern auf sensitive Fähigkeiten, die die Grenze zwischen Mensch und Tier relativieren. So erstaunt es nicht, wenn bereits BENTHAM mit großem Nachdruck das Kriterium für die Zurechnung gleicher Rechte vom traditionellen Maßstab der Vernunftbegabtheit zu jenem der *Leidensfähigkeit* zu verlagern versucht.[19] Bekanntester Vertreter moderner utilitaristischer Tierethik ist PETER SINGER, der das – gegenüber dem klassischen Utilitarismus BENTHAMS modifizierte – Konzept des „Präferenzutilitarismus" vertritt (vgl. dazu ausführlicher unten → 7.3.4.1).

Besondere Bedeutung haben utilitaristische Positionen aber auch in sicherheitspolitischen Diskursen (vgl. → die Debatte um die **„Rettungsfolter"**, 4.4.3) und in medizinethischen Debatten (vgl. die Diskussion um → Verteilungsgrundsätze bei der **Triage im Ausnahmezustand**, 7.1.5.4).

---

[18] Vgl. Bentham 1789, 1 f; 24 ff.

[19] Vgl. ebd., 311, Anm. 1.

4.2.2.2 Die Diskursethik

Ganz anders präsentiert sich das Anliegen diskursethischer Ansätze, die in der philosophischen Debatte ab den 1960er Jahren Konjunktur gewinnen. Als Hauptvertreter gelten Karl-Otto Apel und Jürgen Habermas.

Freilich geht es auch hier um das Bemühen, von einer „Ethik des autonomen Subjekts" abzurücken. Diskursethische Ansätze stellen nicht auf die selbstverantwortliche Stellungnahme jedes Einzelnen ab,[20] sondern auf die Ermittlung von moralischen Grundsätzen in **rationalen gemeinschaftlichen Diskursen**. Die Diskursethik versteht sich jedoch nicht als Gegenmodell zu Kants Ethik der Autonomie, sondern als deren **„intersubjektive" Weiterentwicklung.**[21] Denn jene blende die Wirklichkeit einer kommunikativ strukturierten sozialen Mitwelt auf der Ebene der Moral aus. Deren „monologisch[er]"[22] Charakter solle überwunden werden. Bei moralischen Argumentationen gehe es schließlich um die Herstellung von „Einverständnis".[23] Diese dienen „der konsensuellen Beilegung von Handlungskonflikten",[24] so Habermas.

> Apel setzt daher an die Stelle (apriorischer) menschlicher Freiheit das „Apriori der Kommunikationsgemeinschaft".[25] Das Ziel sei, die „postmetaphysische" Weiterentwicklung der Philosophie Kants. Habermas fokussiert die Ermittlung fundamentaler Verfahrensregeln für den moralischen Diskurs.

Dennoch wird die Diskursethik von den meisten im Anschluss an Kant auch als deontologische Ethik verstanden, weil sie auf die Begründung allgemeiner Handlungsprinzipien ausgerichtet ist.[26] Gleichzeitig stellt sie eine Form der **Verfahrensethik** dar. Ausschlaggebend für die moralische Begründung („Geltung") dieser Prinzipien ist ihre prozedurale Rechtfertigung in rationalen, herrschaftsfreien Diskursen, in denen alle gleichberechtigt ihre Argumente einbringen können (**Moralprinzip** oder **Diskursprinzip**).

Dieses Diskursprinzip wird bei Habermas durch das **Universalisierungsprinzip** ergänzt, das zusätzlich die *hypothetische* allgemeine Zustimmungsfähigkeit im Diskurs ermittelter Entscheidungen verlangt, also deren → Verallgemeinerungsfähigkeit. (Darin zeigt sich eine deutliche Ähnlichkeit zum kategorischen Imperativ Kants. → Vgl. 4.3.3.2.a.) Doch soll auch diese Verallgemeinerung durch

---

[20] Vgl. Werner 2011, 140.
[21] Vgl. Habermas 2023b, 68 ff.
[22] Ebd., 76.
[23] Ebd., 77.
[24] Ebd., 77.
[25] Apel 1973, 358.
[26] Vgl. Habermas 2023b, 140.

„kooperative" Argumentation hergestellt werden[27] und nicht der moralischen Verantwortlichkeit des einzelnen Menschen überlassen bleiben.

Die Diskursethik kommt v.a. in Fragen der Demokratietheorie und der Ethik politischer Institutionen zur Anwendung. Auch für die Begründung der Rechtsgeltung besitzt sie daher Relevanz (→ vgl. 2.2.5). In Fragen angewandter Ethik (in sogen. „Bereichsethiken"), wie z.B. in der Medizin- oder Umweltethik, wurde sie bislang weniger rezipiert.[28]

4.2.3 Konventionelle Moral – postkonventionelle Moral

Eine weitere grundsätzliche Unterscheidung hinsichtlich des Moralverständnisses knüpft an das mehrstufige psychologische Schema der Moralentwicklung nach L. Kohlberg an, das dieser entwarf, um die empirischen Hintergründe von Habermas' und Apels diskursethisch bedeutsamem Begriff der **„postkonventionellen Moral"** zu erforschen.[29]

Davon muss zunächst die sogen. **konventionelle Moral** unterschieden werden (die nach Kohlberg auch einem entwicklungspsychologisch früheren Stadium des Menschen entspricht). Ein **konventionelles** Verständnis von Moral orientiert sich vorrangig an von außen herangetragenen gesellschaftlichen Konventionen und „partikularen Verhaltenserwartungen"[30], die häufig internalisiert werden. Dieses Moralverständnis ist in der Regel „traditionalistisch"[31] geprägt. Es beruht auf der Übernahme sozialer Rollen und der Loyalität innerhalb sozialer Gruppen.[32] Moral kann in diesem Konzept nicht von **gesellschaftlicher Sitte** und **Konvention** unterschieden werden.

Im Sinne eines **postkonventionellen** Moralverständnisses muss dagegen strikt zwischen Sitte und Moral differenziert werden. Die moralische Qualität des Handelns hängt nicht mehr von der Übereinstimmung mit gesellschaftlichen Erwartungen ab. Nunmehr geht es um die reflektierte Überprüfung moralischer Ansprüche im Hinblick auf ihre **hypothetische Verallgemeinerungsfähigkeit**,[33] die aus der Sicht Habermas' diskursiv eingelöst werden muss. An die Stelle eines Verständnisses **heteronomer** Moral (konventioneller Prägung) tritt damit jenes der **„Autonomie"**.[34]

27 Vgl. ebd., 77 f.
28 Vgl. Werner 2011, 150.
29 Vgl. Kohlberg et al. 1983, 17 ff; 147 ff; 409 ff.
30 Habermas 2023b, 165.
31 Ebd., 167.
32 Vgl. ebd., 166 f.
33 Vgl. ebd., 172 ff.
34 Vgl. ebd., 172 f.

Ein solches kritisches Moralverständnis kommt bereits exemplarisch in KANTS Verständnis von **Autonomie** zum Ausdruck. Dieser rekurriert aber auf die **freiheitliche verantwortliche Stellungnahme** des *Einzelnen*. Zum entscheidenden Kriterium für moralisches Handeln wird dabei die **Handlungsmotivation.** → Vgl. KANTS Begriff der „**Moralität**" (→ siehe unten 4.3.3.1).

4.3 Unterschiedliche Auffassungen über das Verhältnis von Recht und Moral

4.3.1 Die Einheitsthese

Recht und Moral sind nach dieser Auffassung integrative Bestandteile eines umfassenden politischen Ethos der Gemeinschaft, der auf die Verwirklichung des **guten, geglückten Lebens** oder auf das **Gemeinwohl** (*bonum commune*) ausgerichtet ist.[35]

Entscheidend für dieses Modell ist die tragende Rolle eingelebter Sitten, Gewohnheiten und durch **Einübung** erworbener **Tugenden.**[36] Der Übergang zwischen Moral, Sitten und Recht ist fließend. Sie beruhen auf der Voraussetzung eines weitgehend unreflektierten Grundkonsenses über sittliche Handlungsziele.

Die Einheitsvorstellung von Recht und Moral ist daher vorrangig ein Charakteristikum von **Frühformen** der Rechtsentwicklung. Sie besitzt v.a. für wenig differenzierte, traditionell geprägte und kleinere Gemeinschaften (etwa aus historischer Sicht für die antike Polis) Plausibilität. Sie prägt daher die rechtsphilosophischen Auffassungen bis zum Beginn der Moderne, ja bis zur Aufklärung in zentraler Weise. Recht soll aus dieser Sicht **unmittelbar** der Umsetzung des **moralisch Guten** dienen. Auch heute findet sich dieser Ansatz weiterhin in zahlreichen, v.a. außereuropäischen, traditionell oder religiös bestimmten Rechtskulturen.

Auf dem Weg über den demokratischen Diskurs kann die Artikulation solcher traditionellen Vorstellungen in der politischen Öffentlichkeit daher erneut eine Rolle spielen. Die Berücksichtigung kultureller Diversität und die Einräumung **kultureller Autonomie** hinsichtlich traditioneller Rechtskulturen kann selbst ein Ausdruck demokratischer Rechtskultur sein, solange die individuellen Freiheitsrechte Einzelner gesichert sind. Als geglücktes Beispiel hierfür gilt etwa die Einräumung rechtlicher Autonomie für indigene Minderheiten am Beispiel Kanadas („Justice as Healing" → vgl. 1.2.5).

---

35 Vgl. Maier 2002, 362 ff.

36 Vgl. ebd., 53 ff.

Die zentrale Frage, die ein solches Einheitskonzept von jeher aufwirft, lautet: Wie kann jemand durch das Recht, also auch mittels der Androhung von Strafe, **zum sittlich guten Handeln gezwungen** werden?

Bereits THOMAS VON AQUIN (1225–1274), der wichtigste Philosoph und Theologe des Mittelalters, sieht einen solchen **„Zwang zum Guten"** im Hinblick auf die Bedeutung des menschlichen **Gewissens** durchaus kritisch. Weshalb kann seiner Ansicht nach das Recht dennoch moralische Haltungen fördern? THOMAS nimmt dazu eine differenzierte Position ein: „Aus knechtischer Furcht, d. i. aus Furcht vor der Strafe", so betont er, **„geschieht nichts gut, mag einer auch etwas Gutes tun"**.[37] Allerdings hat das Recht die Aufgabe, „zum Laster geneigte Menschen"[38] davon abzuhalten, das Leben der Tugendhaften zu beeinträchtigen.

V.a. kommt in seinem (von ARISTOTELES geprägten) Konzept einer **Tugendethik** den Erfordernissen der **Einübung** und **Habitualisierung** des guten Handelns entscheidende Bedeutung zu, eben mehr noch als der ursprünglichen Motivation des Handelns. Das Gesetz dient primär dazu, zum sittlich richtigen Handeln anzuleiten.[39] Dabei sind in der Regel sogar bloße „Mahnworte"[40] ausreichend. Besonders „lasterhafte und widerspenstige Menschen"[41] müssten aber vorerst durch Zwang von „ihrem böse[n] Treiben"[42] abgehalten werden, so die Auffassung des THOMAS VON AQUIN. Freilich erfüllt das Recht auch in diesem Fall keine bloße Schutzfunktion, sondern hat eine **erzieherische Aufgabe**.[43] Das eigentliche Ziel ist es, dass sich auch diese Menschen – anfänglich unter Zwang – an das gute Handeln gewöhnen und sich dieses in der Folge freiwillig zu eigen machen.[44] Er schreibt dem Gesetz folglich eine **ethos- bzw. tugendbildende Funktion** zu.

In der Neuzeit, insbes. ab dem Zeitalter der Aufklärung, wird diese enge Verbindung von Recht und Moral als Eingriff in die **menschliche Gewissensfreiheit** angesehen. Moralisches Handeln sei **Handeln aus Freiheit** (→ vgl. dazu KANTS Verständnis von Autonomie, 3.4.4.1). Recht habe nicht zum guten Handeln zu zwingen oder anzuleiten. Eine solche Vorgangsweise wäre von vornherein **in sich widersprüchlich.**

In der Gegenwart zeigt sich allerdings in globaler Perspektive ein politischer Bedeutungszuwachs für Positionen, die an einer engen Verbindung von Recht und traditionellen (konventionellen), meist religiös begründeten Moralvorstellungen festhalten oder deren Renaissance propagieren. Dies erzeugt freilich insgesamt ein massives Spannungsverhältnis zum modernen Staatsverständnis sowie

---

37 Thomas von Aquin, I-II, 92, 2 ad 4.

38 Ebd., 95, 1.

39 Vgl. Maier 2002, 333 ff.

40 Thomas von Aquin, I-II, 95, 1 ad 1.

41 Ebd., 95, 1.

42 Ebd., 95, 1.

43 Vgl. Maier 2002, 332 ff.

44 Vgl. Thomas von Aquin, I-II, 95, 1.

zur Kultur universaler Menschenrechte (→ siehe dazu die Eurozentrismus-Debatte, 5.3.2.2).

4.3.2 Die Trennungsthese

Ab dem 19. Jh. entsteht eine Reihe von Auffassungen, die die **radikale Trennung** von Recht und Moral betonen und in der Regel als **„Rechtspositivismus“** bezeichnet werden. Besonders prägend für diese rechtstheoretische Denkschule im deutschsprachigen Raum, in Österreich auch für weite Bereiche der Rechts- und Verfassungskultur, wirkte HANS KELSENS Theorie der „Reinen Rechtslehre“.

Sie haben die grundlegende methodische Position HANS KELSENS schon im Kapitel über → die Rechtsgeltung kennengelernt. Bekanntlich strebt KELSEN eine aus seiner Sicht rein „normative“, d.h. der positiven Rechtsordnung immanente Begründung der Rechtsgeltung an. Dies gelingt ihm freilich nur mit Hilfe einer vorausgesetzten, gedachten „Grundnorm“ (→ vgl. 2.2.3). Alle außerrechtlichen bzw. vorpositiven Grundlagen des Rechts (wie Gerechtigkeit, Effektivität, Konsens der Normadressat:innen) scheiden dagegen von vornherein für die Geltungsbegründung aus. Sie gehören aus KELSENS Sicht allesamt dem Bereich des „Seins“ an[45] und nicht dem des „Sollens“. Ihre Einbeziehung in die Rechtsgeltung wäre ein methodischer Fehlschluss von „Sein“ auf „Sollen“.[46]

Diese strikt normativistische Sicht der Rechtsgeltung steht in engem Zusammenhang mit KELSENS Sicht des Verhältnisses von Recht und Moral. KELSEN vertritt die Position eines **moralischen Wertrelativismus** und begründet diesen erkenntnistheoretisch: Aus der „außerordentlichen Verschiedenheit dessen, was die Menschen tatsächlich zu verschiedenen Zeiten und an verschiedenen Orten für gut und böse, gerecht und ungerecht halten“, lasse sich eben „kein den Inhalten der verschiedenen Moralordnungen gemeinsames Element feststellen“.[47] Daraus folgert er, dass es nur „relative Moralwerte“ gäbe, die auf bloß subjektiven Moralvorstellungen beruhten.[48] Sie gehörten als bloß faktische Überzeugungen eigentlich dem Bereich des „Seins“ und nicht dem des „Sollens“ an. Solche relativen Moralwerte mögen zwar indirekt, etwa auf dem Weg des Gesetzgebungsverfahrens, in die Rechtsordnung einfließen.[49] Allgemein verbindliche moralische Grundlagen des Rechts (sogen. „absolute Werte“) seien wissenschaftlich jedoch nicht erkennbar.[50] (Dabei wird deutlich, dass KELSEN von vornherein ausschließlich von einem → konventionellen Moralbegriff, vgl. 4.2.3, ausgeht.)

---

45 Vgl. Kelsen 2017, 28 f.
46 Vgl. ebd., 28 ff; 378 ff.
47 Ebd., 129.
48 Vgl. ebd., 129.
49 Vgl. ebd., 136 f.
50 Vgl. ebd., 128 f; 134.

Die Geltung des Rechts ist daher aus dieser Sicht **von allen moralischen Anforderungen unabhängig**. Sie beruht auf seiner formal **ordnungsgemäßen Erzeugung** und auf Mindestanforderungen an seine Effektivität. Dies verweist ausschließlich auf den **„Erzeugungszusammenhang"** im Stufenbau der Rechtsordnung **(→ Grundnorm)**. Zum entscheidenden Unterscheidungsmerkmal gegenüber anderen Sollensordnungen (Sitte, Moral) wird in der Folge der **organisierte Rechtszwang.**[51] Jeder Versuch einer moralischen Rechtfertigung oder Kritik des Rechts ist dagegen ausgeschlossen. Dies gilt im Hinblick auf die Relativität aller Wertvorstellungen als unwissenschaftlich, ja als methodisch äußerst problematische „unkritische", ideologieverdächtige „Legitimierung"[52] des Rechts. Recht kann daher **jeden beliebigen Inhalt** haben.[53] Die Rechtswissenschaft hat das Recht **nicht zu rechtfertigen**, sondern **„nur zu beschreiben"**.[54] „Der wissenschaftliche Jurist", so Kelsen, „identifiziert sich mit keinem, auch nicht mit dem von ihm beschriebenen Rechtswert".[55]

Wie weit die Reine Rechtslehre eine ausreichende Begründung der Rechtsgeltung leisten kann, ist umstritten. Ebenso bestehen Zweifel, ob die methodischen Anforderungen der Rechtserzeugung und -anwendung dadurch ausreichend reflektiert werden.

Im Lichte des Verhältnisses von Recht und Moral wurden aber v.a. Bedenken artikuliert, dass eine solche Zurückhaltung gegenüber zentralen moralischen Wertungsfragen die Entstehung von „gesetzlichem Unrecht" begünstigen könne. Der Rechtspositivismus stelle per se etwa kein genuin juristisches methodisches Instrumentarium zur Kritik massiv menschenrechtsverletzender Gesetze zur Verfügung.

4.3.3 Vermittelnde Auffassungen

Vermittelnde Auffassungen hinsichtlich des Verhältnisses von Recht und Moral vermeiden sowohl eine strikte Trennung als auch eine unmittelbare Einheit von Recht und Moral. Charakteristisch sind eine deutliche begriffliche Abgrenzung und eine differenzierte Verhältnisbestimmung. Dabei handelt es sich jedoch meist nicht um Kompromisspositionen (im Sinne eines „Mehr oder Weniger" an „moralischen" Inhalten in rechtlichen Bestimmungen), sondern um einen **prinzipiellen Perspektivenwechsel** im Verhältnis von Recht und Moral.

V.a. soll das Recht **nicht zum moralisch guten Handeln anleiten** oder gar zwingen bzw. irgendwelche Auffassungen vom „guten Leben" umsetzen.[56] Seine Haupt-

---

[51] Vgl. ebd., 126 f.
[52] Ebd., 137.
[53] Vgl. ebd., 354.
[54] Ebd., 136.
[55] Ebd., 136.
[56] Vgl. Kant, TP, 144 f.

aufgabe hinsichtlich des moralischen Handelns besteht vielmehr darin, dieses zu **ermöglichen**, also menschlicher Freiheit einen äußeren Entfaltungsbereich[57] zur Verfügung zu stellen und diesen zu sichern. Damit wird auch deutlich, dass vermittelnde Theorien zum Verhältnis von Recht und Moral in der Regel von einem → **postkonventionellen Verständnis von Moral** (→ vgl. 4.2.3) ausgehen, das ein Handeln aus Freiheit voraussetzt, und von einem konventionellen Verständnis von Moral abrücken.

4.3.3.1 Kants Unterscheidung von „Moralität" und „Legalität"

Als exemplarisch für eine solche vermittelnde Auffassung soll hier KANTS Verständnis des Verhältnisses von Recht und Moral erläutert werden.

Wir haben bereits gehört, dass das Recht nach KANT dem Schutz gleicher Freiheit (der Freiheit nach allgemeinen Gesetzen) dient (vgl. dazu → 3.4.4.2–3). Das bedeutet, dass sich die Regulierungsansprüche des Rechts auf die „äußere" Seite menschlichen Handelns beschränken, da es das Zusammenleben aller in Freiheit zum Ziel hat, nicht jedoch die Anleitung zum moralisch richtigen Handeln. Fragen der Gesinnung und persönlichen Motivation fallen nicht in die Zuständigkeit des Rechts.[58]

Den Ausgangspunkt für KANTS differenzierte Verhältnisbestimmung von Recht und Moral bildet seine Unterscheidung von **„Moralität"** und **„Legalität"**.[59] Zum zentralen Unterscheidungsmerkmal wird dabei die jeweilige „Triebfeder" des Handelns, die **Handlungsmotivation**. KANT führt aus:

> Alle Gesetzgebung [...] kann doch in Ansehung der Triebfedern [Motive] unterschieden sein. Diejenige, welche eine Handlung zur Pflicht, und diese Pflicht zugleich zur Triebfeder macht, ist *ethisch*. Diejenige aber, welche das letztere nicht im Gesetze mit einschließt, mithin auch eine andere Triebfeder, als die Idee der Pflicht selbst, zulässt, ist *juridisch*.[60]

Unter **„legalem"** Handeln versteht KANT ein Handeln **in äußerer Übereinstimmung** mit dem Gesetz.[61] Ein solches Handeln erfüllt äußerlich die Anforderungen des Gesetzes. KANT bezeichnet dieses Verhalten daher auch als **„pflicht*mäßig*"**.[62] Der konkrete Beweggrund, die Motivation, ist für diese Einordnung unerheblich. Legal, d.h. gesetzeskonform, kann man aus den verschiedensten Gründen handeln, aus Überzeugung, aber auch nur aus Furcht vor Strafe, ja selbst zufällig. Die

---

57 Vgl. Luf 1978, 48.
58 Vgl. Kant, TP, 144 f.
59 Kant, MdS, 324.
60 Ebd., 324 [Hervorhebung im Original].
61 Vgl. ebd., 324.
62 Kant, GMS, 23.

Motivation bleibt hier einfach außer Betracht. „Pflichtmäßig", d.h. „legal", kann man, so Kant, auch „aus selbstsüchtiger Absicht"[63] handeln.

Der Begriff der **Moralität** erfordert demgegenüber **zusätzlich** eine bestimmte Motivation: Moralisch handelt nur, wer das Gesetz aus keinem anderen Grund als **„aus Pflicht"**[64] bzw. **„aus Achtung fürs Gesetz"**[65] erfüllt. Das unmittelbare Gegenteil dazu ist das „Handeln aus Neigung" (oder aus Furcht). Anders als vormoderne Autoren steht Kant auch solchen emotionalen Antrieben insgesamt kritisch gegenüber. Diese kämen allenfalls für ein legales (pflichtmäßiges) Handeln in Frage. Für moralisches Handeln ist ausschließlich die innere Einstellung bzw. persönliche Überzeugung, das Gesetz *um seiner selbst willen* zu befolgen, entscheidend. Alle anderen, insbes. eigennützigen, Beweggründe (z.B. aus Furcht vor Strafe, zur Erlangung gesellschaftlicher Anerkennung oder wegen ökonomischer Vorteile) kommen dafür nicht in Betracht.

LEGALITÄT	gesetzeskonform = „pflichtmäßig"		Motiv irrelevant
MORALITÄT	gesetzeskonform	+	Motiv entscheidend: „aus Pflicht"

Was bedeutet diese Differenzierung für das Verhältnis, das mögliche Zusammenspiel, von Recht und Moral?

Moralisches Handeln kann auf der Grundlage der Unterscheidung von Legalität und Moralität seinem Begriff nach **niemals erzwungen**, sondern durch das Recht **nur ermöglicht werden.**[66] Nur legales Handeln kann auch mit Rechtszwang durchgesetzt werden.[67]

Dies führt jedoch zu keiner völligen Trennung von Recht und Moral. Nunmehr wird die **unbedingte Freiheit** des Menschen selbst (an Stelle eines konkreten Modells vom guten Leben oder bestimmter konventioneller Verhaltensstandards) zum **unverfügbaren normativen Prinzip** als Fundament des Rechts.[68] Gerade deswegen kann das Recht **keinen** direkten **Zwang zu moralisch gutem Handeln** ausüben.[69] Es soll aber der Freiheit des Menschen äußere Rahmenbedingungen und konkrete Verwirklichungschancen nach allgemeinen Regeln zur Verfügung stellen und diese auch sichern. Das Recht ist daher gefordert, mögliche **Bedrohungen** der Freiheit durch Übergriffe anderer abzuwehren und **Konflikte zu regulieren.** Aus aktueller Sicht geht diese zentrale Aufgabe der Freiheitsermögli-

[63] Ebd., 23.
[64] Ebd., 23.
[65] Ebd., 26.
[66] Vgl. Luf 1978, 48.
[67] Vgl. Kersting 2007, 140.
[68] Vgl. Luf 1978, 50.
[69] Vgl. Kant, TP, 144 f.

chung über eine bloße Schutzfunktion bei konkreten Konflikten hinaus.[70] Sie umfasst vielmehr auch die Verantwortung, annähernd **gleiche sozial-materielle Ausgangsbedingungen** zur konkreten Verwirklichung der Freiheit zu garantieren. Daher sind grundlegende **sozialstaatliche** Forderungen (entgegen der historischen Auffassung KANTS) aus dem fundamentalen Freiheitsprinzip ableitbar. Damit verbinden sich in aktuellen Gerechtigkeitsdiskursen auch Maßnahmen des **Diskriminierungsschutzes**, zur Förderung der **Geschlechtergerechtigkeit** sowie zur sozialen, kulturellen und ökonomischen **Inklusion** von Randgruppen. In weiterer Folge gehören wohl auch grundlegende Forderungen der Erhaltung der **natürlichen Lebensgrundlagen** des Menschen zu den unverzichtbaren normativen Implikationen des Freiheitsprinzips (→ siehe 7.2, *Umweltethik*). Von daher wird erneut deutlich, dass das Verhältnis von Recht und Moral in einem engen inhaltlichen Zusammenhang mit dem Thema der → Gerechtigkeit (Kap. 6) und der → Rechtsethik (Kap. 7) steht.

4.3.3.2 Der kategorische Imperativ

Wie aber lässt sich ein solches Handeln „aus Pflicht", d.h. eine spezifisch „moralische" Motivation im Hinblick auf konkrete Handlungsanforderungen, näher bestimmen?

KANT führt als Beurteilungsmaßstab für moralisches Handeln den **kategorischen Imperativ** ein, den er in mehreren Formulierungen vorstellt. Die beiden bekanntesten und rechtsphilosophisch bedeutsamsten Formeln sollen hier näher erläutert werden.

a. Die Verallgemeinerungsformel

Die erste und wohl bekannteste Formulierung des kategorischen Imperativs ist die sogen. „Verallgemeinerungsformel". Sie lautet:

> „[H]andle nur nach derjenigen **Maxime**, durch die du zugleich wollen kannst, daß sie ein **allgemeines Gesetz** werde."[71]

Hier ist das in philosophischen Diskursen, aber auch in Alltagsüberlegungen häufig herangezogene Prinzip der „Verallgemeinerung" angesprochen, ein Verfahren zur Beurteilung der moralischen Qualität von Handlungen oder Gesetzen. Den meisten von Ihnen ist es sicherlich aus anderen Zusammenhängen längst bekannt. Auch in diesem Buch ist es Ihnen bereits begegnet. (→ KANT wendet das

---

[70] Zur je geschichtlichen Umsetzung unter „konkreten gesellschaftlichen" Bedingungen vgl. grundsätzlich Luf 1978, 65 f.

[71] Kant, GMS, 51 [Hervorhebung durch Verf.].

Prinzip der Verallgemeinerung auch für die Legitimation der politischen Gesetzgebung an, siehe 3.4.4.3.b.)

Bei genauerer Betrachtung gibt es aber auch für die Methode der Verallgemeinerung mehrere Möglichkeiten. Die bekannteste Formulierung ist in der **„goldenen Regel“** enthalten: „Was du nicht willst, das man dir tu, das füg auch keinem andern zu.“ In ihrer positiven Fassung fordert sie: „Alles, was ihr wollt, dass euch die Menschen tun, das tut auch ihnen!“[72]

Diese Formeln zielen offenbar auf einen **gedachten Rollentausch** ab. Man soll sich überlegen, ob man auch der **Betroffene des eigenen Handelns** sein will. Zu überprüfen ist die diesbezügliche „Umkehrbarkeit“ von Verhaltensweisen oder Regeln. Dies erfordert einen **Perspektivenwechsel** hinsichtlich des eigenen Verhaltens. Eine ähnliche Funktion hat die Überprüfung des eigenen Handelns unter dem Gesichtspunkt, **ob man wollen kann, dass die anderen auch so handeln.**[73] „Was für eine Person richtig (oder falsch) ist, muss für jede ähnliche Person in ähnlichen Umständen richtig (oder falsch) sein“,[74] so M. SINGER.

KANT konzipiert seine Verallgemeinerungsformel etwas anders. Er richtet den Fokus nicht auf das konkrete Handeln, sondern auf die **Maxime**, d.h. die Regel, die der eigenen Handlung zugrunde liegt.[75] Dies lässt sich anhand eines Beispiels erläutern:

Der Student Immanuel K. bemerkt das achtlos abgelegte Smartphone eines Kollegen. Es handelt sich um das neueste Produkt eines begehrten Herstellers, das K. gerne besitzen würde, aber sich finanziell nicht leisten kann. Er erwägt kurz, dieses zu stehlen ...

Wie müsste K. vorgehen, um die moralische Qualität eines solchen Vorhabens zu überprüfen?

Der erste Schritt der Anwendung des kategorischen Imperativs besteht in der **Ableitung einer Maxime,**[76] die einem solchen Handeln zugrunde liegt, d.h. als Regel für mein Verhalten in ähnlichen Situationen dienen kann. Diese Maxime müsste also lauten: „Gegenstände, die für mich zu teuer wären, stehle ich.“

In einem zweiten Schritt gilt es, diese **Maxime** zu **verallgemeinern.** In der speziellen Ausprägung, die KANT vorsieht, soll man überprüfen, ob man wollen kann, dass diese Maxime zu einem **allgemeinen Gesetz** wird, das alle verpflichtet (oder ermächtigt).[77] Dieses Gesetz müsste also lauten: „Das Stehlen von Gegenständen, die man sich gerade persönlich nicht leisten kann, ist für alle erlaubt.“

Es ist nicht anzunehmen, dass K. einem solchen „Gesetz“ vernünftigerweise zustimmen wird. Diese Überlegung zeigt die **innere Widersprüchlichkeit** einer derartigen Maxime auf. Ein solcher persönlicher Grundsatz hebt sich gleichsam

---

[72] Mt. 7,12.
[73] Vgl. Ludwig 1996, 68.
[74] M. G. Singer 1975, 25.
[75] Vgl. Schnädelbach 2005, 91; anschaulich Ludwig 1996, 74.
[76] Vgl. Kaulbach 1969, 223 f.
[77] Vgl. ebd., 223 f.

selbst auf, weil man ihn **nicht als für alle verbindlich wollen** kann. Ein ihm entsprechendes Verhalten ist daher als unmoralisch anzusehen.

b. Die Selbstzweckformel und der Begriff der Menschenwürde

Besondere Bedeutung für aktuelle Diskurse zu rechtsethisch brisanten Themen (etwa zu bioethischen Grenzfragen oder Herausforderungen der Sicherheitspolitik), aber auch für die Legitimation fundamentaler Prinzipien der gesamten Rechtsordnung kommt der sogen. „Selbstzweckformel" des kategorischen Imperativs zu (der insgesamt dritten Formulierung in Kants Werk). Sie lautet:

> „Handle so, dass du die Menschheit, sowohl in deiner Person, als in der Person eines jeden andern, **jederzeit zugleich als Zweck** [an sich selbst], **niemals bloß als Mittel** brauchest."[78]

Dieser Grundsatz **verbietet** es, einen Menschen zum **bloßen Objekt** zu degradieren, ihn ausschließlich oder überwiegend zu instrumentalisieren.[79] Die Selbstzweckformel dient daher nicht nur der moralischen Überprüfung des persönlichen Verhaltens. Sie bringt auch in zentraler Weise das grundlegende **Rechtsprinzip der „Menschenwürde"** zum Ausdruck. Was Kant unter der Würde des Menschen versteht, verdeutlicht er auch an anderer Stelle:

> Was einen Preis hat, an dessen Stelle kann auch etwas anderes, als Äquivalent, gesetzt werden; was dagegen **über allen Preis erhaben** ist, mithin kein Äquivalent verstattet, das hat eine **Würde.**[80]

Dies macht deutlich, dass jeder Mensch einen **unvergleichbaren Stellenwert** und **unbedingten „Achtungsanspruch"** hat.[81] Das schließt etwa aus, einen Menschen zum bloßen Nutzenfaktor oder Rechnungsposten in einer allgemeinen Kosten-Nutzen-Rechnung zu degradieren.

Wie begründet Kant die Würde des Menschen?

Die Menschenwürde beruht nach Kant auf der jedem Menschen schon aufgrund seines Menschseins zukommenden **Fähigkeit zu moralisch-vernünftiger Selbstbestimmung**,[82] die die Grundlage seines Personseins bildet. (→ Vgl. dazu Kants Verständnis von Freiheit bzw. Autonomie, 3.4.4.1.)

> Allein der Mensch als *Person*[83] betrachtet, d. i. als **Subjekt einer moralisch-praktischen Vernunft**, ist über allen Preis erhaben; denn als solcher [...] ist er nicht bloß

[78] Kant, GMS, 61 [Hervorhebung durch Verf.].
[79] Vgl. Bielefeldt 2008, 18.
[80] Kant, GMS, 68 [Hervorhebung durch Verf.].
[81] Vgl. Kant, MdS, 569; Bielefeldt 2008, 12 ff.
[82] Vgl. Kant, GMS, 69.
[83] Hervorhebung im Original.

> als Mittel [...], sondern als Zweck an sich selbst zu schätzen, d. i. er besitzt eine Würde [...].[84]

Diese Menschenwürde ist auch die Basis für die **Gleichheit aller Menschen**. Sie lässt keine Differenzierung nach individuellen Eigenschaften, Fähigkeiten oder Leistungen zu.[85] Sie ist ebenso unverzichtbar wie unverlierbar[86] und kann auch nicht aufgrund eines – sei es auch noch so verwerflichen – Verhaltens des Einzelnen verwirkt werden. (→ Vgl. dazu etwa die Debatte um Todesstrafe bzw. „Rettungsfolter", sogleich 4.4.1 u. 3.)

4.4 Ausgewählte Anwendungsbereiche des Prinzips der Menschenwürde

4.4.1 Die Todesstrafe

Schwer nachvollziehbar erscheint heute, dass gerade KANT – und HEGEL – im historischen Kontext mit der Berufung auf die Verantwortlichkeit des Menschen die Todesstrafe bei bestimmten Delikten befürworteten.[87] Bereits der Philosoph FICHTE, eigentlich ein vehementer Sicherheitstheoretiker, monierte, dass die Todesstrafe dem Delinquenten jede Chance zur Besserung nimmt und damit einer zentralen Aufgabe der Strafe widerspricht.[88] Berühmt ist aber v.a. C. BECCARIAS Plädoyer gegen die Rechtfertigung der Todesstrafe. Diese, so bereits BECCARIA, verletze die Menschenrechte.[89] Durch die Todesstrafe führe der Staat „Krieg [...] gegen einen Bürger".[90] Sein zentrales Argument lautet: Die Todesstrafe ist nicht mit der Idee eines Gesellschaftsvertrags in Einklang zu bringen, **da niemand in seine eigene Tötung einwilligen könne**. Das käme aus seiner Sicht der Rechtfertigung des – traditionell verpönten – Selbstmords gleich.[91] Außerdem bestreitet er die „Nützlichkeit" der Todesstrafe zu Abschreckungszwecken.[92]

Heute wird in der Todesstrafe eine Verletzung zentraler Grundrechte sowie ein **eklatanter Widerspruch zur Menschenwürde** gesehen.

Dies beruht nicht nur auf der Grausamkeit dieser Strafform und der mangelnden Revidierbarkeit von diesbezüglichen Fehlurteilen. Entscheidend für die Ächtung der Todesstrafe ist v.a. die gezielte vollständige Zerstörung der Rechtssubjek-

---

84 Kant, MdS, 569 [Fettdruck durch Verf.].
85 Vgl. Bielefeldt 2008, 21 f.
86 Vgl. Kant, MdS, 569.
87 Vgl. ebd., 455.
88 Vgl. Fichte 1980, 620 ff.
89 Vgl. Beccaria 2005, 9.
90 Ebd., 49.
91 Vgl. ebd., 48 f.
92 Vgl. ebd., 49 ff.

tivität eines Menschen. (Grundsätzlich anders stellt sich die rechtliche und ethische Bewertung von Tötungshandlungen in akuten Verteidigungssituationen von Notwehr/Nothilfe oder eines (Verteidigungs-)Kriegs dar.) Die Todesstrafe nimmt dem Delinquenten ultimativ **jede Möglichkeit zu künftiger verantwortlicher Selbstbestimmung**, vernichtet alle Resozialisierungschancen und steht dadurch im Widerspruch zur Menschenwürde. Jahrzehntelange Wartezeiten auf die Vollstreckung eines Todesurteils (wie etwa in den USA üblich) perpetuieren diesen Zustand der Perspektivenlosigkeit und der völligen Degradierung zum bloßen Objekt zusätzlich. Dieser äußerste psychologische Ausnahmezustand wird als „Death Row Phenomenon" bezeichnet und als Folter kritisiert,[93] die regelmäßig bereits zum „‚Tod der Persönlichkeit'"[94] führe.

Insgesamt bedeutet die Todesstrafe eine massive **Instrumentalisierung** des Delinquenten für staatliche Sicherheits- und Präventionsinteressen. (Doch wird gerade die generalpräventive Funktion der Todesstrafe, d.h. die abschreckende Wirkung für andere, stark in Zweifel gezogen.) Darüber hinaus dient die Todesstrafe in der Regel als **Instrument der Machtstabilisierung** totalitärer Regime. Dies zeigt sich auch in Schauprozessen und öffentlichen, gezielt **erniedrigenden Formen der Tötung**.

Während die Todesstrafe daher in fast allen Staaten des europäischen Kontinents (mit Ausnahme von Belarus) abgeschafft wurde, ist sie in der Mehrzahl US-amerikanischer Bundesstaaten weiter rechtlich verankert.[95] Von den Befürworter:innen werden hierfür Vergeltungs- und Sicherheitsbedürfnisse ins Treffen geführt. Diese Argumente werden aber auch zur Durchsetzung parteipolitischer Machtansprüche, v.a. in Wahlkämpfen, instrumentalisiert.[96] Auffällig ist auch die weit überproportionale Betroffenheit von People of Color und sozialen Randgruppen.[97]

In der Entscheidung „Furman v. Georgia" 1972 erklärte der Supreme Court die Todesstrafe mit knapper Mehrheit (5:4) in der damals gesetzlich verankerten Form ihrer Umsetzung für verfassungswidrig. Nach Ansicht des Gerichts enthalte diese einen Verstoß gegen den 8. und 14. Zusatzartikel der US-Verfassung (Verbot grausamer und ungewöhnlicher Bestrafung bzw. Verbot der willkürlichen Entziehung von Leben oder Freiheit). Von den fünf Richtern, die die damalige Anwendung der Todesstrafe ablehnten, vertraten alle jedoch eine unterschiedliche Urteilsbegründung. (→ Vgl. den Stellenwert von „concurring opinions" im Case Law, 1.2.4.1) Mehrheitlich wurde nicht die Todesstrafe als solche verurteilt, sondern die verbreitete sozial diskriminierende Form ihrer konkreten Praxis, nämlich bevorzugt gegenüber Personen of Color und armen Bürger:innen. Insgesamt

93 Vgl. Adeleye 2021, 877.
94 Müller 1998, 189.
95 Vgl. https://deathpenaltyinfo.org/state-and-federal-info/state-by-state (13.5.2025).
96 Vgl. Mohn 1997, 125 ff.
97 Vgl. Börner 1997, 106 ff.

wurde ihre „willkürliche und unberechenbare Anwendung" aufgrund eines nahezu unbeschränkten Ermessensspielraums gerügt.[98]

Nach Reformen der Verfahrensordnungen in mehreren Bundesstaaten wurde das Verbot der Todesstrafe 1976 in der Entscheidung „Gregg v. Georgia" unter der Voraussetzung der Einhaltung des Verfahrens der „kontrollierten Ermessensentscheidung" wieder aufgehoben.[99] Dieses umfasst die Trennung der Verfahren über die Frage der Schuld und jene der Strafbemessung im Falle eines mit Todesstrafe bedrohten Delikts. Todesurteile müssen weiters stets durch das Höchstgericht des jeweiligen Bundesstaats überprüft werden.[100] Dadurch solle die „Verhältnismäßigkeit" zwischen der „Schwere" der Tat und dem Strafmaß gewährleistet werden.

4.4.2 Die lebenslange Freiheitsstrafe

Auch die lebenslange Freiheitsstrafe stellt einen massiven Eingriff in die Grundrechte einer Straftäterin/eines Straftäters dar und ist daher hinsichtlich ihrer Vereinbarkeit mit der Menschenwürde, aber auch aus kriminalpolitischen Gründen umstritten. Innerhalb Europas ist die lebenslange Freiheitsstrafe in zahlreichen Ländern abgeschafft.

Dazu zählen Andorra, Bosnien-Herzegowina, Kroatien, Montenegro, Norwegen, Portugal, San Marino und Serbien. In Slowenien wurde sie dagegen 2014 eingeführt, ebenso 2015 in Spanien, wo sie seit 1928 abgeschafft war.[101]

Das deutsche Bundesverfassungsgericht setzte sich bereits 1977 in einer richtungsweisenden Entscheidung mit der Frage auseinander, ob die lebenslange Freiheitsstrafe überhaupt mit dem in Deutschland in Art. 1 Abs. 1 des Grundgesetzes explizit verankerten Grundsatz der Menschenwürde vereinbar sei.[102]

Dabei verneint das Gericht zunächst aufgrund der ihm vorliegenden Gutachten die zwingend persönlichkeitszerstörende Wirkung jahrzehntelanger Haftstrafen. Doch lasse sich auch „nicht gänzlich ausschließen", so das Gericht, dass „in manchen Fällen deformierende Persönlichkeitsveränderungen in der Haft befürchtet werden müssen".[103]

---

98 Vgl. U.S. Supreme Court, Furman v. Georgia, 408 U.S. 238 (1972).
99 Vgl. U.S. Supreme Court, Gregg v. Georgia, 428 U.S. 153 (1976).
100 Vgl. Börner 1997, 102–104.
101 Vgl. Morgenstern 2021, 163 f.
102 Vgl. BVerfGE 45, 187, Rn. 145.
103 Ebd., Rn. 173.

V.a. aber verlange die Würde des Menschen, dass der Straftäter als „selbstverantwortliche Persönlichkeit anerkannt bleibt".[104] Eine tatsächlich lebenslange Freiheitsstrafe (im strikten Wortsinn) bedeute den **endgültigen Ausschluss „aus der Gesellschaft der freien Bürger"**.[105] Da sie dem Straftäter jede konkrete Perspektive nehme, „je wieder der Freiheit teilhaftig werden zu können,"[106] und damit **jede Aussicht auf wirkliche Selbstbestimmung**, ist sie mit der Menschenwürde unvereinbar.

Das Gericht bezieht sich dabei unmittelbar auf die Selbstzweckformel Kants. Der Grundsatz „‚der Mensch muss immer Zweck an sich selbst bleiben'" (siehe → kategorischer Imperativ, 4.3.3.2.b) müsse auch hinsichtlich der Strafrechtspflege, selbst bei der Ahndung schwerster Delikte, erhalten bleiben.[107] „Der Täter darf nicht zum **bloßen Objekt der Verbrechensbekämpfung** unter Verletzung seines verfassungsrechtlich geschützten [...] Achtungsanspruchs gemacht werden."[108]

Das Strafmaß einer lebenslangen Freiheitsstrafe ist daher nur dann mit der Menschenwürde vereinbar, so die Schlussfolgerung des Gerichts, wenn gleichzeitig die Möglichkeit zur **vorzeitigen Entlassung** eingeräumt wird, die im Rahmen eines rechtsstaatlichen Verfahrens erlangt werden kann. Die Aussicht auf bloße Begnadigung, die auf freiem Ermessen beruht und auf die es keinerlei gesicherten Rechtsanspruch gibt, reicht dagegen nicht aus.[109]

In der Folge wurde das Instrument der „Aussetzung des Strafrests" (in Österreich: „Bedingte Entlassung aus einer Freiheitsstrafe") durch § 57a StGB auch auf die lebenslange Freiheitsstrafe ausgedehnt (vgl. dazu § 46 des öStGB).

4.4.3 Die Debatte um die „Rettungsfolter"

Weitgehend unumstritten ist, dass die Anwendung von Folter die Menschenwürde verletzt. Sie ist daher nach herrschender Auffassung **unter allen Umständen moralisch und rechtlich ausgeschlossen.**

Zu den wichtigsten rechtlichen Grundlagen für das absolute Folterverbot gehört Art. 1 Abs. 1 der UN-Antifolterkonvention, der eine Definition des Folterbegriffs enthält, die auf die Zurechenbarkeit zum Staat, v.a. durch das Tätigwerden von Staatsorganen, abstellt. Besondere Bedeutung auf europäischer (und etwa in Österreich auch auf verfassungsrechtlicher) Ebene kommt Art. 3 EMRK zu, der ein ausnahmsloses Verbot von Folter bzw. „unmenschlicher oder erniedrigender Strafe oder Behandlung" vorsieht, das selbst in Notstandssituationen nicht außer

[104] Ebd., Rn. 144.
[105] Ebd., Rn. 135.
[106] Ebd., Rn. 145.
[107] Vgl. ebd., Rn. 144.
[108] Ebd., Rn. 145.
[109] Vgl. ebd., Rn. 184 f; 191.

Kraft gesetzt werden kann. In Deutschland wird v.a. Art. 1 Abs. 1 GG (die Menschenwürdegarantie) als Grundlage herangezogen.

Trotzdem gab es in den letzten Jahren (insbes. seit 2001) wiederholt auch Vorstöße zur **Relativierung des Folterverbots** für bestimmte Ausnahmesituationen.

In den USA kam es im Zuge der Terrorismusbekämpfung nach 9/11 („war on terrorism") sogar für einige Jahre zur Legalisierung einer **„torture light"** bzw. zur Einführung sogen. **„verschärfter Verhörmethoden"**.[110] Besonders heftige Kritik übten Menschenrechtsorganisationen an den Haftbedingungen und Verhörmethoden im Gefangenenlager **Guantanamo**, das für Terrorismusverdächtige und Gefangene aus dem Afghanistan-Krieg eingerichtet worden war.[111]

Aber auch in Europa, insbes. in Deutschland, wurde eine lebhafte wissenschaftliche Debatte über die rechtliche bzw. moralische Zulässigkeit der sogen. „Rettungsfolter" geführt.

Dies wurde häufig anhand des sogen. **„ticking-bomb-Szenarios"** diskutiert. Denken Sie bitte an das Beispiel vom Beginn dieses Kapitels. Zur Erinnerung:

> Stellen Sie sich vor, Sie seien ein höherer Polizeioffizier. In Ihrem Land [...] gäbe es viele linke und rechte Terroristen, jeden Tag Morde, Brandanschläge, Tötung und Schäden für zahlreiche Unbeteiligte. Sie hätten den Führer einer solchen Gruppe gefangen. Sie könnten, wenn Sie ihn folterten, vermutlich das Leben vieler Menschen retten – zehn, hundert, tausend [...]. Würden Sie es tun?[112]

Wir können uns auch folgende Situation vorstellen:

Eine Bombe, eine Massenvernichtungswaffe, ist an einem nicht näher bekannten öffentlichen Ort deponiert, an dem sie eine hohe Zahl von Opfern verursachen würde. Man weiß, der Zündmechanismus ist schon aktiviert. Es gibt einen Verdächtigen. Man ist sich sicher, es sei der Täter. Dieser gibt jedoch den genauen Ort der Bombe nicht preis – was soll man nun tun?

Noch mehr Zündstoff erhielt diese Diskussion durch den realen Fall des 2002 entführten elfjährigen Jakob von Metzler, auch bekannt als **„Fall Daschner"**. Im Zuge der polizeilichen Verhöre ließ der Frankfurter Vizepolizeipräsident Wolfgang Daschner zur Rettung des noch am Leben geglaubten Entführungsopfers dem Entführer Magnus Gäfgen „Schmerzen, die [er] noch nie zuvor gespürt hätte",[113] androhen, falls er das Versteck des Opfers nicht preisgäbe.

Darf der Staat in einer solchen tragischen Ausnahmesituation auch zum Mittel der Folter greifen, um möglicherweise Menschenleben zu retten?

---

[110] Vgl. Bruha/Tams 2006, 17; 21 f.

[111] Vgl. Maier 2006b, 28 f.

[112] Luhmann 1993, 1.

[113] So die Darstellung des Beschwerdeführers Gäfgen in: EGMR 30.6.2008, 22978/05, *Gäfgen/Germany*, Rn. 80.

Besondere Aufmerksamkeit erfuhr dabei der Vorstoß des Staatsrechtlers Winfried Brugger, die Anwendung von Folter für bestimmte – aus seiner Sicht rechtlich genau determinierbare – Ausnahmesituationen, eben als sogen. **„selbstverschuldete finale Rettungsbefragung“**, zu legalisieren. Bewusst wurde die Analogie zum „finalen Rettungsschuss“ durch Polizeibeamt:innen zur Lebensrettung in Notwehrhilfesituationen hergestellt.[114]

Als Begründung für die „Legalisierung“ der sogen. „Rettungsfolter“ wurden v.a. die Wahrung **öffentlicher Sicherheit** und die Wahrnehmung staatlicher Schutzpflichten ins Treffen geführt.[115] Manche argumentierten, das **Leben unschuldiger Opfer** habe Vorrang vor der Würde der Täter:innen.[116] Besonders suggestiv wirkte dieser Vorschlag im Hinblick auf potenziell hohe Opferzahlen, etwa im Rahmen eines terroristischen Anschlags, wie dies die Darstellung als „ticking-bomb-Szenario“ eindringlich suggeriert. Darf man etwa die Würde *eines Einzelnen* für die Rettung *einer großen Zahl* von Menschenleben opfern?

Utilitaristische Autor:innen würden einer solchen Überlegung wohl zustimmen (vgl. → 4.2.2.1). Im Hinblick auf den Grundsatz der Menschenwürde geht die Rechnung nicht auf. Der Mensch ist **niemals ein bloßer Faktor in einer Kosten-Nutzen-Rechnung** (vgl. → 4.3.3.2).

Nach herrschender Auffassung ist die Folter **immer eine Verletzung der Menschenwürde** und daher unter keinen Umständen zu rechtfertigen. Ihre **Legalisierung** ist daher auch in Ausnahmefällen **ausgeschlossen**.

Dies wird damit begründet, dass die Folter stets eine **Totalinstrumentalisierung** eines Menschen darstellt.[117] Der Philosoph und Menschenrechtsexperte H. Bielefeldt erläutert dies näher anhand der speziellen Wirkungsweise der Folter. Nicht die extreme Grausamkeit allein bildet den Haupteinwand gegen die Folter aus menschenrechtlicher Sicht. Bei dieser gehe es gar nicht in erster Linie um physischen Zwang. Sie sei vielmehr unmittelbar auf die ***„Ausschaltung der Willenssubjektivität“***[118] des Menschen gerichtet. Die Folter bedeute daher eine **„direkte Negation“ seiner Stellung als verantwortliches Subjekt**.[119] „Die physische und psychische Verletzbarkeit des Menschen“,[120] so Bielefeldt, werden instrumentalisiert, um seine *„inner[e] Willensfreiheit“*[121] auszuschalten.

---

[114] Vgl. Brugger 2006, 11.
[115] Vgl. Brugger 2000, 170 f.
[116] Vgl. ebd., 166 ff; Brugger 2006, 12.
[117] Vgl. Maier 2012a, 202 ff.
[118] Bielefeldt 2009, 211 [kursiv im Original].
[119] Vgl. ebd., 211.
[120] Ebd., 211.
[121] Ebd., 211 [Hervorhebung im Original].

Eine solche unmittelbare Negation der Menschenwürde kann auch nicht mit dem verwerflichen Verhalten eines Straftäters begründet werden. Sie kann ebenso **nicht** mit dem **Schutz anderer Rechtsgüter**, wie etwa **der Sicherheit, aufgewogen** werden.[122]

Der EGMR betont, dass weder das verbrecherische Verhalten eines Straftäters, noch die Perspektive der Rettung von Menschenleben, noch gravierender Staatsnotstand einen solchen Eingriff rechtfertigen können.[123] „Das Recht auf Achtung seiner Würde darf auch einem Straftäter nicht abgesprochen werden, mag er sich in noch so schwerer und unerträglicher Weise gegen die Werteordnung der Verfassung vergangen haben",[124] bekräftigt das Landgericht Frankfurt am Main.

Wiederholungsfragen:

1. Inwiefern kommt in der Lehre des Thomas von Aquin von der „ethosbildenden Funktion" des Gesetzes das Konzept einer Tugendethik zum Ausdruck?
2. Erklären Sie Kants Unterscheidung von Moralität und Legalität. Welche Konsequenzen folgen daraus für das Verhältnis von Recht und Moral?
3. Weshalb ist die Anwendung von Folter auch in Ausnahmesituationen rechtlich und moralisch ausgeschlossen?

---

[122] Vgl. etwa Maier 2018, 797 ff.

[123] Vgl. EGMR 30.6.2008, 22978/05, *Gäfgen/Germany*, Rn. 107; 87.

[124] LG Frankfurt a. M., 4.8.2011, 2–04 O 521/05, Rn. 23.

5. Kapitel: Menschenrechte und Demokratie

Wie eine iranische Menschenrechtsorganisation berichtet, wurde die 28-jährige Iranerin Sepideh R. von der sogen. „Sittenpolizei" verhaftet, weil sie im Bus gegen die Vorschrift zum Tragen des „Hijab" (Kopftuch) verstoßen hatte. Sie wurde wochenlang im Gefängnis ohne offizielle Anklage und ohne Zugang zu einem Anwalt festgehalten. Erst nach einer Social Media-Kampagne („Where is Sepideh?") zeigte sie das iranische Staatsfernsehen für wenige Sekunden bei der Verlesung eines erzwungenen „Geständnisses". Ihr offensichtlich besorgniserregender Gesundheitszustand legt den Verdacht massiver Misshandlungen nahe.[1]
Seit dem Tod der 22-jährigen Mahsa Amini im September 2022 nach ihrer Verhaftung durch die Sittenpolizei (wegen eines nicht regelkonform getragenen Kopftuchs) formierte sich im Iran die Protestbewegung „Frau, Leben, Freiheit" für Frauenrechte – und wurde brutal niedergeschlagen. Seither wurden zahlreiche weitere Frauen wie Sepideh inhaftiert und gefoltert oder misshandelt.[2]
Noch immer sind Frauen – *kulturübergreifend* – in besonderem Maße von Menschenrechtsverletzungen betroffen. (Siehe dazu ausführlicher → 5.3.2.1.)

5.1 Geschichtliche Grundlagen der Menschenrechte

5.1.1 Philosophisch-geistesgeschichtliche Grundlagen

5.1.1.1 Vormoderne Ansatzpunkte

Erste Ansätze für menschenrechtliches Denken werden von manchen Autor:innen bereits in der jüdisch-christlichen Überlieferung, insbes. im Verständnis der **„Gottesebenbildlichkeit"** des Menschen, gesehen. (Ähnliche Motive finden sich aber auch in anderen religiösen Traditionen.)[3] Für den Begriff der Menschenwürde werden Anknüpfungspunkte auch in älteren, v.a. römischen und stoischen, Dignitas-Vorstellungen und manchen Aspekten griechischer Ethik verortet.[4] „Dignitas" bezeichnete in der antiken Philosophie und im römischen Recht einen

[1] Vgl. https://www.rferl.org/a/iran-hijab-protestr-rashno-beaten-tv-confession/31975727.html (17.5.2025).

[2] Vgl. Mohammadi 2023, 8 ff.

[3] Vgl. Bielefeldt 1998, 118 f.

[4] Vgl. Forschner 1998, 95 ff.

ursprünglich aristokratischen **Exzellenzbegriff**, der auf eine würdevolle Lebensführung abstellte.[5] Die Entwicklung zur **Menschenwürde** setzte demgegenüber einen grundlegenden Bedeutungswandel voraus. Was ehemals auf spezifischen Leistungen oder einem privilegierten Status beruht, wird erst in der Moderne zum allgemeinen Begriff des Menschen, eben zur **gleichen Würde** jedes Menschen „von Geburt an".[6]

Bereits im Zeitalter des Humanismus kommt im Übergang zur Neuzeit dem Begriff einer allgemeinen **„Dignitas hominis"** (Pico della Mirandola) eine wichtige impulsgebende Funktion für den Aufstieg des Menschen zu Selbstbestimmung und Individualität zu.[7] Politisch-rechtliche Bedeutung erlangt dieser Begriff aber – im Gegensatz zu Menschenrechten und dem aktuellen Begriff von Menschenwürde – vorerst nicht.

5.1.1.2 Der zentrale Beitrag von Rationalismus und Aufklärung

Generell stellt sich die moderne Menschenrechtskultur erst als Produkt einer neuzeitlichen Entwicklung dar, die auf politischer Ebene die Ausbildung des modernen Staates voraussetzt. (→ Zu den näheren rechtlich-politischen Voraussetzungen siehe bereits 1.2.2.1 und sogleich 5.1.3.) Die zentralen geistesgeschichtlichen Grundlagen liefern das **rationalistische Naturrecht** und die Philosophie der **Aufklärung**. Die Konzeptionen von Naturzustand und Gesellschaftsvertrag (→ 3.3.2–3) leisten einen wesentlichen Beitrag zur Ausbildung der Ideen von Freiheit und Gleichheit als Grundlage moderner Rechtsstaatlichkeit überhaupt. V.a. der **politischen Philosophie John Lockes** kommt eine bedeutsame Rolle für die philosophische Begründung von Menschenrechten zu. Dieser räumt jedem Menschen, wie bereits erläutert, schon von Natur aus (im „Naturzustand") grundlegende Freiheitsrechte ein (→ siehe 3.4.2.1). Anders als noch bei Hobbes kann auf diese Freiheiten auch im **Austausch** gegen Sicherheit und Frieden aus naturrechtlichen Gründen **nicht verzichtet** werden. Sie werden beim Übergang in den Staatszustand (durch den „Gesellschaftsvertrag") nicht aufgegeben, sondern **beschränken** die Staatsgewalt und verpflichten sie zu ihrem Schutz.

Diese Ideen übten entscheidenden Einfluss auf die ersten (amerikanischen) Menschenrechtserklärungen aus (→ 5.2.1.1). In der darauffolgenden französischen Menschenrechtserklärung (→ 5.2.1.2) wurde auch Rousseaus Lehre von der „volonté générale" für die Reklamierung politischer Rechte herangezogen.

Besondere Bedeutung für die philosophische Begründung aktuellen Menschenrechtsethos hat Kants Verständnis von **Autonomie** und **Menschenwürde** erlangt. (Zur Erinnerung → 3.4.4.1 u. 4.3.3.2.b.) Darin kommt der Anspruch zum

---

5 Vgl. ebd., 96 ff.

6 Vgl. ebd., 105 ff.

7 Vgl. Pico della Mirandola 1990, 5 ff.

Ausdruck, jeden Menschen unabhängig von empirischen Besonderheiten in unbedingter Weise als **Subjekt verantwortlicher Selbstbestimmung** und damit als **„Zweck an sich selbst“** zu respektieren.

5.1.2 Die Wurzeln im englischen Common Law

Die moderne Menschenrechtskultur verfügt aber auch über bis in die Vormoderne zurückreichende *rechtshistorische* Wurzeln. Eine besondere Vorreiterrolle in Sachen Rechtsstaatlichkeit und konkreter Rechtegarantien kommt dabei dem englischen **Common Law** zu. Aus den Machtkämpfen zwischen dem König und den Ständen gingen schon ab dem 13. Jh. „Rechteerklärungen“ hervor (Magna Charta, 1215), die inhaltlich Schutzgarantien wichtiger Grundrechte vorwegnahmen.[8] Ein zentrales Beispiel ist die **„Habeas Corpus“**-Bestimmung, nämlich der Schutz persönlicher Freiheit und das Verbot willkürlicher Verhaftung und Strafverfolgung. Sie kann inhaltlich auch als **„Ur-Grundrecht“** betrachtet werden.[9] In einer frühen Form findet sie sich bereits in der Magna Charta. Art. 39 der Magna Charta lautet:

> Kein freier Mann soll verhaftet, gefangen gesetzt, seiner Güter beraubt, geächtet, verbannt oder sonst angegriffen werden; noch werden wir ihm etwas zufügen oder ihn ins Gefängnis werfen lassen, als durch das gesetzliche Urteil von Seinesgleichen oder durch das Landesgesetz.[10]

Bei diesen „Freiheiten“ handelt es sich gewiss noch nicht um Grundrechte, sondern um sogen. **„liberties“** („libertates“),[11] d.h. um Vorrechte des Adels und der hohen Geistlichkeit (also des „Parliaments“) gegen den König als Ausdruck einer ständischen Gesellschaftsordnung.[12] Dadurch wurde die Macht des Königs maßgeblich beschränkt. Die Magna Charta gilt daher auch als „Gründungsurkunde“ des englischen Parlamentarismus.

Diese ständischen Freiheiten sind strukturell nur als eine **Vorstufe zu Menschenrechten** zu verstehen. Sie sind Sonderrechte von Ständen und nicht individuelle Rechte jedes Menschen. Die Transformation von ständischen Privilegien in Grundrechte setzt den Abbau einer ständischen Gesellschaftsordnung und die Ausbildung eines „einheitliche[n] Untertanenverband[s]“[13] voraus. Nur auf dieser Grundlage ist die **individualrechtliche** Formulierung von Grundrechten, nämlich als gleiche Rechte jedes Menschen, möglich.

---

[8] Vgl. Kriele 2003, 112 ff.

[9] Vgl. ebd., 112 ff.

[10] https://magnacarta.cmp.uea.ac.uk/read/magna_carta_1215/Clause_39 (20.5.2025).

[11] Vgl. Stringer 2012, 9 ff.

[12] Vgl. Kriele 2003, 112.

[13] Baumgart 2000, 582.

> Gerade in England setzte der Abbau ständischer Schranken zugunsten einer bürgerlichen Gesellschaft früher ein als am Festland und verlief ohne revolutionären Bruch. Insbes. kam es im Vorfeld nie zur Ausbildung absolutistischer Herrschaftsmacht, da die Reformation mehr zur Stärkung des Parliaments als zu jener der Königin/des Königs beitrug.[14]

Auch innerhalb der englischen Rechtsentwicklung erfolgt dieser Umbildungsprozess schrittweise. Aus weiteren Verfassungskonflikten im England des 17. Jh., die von den Souveränitätsanmaßungen der Stuart-Könige ausgelöst wurden, gingen weitere Rechteerklärungen hervor. V.a. das für die Grundrechtsentwicklung so zentrale „Habeas Corpus"-Prinzip wurde unter dem Einfluss von Sir Edward Coke (1552–1634) durch die Petition of Right 1628 und die Habeas-Corpus-Akte 1679 auf alle Bürger ausgeweitet.[15] Ihren Höhepunkt erreichte diese Entwicklung in der Bill of Rights, die 1689 am Ende der Glorious Revolution entstand und das Parliament durch die Einführung von Redefreiheit und Immunität vor Strafverfolgung weiter stärkte.[16]

Bereits jetzt wurden daher aus den ständischen Vorrechten die Rechte aller englischen Bürger **(„Rights of Englishmen")**.[17] Diese Rights of Englishmen übten auch einen entscheidenden Einfluss auf die **amerikanischen Menschenrechtserklärungen** aus.

5.1.3 Der moderne Staat als Voraussetzung für die Garantie von Menschenrechten

Eine wesentliche Voraussetzung für die Ausbildung von Menschenrechten im eigentlichen Sinn stellt die Entwicklung des modernen Staates dar. Seine Grundlage bildete die Ausdifferenzierung einer „einheitlichen Staatsgewalt"[18] im Begriff der Souveränität. (→ Siehe bereits 1.2.2.1.) Diese löste in Kontinentaleuropa die ständische Gliederung von Herrschaft ab und ermöglichte allererst die Ausbildung eines „einheitlichen Untertanenverbands".[19]

5.1.3.1 Säkularisierung als Voraussetzung des modernen Staats

Der Begriff staatlicher Souveränität stellt sich dabei als Resultat eines grundlegenden **Säkularisierungsvorgangs** dar, d.h. eines mehrstufigen Prozesses der Ablösung des Rechts und der Politik von ihren vormodernen religiösen Grundlagen.

---

14 Vgl. Grimm 2020, 51.
15 Vgl. Kriele 2003, 95 ff; 112 f.
16 Vgl. Nußberger 2021, 11 f.
17 Grimm 2020, 80.
18 Ebd., 49.
19 Baumgart 2000, 582.

Dieser erreicht einen zentralen Wendepunkt in der Zeit der **Religionskriege** und seinen grundsätzlichen Abschluss in der **Französischen Revolution.**[20] Die sukzessiv errungene religiöse Neutralität des Staates bildete die Voraussetzung für die Geltendmachung zentraler Grundrechte, v.a. der Religions- und Gewissensfreiheit.[21]

Das Verständnis der grundlegenden Säkularität des Staates bedeutet die Ablöse des konfessionellen Staates.[22] Es ist seiner Entstehung nach ein **Friedensprogramm**, das ursprünglich zum Begriff des modernen Staates gehört.[23] Das Prinzip „religiös-weltanschaulicher Neutralität" wird heute zu den Grundlagen eines freiheitlichen Rechtsstaats gerechnet.[24] Die Säkularität des Staates meint jedoch nicht die Abwertung religiöser Werthaltungen,[25] sondern beruht auf der Unzuständigkeit des Staates in religiösen Fragen. Sie zeigt sich aktuell in Europa mehrheitlich im **Prinzip der „respektvollen Nicht-Identifikation"**.[26]

Auch die Anerkennung religiöser Freiheit erfolgte stufenweise. Den ersten Schritt bildete die Gewährung von Toleranz gegenüber religiösen Minderheiten. Diese hat ihren Ursprung in einer humanistischen **Haltung des Respekts** gegenüber anderen religiösen Überzeugungen.[27] Für die Philosophen des Humanismus bedeutete Toleranz primär eine persönliche moralische Gesinnung ohne rechtlich-politische Konsequenzen. Toleranz wurde aber auch als Mittel frühneuzeitlicher Politik zur Erhaltung des gesellschaftlichen Friedens praktiziert.[28] Aus der Perspektive staatlicher Politik manifestierte sie sich als obrigkeitlicher **Akt der bloßen rechtlichen Duldung** religiöser Minderheiten, der auch jederzeit wieder zurückgenommen werden konnte.[29]

5.1.3.2 Die Konstitutionalisierung: Von der Toleranz zur Garantie von Grundrechten

Im Übergang von der Toleranz zur Religionsfreiheit zeigt sich daher ein grundlegender Wechsel in der **Begründungsperspektive**, der auch für alle anderen Menschenrechte gilt. Diese beruhen nicht auf einem Akt der Duldung, sondern auf der **Anerkennung** der **unbedingten („angeborenen") gleichen Freiheit** jedes Menschen.

Dabei setzte der Säkularisierungsprozess, der zur Entstehung des Souveränitätsbegriffs führte, allererst auch jenen Vorgang **sukzessiver Verrechtlichung** (vgl.

---

[20] Vgl. Böckenförde 1976, 55 f.
[21] Vgl. Bielefeldt 2007, 78.
[22] Vgl. ebd., 76.
[23] Vgl. Böckenförde 1976, 51 ff.
[24] Vgl. BVerfGE 19, 206.
[25] Vgl. Bielefeldt 2007, 80.
[26] Ebd., 79.
[27] Vgl. Luf 1993, 78.
[28] Vgl. ebd., 78.
[29] Vgl. ebd., 77.

bereits 1.2.2.1–3) **des modernen Staates** in Gang, der die verfassungsmäßige Garantie von ursprünglich „naturrechtlich“ reklamierten Prinzipien als **durchsetzbare subjektive Rechte** ermöglicht.

Die Garantie von Menschenrechten setzt in der Folge auch deren umfassende konstitutionelle Absicherung voraus.[30] Menschenrechte sind die notwendige institutionelle „Antwort“[31] auf die konzentrierte Machtfülle des modernen Staates. Ihre Durchsetzung fordert in weiterer Folge die Einschränkung ursprünglicher Herrschersouveränität. Die Grundrechtsentwicklung ist daher eng mit der Ausbildung des **Verfassungsstaats** verknüpft. In einem absolutistischen Staat konnte es kaum mehr als „Toleranz“ geben. Die wirksame Sicherung von Grundrechten setzt auch die Ausbildung von **Gewaltenteilung** voraus.[32]

5.2 Konkrete Positivierungsprozesse

5.2.1 Die ersten Menschenrechtserklärungen

5.2.1.1 Die Amerikanische Revolution

Wichtige Schritte im Prozess der geschichtlichen Institutionalisierung von Grundrechten sind die ersten amerikanischen Menschenrechtserklärungen (1776) und die französische Menschenrechtserklärung (1789).

Die amerikanischen Menschenrechtserklärungen sind das politische Resultat des Loslösungsprozesses der Dreizehn Kolonien vom British Empire im Unabhängigkeitskrieg (1775–1783). Diese Entwicklung ist von Anfang an durch die aus England übernommene Tradition des Common Law und die darin überlieferten **„Rights of Englishmen“** geprägt. Die Kolonialisten machten zunächst ihre „Rechte als Engländer“ gegen zunehmende Machtanmaßungen des Mutterlandes geltend.[33]

Als zentrale Eingriffe in ihre Rechte wurden v.a. Verletzungen des Rechts auf persönliche Freiheit (Habeas Corpus Act) durch willkürliche Verhaftungen und Hausdurchsuchungen sowie die Einschränkung der ordentlichen Gerichtsbarkeit begriffen.[34] Zum Auslöser der Amerikanischen Revolution wurde schließlich der Konflikt um zusätzliche vom englischen Parliament eingeführte Steuern. Da sich die Kolonialisten durch das englische Parliament nicht repräsentiert fühlten,

[30] Vgl. Kriele 2003, 107.
[31] Ebd., 107.
[32] Vgl. ebd., 107.
[33] Vgl. ebd., 116 f.
[34] Vgl. ebd., 117.

wurde die von England erhobene Steuerforderung zugleich auch als Verweigerung elementarer, im Common Law verbriefter, politischer Rechte verstanden („No taxation without representation").[35]

Durch die Trennung vom Mutterland im Zuge der Amerikanischen Revolution vollzog sich allerdings erneut eine Veränderung im Rechte-Verständnis. Da man sich nun nicht mehr unmittelbar auf die Rechtstraditionen des Mutterlandes berufen konnte, wurde eine neue, naturrechtliche Begründung notwendig.[36] Hierfür wurde v.a. die Philosophie JOHN LOCKES (→ vgl. 3.4.2.1 u. 5.1.1.2) herangezogen. Die amerikanischen Menschenrechtserklärungen greifen daher zentrale Schutzgarantien aus dem Common Law auf und unterwerfen sie einer neuen Rechtfertigung im Sinne des rationalistischen Naturrechts. Eine Vorreiterrolle kommt dabei der Virginia Declaration of Rights 1776 zu, die jedoch noch deutlich von den Traditionen des Mutterlands geprägt ist und sich im Text eng an die englische Bill of Rights anlehnt.[37] Den eigentlichen revolutionären Durchbruch zur Universalisierung von Menschenrechten enthielt dagegen die amerikanische Unabhängigkeitserklärung 1776 nur wenige Monate später. Aus den „Rechten der Engländer" wurden dadurch **Rechte jedes Menschen**, die jedem schon aufgrund seines Menschseins zustehen. Aus Bürgerrechten wurden jetzt Menschenrechte.[38]

Bereits in der Virginia Declaration of Rights 1776 heißt es: „[A]ll men are **by nature equally free and independent**, and have certain inherent rights."[39] Auffällig kommt die damit eingeschärfte „angeborene" Gleichheit der Menschen sowie LOCKES Verständnis „natürlicher Freiheitsrechte" vor allem in der Unabhängigkeitserklärung (1776) zum Ausdruck: **„[A]ll men are created equal**; [...] they are endowed by their Creator with certain unalienable Rights; [...] among these are **life, liberty and the pursuit of happiness**."[40] Ihre abschließende Gestalt erhielten die US-Grundrechte in den ersten zehn Zusatzartikeln zur Verfassung von 1789.[41] Erneut haben „Habeas-Corpus"-Bestimmungen, d.h. das Verbot willkürlicher Verhaftung und grundlegende prozessuale Rechte (z.B. Geschworenengerichtsbarkeit, Recht auf einen Verteidiger, keine überhöhten Strafen etc.), eine zentrale Bedeutung. Weitere Schwerpunkte lagen auf der Religionsfreiheit sowie den Rechten auf Meinungs-, Presse- und Versammlungsfreiheit.[42]

---

35 Vgl. Grimm 2020, 80 f.
36 Vgl. Kriele 2003, 116.
37 Vgl. Nußberger 2021, 14.
38 Vgl. Grimm 2020, 81.
39 Morison 1929, 149 [Hervorhebung durch Verf.].
40 Ebd., 157 [Hervorhebung durch Verf.].
41 Vgl. Kriele 2003, 118.
42 Vgl. Nußberger 2021, 16.

Angesichts der Ausgrenzung großer Teile der Bevölkerung, v.a. durch die Institution der **Sklaverei**, aber auch durch die **Unterdrückung der indigenen Bevölkerung** sowie durch den **Ausschluss der Frauen vom Wahlrecht**, erscheinen naturrechtliche Gleichheitsforderungen zunächst dennoch oft als bloße Programmatik ohne juristische Konsequenzen. Bereits 1783 führte jedoch die Klage eines Sklaven, der sich auf seine in der Verfassung Massachusetts' garantierte angeborene Freiheit und Gleichheit berief, zur **gerichtlichen Aufhebung der Sklaverei** in diesem Bundesstaat (Quock-Walker-Case).[43]

Ein wichtiger Schritt zur Konstitutionalisierung und Durchsetzbarkeit von Menschenrechten bedeutete v.a., dass nunmehr auch die Gesetzgebung an diese gebunden war.[44]

> Dies resultierte wohl aus den krisenhaften Erfahrungen der Amerikaner mit der starken Stellung des englischen Parliaments auf der Grundlage des Prinzips der „Parlamentssouveränität" (siehe bereits → 1.2.3–4). Damit unterscheidet sich der Stellenwert der amerikanischen Rechteerklärungen weiter von jenem der „Rights of Englishmen", die nur die Vollziehung einschränkten.

In weiterer Folge wurde 1803 die Grundrechtsbindung der gesamten Staatsgewalt durch Einführung einer Verfassungsgerichtsbarkeit abgesichert.[45]

5.2.1.2 Die französische Menschenrechtserklärung

Die Rezeption der amerikanischen Menschenrechtserklärungen in der Französischen Revolution trug maßgeblich zur Verbreitung der Idee der Menschenrechte über den angloamerikanischen Rechtskreis hinaus bei.

Jedoch präsentieren sich die politischen Voraussetzungen für die Proklamation der französischen **Erklärung der Menschen- und Bürgerrechte** von 1789 völlig anders als in den USA. In den amerikanischen Erklärungen ging es um die Verteidigung und Absicherung einer bereits bestehenden bürgerlich-liberalen Gesellschaft gegenüber Machtanmaßungen des Mutterlands. Dies geschah durch die menschenrechtliche Neubegründung bereits bestehender Rechte im Rahmen einer verfassungsmäßigen Ordnung.[46]

Die Französische Revolution zielte dagegen in viel elementarerer Weise auf die **Abschaffung des absolutistischen „Ancien Regime"** und die Überwindung ständischer Privilegien und Ungleichheiten.[47]

---

[43] Vgl. Kriele 2003, 120.
[44] Vgl. Grimm 2020, 81.
[45] Vgl. U.S. Supreme Court, Marbury v. Madison, 5 U.S. 137 (1803); vgl. Grimm 2020, 81 f.
[46] Vgl. Grimm 2020, 82 f.
[47] Vgl. ebd., 84.

Aber nicht nur die gesellschaftliche Ausgangslage war eine andere. Auch die philosophische Begründung weist Unterschiede zur amerikanischen Rechtebegründung auf. Als Ausgangspunkt dienten keine traditionellen „Freiheit*en*", die sich aus ehemals ständischen Sonderrechten (des Common Law) entwickelt hatten. Nunmehr betont man im Anschluss an ROUSSEAU von Anfang an die *eine* **allgemeine und gleiche Freiheit aller Menschen.**[48] Für viele Revolutionäre hatten weiter Forderungen nach **politischer Freiheit** im Sinne (radikal-)demokratischer Partizipation und Volkssouveränität auf der Grundlage von ROUSSEAUS Modell der volonté générale vorrangige Bedeutung. Diese kommt in Art. 6 der Deklaration zum Ausdruck. Die Mehrheit der französischen Nationalversammlung hielt aber auch an der Notwendigkeit liberaler Grundfreiheiten (nach amerikanischem Vorbild) zur Beschränkung der Staatsgewalten fest.[49]

Insgesamt fungierten die Grundrechte in Frankreich als **Zielvorgaben** für **tiefgreifende rechtliche** und **gesellschaftliche Reformen.** Die französische Menschenrechtserklärung enthält ein Programm der **revolutionären Umgestaltung** der überkommenen ständischen Gesellschaft. Sie entwickelte in der Folge auch Vorbildcharakter für zahlreiche europäische Menschenrechtserklärungen.

5.2.2 „Generationen" von Menschenrechten

Am Beginn der Positivierung von Menschenrechten in Europa waren damit häufig keine subjektiven Ansprüche verbunden. Sie wurden vielmehr als **„Leitprinzipien"** für die Gestaltung einer **vernünftigen Verfassungsordnung** im Sinne der Aufklärung verstanden.[50]

Erst im Rahmen der späteren geschichtlichen Entwicklung kommt es zur Ausprägung unterschiedlicher „Typen" von Menschenrechten, die jeweils unterschiedliche Aspekte des allgemeinen Prinzips der Freiheit bzw. Menschenwürde aufgreifen. Diese Strukturelemente werden auch im Anschluss an die Französische Revolution mit der Formel **„Freiheit, Gleichheit und Solidarität"**[51] (Letztere in Abwandlung der Revolutionsparole „Brüderlichkeit") zum Ausdruck gebracht. Da diese Aspekte in unterschiedlichen geschichtlichen Phasen erstmals geltend gemacht wurden, spricht man auch von unterschiedlichen **„Generationen"** von Menschenrechten.[52]

---

48 Vgl. Thomä 2021, 418.
49 Vgl. Grimm 2020, 84 f.
50 Vgl. ebd., 225 f. Dies galt insbes. für die Französische Revolution, aber auch für die deutsche liberale Staatsrechtslehre des Vormärz.
51 Bielefeldt 1998, 88.
52 Vgl. ebd., 89.

5.2.2.1 Grundrechte der ersten Generation

Erst im liberalen Verfassungsstaat der zweiten Hälfte des 19. Jh. wurden Grundrechte als **subjektive Abwehrrechte** des Einzelnen verstanden, die Freiheit in einem gegenüber dem Staat **„ausgrenzenden"** Sinn gewährleisteten. Diese nennt man Grundrechte der „ersten Generation". Darunter fallen die **klassischen Grundfreiheiten** (z.B. Versammlungsfreiheit, Religionsfreiheit, Meinungsfreiheit usw.). Sie umfassen aber auch **politische Grundrechte**, insbes. das Wahlrecht.[53] Letztere werden auch als politische Teilhaberechte bezeichnet.

5.2.2.2 Grundrechte der zweiten Generation

Als Grundrechte der zweiten Generation werden v.a. **soziale Grundrechte** (*soziale* Teilhaberechte) verstanden, die erstmals als Reaktion auf die „soziale Frage", d.h. die Massenarmut und Verelendung weiter Teile der Bevölkerung im Zuge von Frühliberalismus und industrieller Revolution, reklamiert wurden.[54] Sie zielen auf die Sicherung der **„materiellen (d.h. ökonomischen und sozialen) Voraussetzungen"**[55] zur Verwirklichung gleicher Freiheit. Beispiele sind u.a. das Recht auf Arbeit, das Recht auf gerechte Arbeitsbedingungen sowie das Recht auf soziale Sicherheit (das die Absicherung im Krankheitsfall, bei Arbeitslosigkeit, in sozialen Notlagen und die Altersversorgung umfasst).[56]

Soziale Grundrechte haben von vornherein eine andere Struktur als jene der ersten Generation. Sie sind keine Abwehrrechte, sondern enthalten **Leistungsansprüche** gegen den Staat, die sich vorrangig an die Gesetzgebung richten.[57] Sie sind häufig nicht im selben Maß positiviert wie jene der ersten Generation, sondern stellen sogen. „soft law" dar.

Dennoch haben sie in einige nationale Verfassungen Eingang gefunden und wurden auf internationaler Ebene bereits nach 1945 als integrativer Bestandteil eines universalen Ethos der Menschenrechte verstanden. So enthält bereits die – nicht unmittelbar rechtsverbindliche – Allgemeine Erklärung der Menschenrechte der UN aus 1948 in Art. 22–27 auch umfassende soziale Teilhaberechte. Völkerrechtliche Verbindlichkeit erhielten diese aber erst 1966 durch den Internationalen Pakt über wirtschaftliche, soziale und kulturelle Rechte.

Als Hauptkritikpunkte auf nationaler Ebene werden ihre **geringere gerichtliche Durchsetzbarkeit** und die Abhängigkeit von der jeweils aktuellen Wirtschaftslage angeführt.[58]

---

[53] Vgl. etwa Grimm 2020, 226 f.
[54] Vgl. ebd., 228 f; Maier 2010, 33.
[55] Grimm 2020, 228.
[56] Vgl. Maier 2021a, 368.
[57] Vgl. Grimm 2020, 230.
[58] Vgl. Böckenförde 1992, 150 ff.

Soziale Grundrechte haben jedenfalls den Stellenwert von Rechtsprinzipien (→ vgl. 1.2.3). Daraus folgt für die Gesetzgebung ein **Optimierungsgebot** und ein **Verschlechterungsverbot** hinsichtlich deren Umsetzung.[59] Weiter wird argumentiert, dass das Sozialstaatsprinzip (bzw. soziale Grundrechte) und der Grundsatz der Menschenwürde den Staat zumindest auf „den Schutz des soziokulturellen Existenzminimums“[60] verpflichten.

In jüngerer Zeit wird zudem immer häufiger betont, dass unterschiedliche Strukturelemente für jeweils mehrere Generationen von Grundrechten bedeutsam sind.[61] V.a. werden auch die klassischen liberalen Rechte nicht nur als Abwehrrechte, sondern auch als Grundlage für **staatliche Schutzpflichten** verstanden, die ein **aktives Eingreifen des Staates** erfordern.[62]

5.2.2.3 Grundrechte der dritten Generation

Die vergleichsweise jüngste Gruppe der Grundrechte ist jene der dritten Generation. Sie unterscheiden sich sowohl von den Grundrechten der ersten als auch von jenen der zweiten Generation dadurch, dass es sich nicht um Individualrechte, sondern um **Kollektiv- oder Gruppenrechte** handelt. Sie stellen v.a. eine Reaktion auf die lange andauernde Unterdrückung und Ausbeutung von Ländern, Ethnien und Bevölkerungsgruppen durch Kolonialherrschaft und Weltwirtschaftsordnung dar.[63]

Das bedeutendste Grundrecht der „dritten Generation“ ist das **„Recht auf Entwicklung“**.

> Dieses wird von der UN-Generalversammlung 1986 folgendermaßen definiert: „Das Recht auf Entwicklung ist ein unveräußerliches Menschenrecht, kraft dessen alle Menschen und Völker Anspruch darauf haben, an einer wirtschaftlichen, sozialen, kulturellen und politischen Entwicklung, in der alle Menschenrechte und Grundfreiheiten voll verwirklicht werden können, teilzuhaben, dazu beizutragen und daraus Nutzen zu ziehen.“

Weitere Rechte der dritten Generation sind kulturelle Rechte, v.a. Minderheitenrechte auf Bewahrung ihrer kulturellen Identität, und Rechte aus dem Bereich des Umweltschutzes, wie das „Recht auf Natur“ bzw. das **„Recht auf eine intakte Umwelt“** (→ vgl. 7.2.2.1).

Rechte der dritten Generation werden kontrovers diskutiert, da dadurch auch eine „Überdehnung“ des klassischen Grundrechtsverständnisses befürchtet

59 Vgl. Alexy 2018, 75 f.
60 Hinrichs 2018, 223; vgl. BVerfGE 125, 175.
61 Vgl. Engels 2001, 78.
62 Vgl. Grimm 2020, 230 ff.
63 Vgl. etwa Nußberger 2021, 55 f.

wird.[64] Sie werden im Allgemeinen als nachrangig gegenüber elementaren Freiheitsrechten (Rechten der ersten Generation) verstanden. Grundfreiheiten dürfen durch sie nicht aufgehoben oder eingeschränkt werden.

Rezente Entwicklungen fordern auch ein **„Recht auf Klimaschutz“**. Manche ordnen dies bereits einer **„vierten Generation“** von Grundrechten zu, die als Kollektivrechte nicht nur bestimmten Ethnien oder Gruppen, sondern noch darüber hinaus der **Menschheit als Ganzer** zustünden.[65] (Von daher ergibt sich schließlich auch in weiterer Folge ein systematischer Zusammenhang zur rechtlichen Anerkennung von „Eigenrechten der (gesamten) Natur“, denen in einzelnen südamerikanischen Ländern bereits Verfassungs- bzw. Gesetzesrang eingeräumt wurde. → Vgl. dazu 7.2.7.)

Erste Erfolge von Klimaklagen stützten sich allerdings auf Grundrechte der 1. Generation, wie Art. 8 und Art. 6 EMRK.[66]

5.3 Universalität und Internationalität der Menschenrechte

5.3.1 Die Universalität und Geschichtlichkeit der Menschenrechte

Menschenrechte haben ihre Grundlage in der gleichen Freiheit aller Menschen als einem **unbedingten Prinzip**. Diese Freiheit kommt jedem Menschen als Menschen unabhängig von individuellen Leistungen und Eigenschaften zu. Daraus resultiert die **Universalität** der Menschenrechte, d.h. ihre Geltung **unabhängig** von regional, kulturell, sozial oder religiös begründeten Besonderheiten bzw. Vorbehalten. Der darin zum Ausdruck kommende Unbedingtheitsanspruch bildet die Voraussetzung für die kritische Funktion von Menschenrechten gegenüber vielfältigen, geschichtlich und kulturell unterschiedlichen Freiheitsbedrohungen. Er gehört notwendig zur **normativen Konzeption** der Menschenrechte.[67]

Wie gelangt man aber vom grundlegenden Prinzip der Menschen*würde* zur Formulierung konkreter Menschen*rechte*? Welcher Zusammenhang besteht zwischen der *einen* universalen Freiheit und den einzelnen Freiheit*en* (im Plural)? Wie kam es allgemein zur Ausbildung bestimmter menschenrechtlicher Garantien (wie z.B. der Meinungsfreiheit, der Gleichheit vor dem Gesetz, der Pressefreiheit, der Religionsfreiheit etc.)?

Der Grundsatz der Menschenwürde stellt das **leitende normative Prinzip** der Menschenrechte dar. Die einzelnen Menschenrechte **konkretisieren** dieses allgemeine Prinzip in Hinblick auf jeweils „spezifisch[e] Schutzrichtungen“.[68]

64 Vgl. ebd., 57.
65 Vgl. ebd., 58.
66 Vgl. EGMR, 9.4.2024, 53600/20, *Verein KlimaSeniorinnen and Others/Switzerland.*
67 Vgl. Bielefeldt 2007, 25 ff.
68 Ebd., 75.

Die Formulierung moderner Menschenrechte geschah nicht durch die Ableitung eines „zeitlos gültigen Katalogs“[69] von Rechten. Zwar gehen von den Philosophen der Aufklärung, insbes. von LOCKE und ROUSSEAU, auch wesentliche inhaltliche Impulse aus, so etwa von ROUSSEAU hinsichtlich demokratischer politischer Teilhaberechte an der Gesetzgebung. Konkrete menschenrechtliche Garantien sind jedoch vor allem das Ergebnis historischer Entwicklungen. Sie stellen Reaktionen auf „**Erfahrungen strukturellen Unrechts**“[70] in der Geschichte dar. Dabei bildeten sich in weiterer Folge auch **inhaltliche Standards**[71] als fester Bestandteil der Verfassungskultur aus, hinter die man nicht mehr einfach zurückkonnte und die auch auf die Rechtsentwicklung in anderen Staaten ausstrahlten.

So zielte etwa die Formulierung des Gleichheitssatzes ursprünglich auf die Beseitigung ständischer Ungleichheiten, die Pressefreiheit auf die Abschaffung der Zensur. Die Religionsfreiheit resultierte aus der Erfahrung der Unterdrückung und Verfolgung religiöser Minderheiten u.v.a. Schließlich manifestierten sich die Erfahrungen mit dem NS-Unrechtsregime in der zunehmenden Internationalisierung der Menschenrechte.

Menschenrechte stellen eine **„spezifisch moderne Antwort“**[72] auf elementare Unrechtserfahrungen dar, weil sie auf der Grundlage der Freiheit des Menschen gegen den Staat einklagbare Rechte einräumen. Sie sind das Ergebnis von **„konflikthaft gelaufenen gesellschaftlichen Lernprozessen“**.[73] Diese Lernprozesse sind keinesfalls abgeschlossen. Neu auftretende Bedrohungspotenziale für menschliche Freiheit erfordern die Institutionalisierung neuer grundrechtlicher Garantien. (Dies zeigt sich etwa in der steigenden Bedeutung des Grundrechts auf informationelle Selbstbestimmung bzw. in der rezenten Forderung nach einem „Recht auf Klimaschutz“.)

Eben dieser historische Ursprung von Menschenrechten wirft aber von jeher auch Spannungen zum **normativen Konzept** der Menschenrechte auf. Da die konkrete Durchsetzung von Menschenrechten eben das Resultat eines geschichtlichen Prozesses darstellte – und zwar einer spezifisch europäischen bzw. nordamerikanischen Rechtsentwicklung – weist sie von Anfang an auch **„blinde Flecken“** auf. BIELEFELDT bezeichnet die Entstehung der Menschenrechte daher als eine „unabgeschlossene Lerngeschichte“,[74] die auch im europäischen und nordamerikanischen Kontext nur gegen massive kulturelle Widerstände durchgesetzt werden konnte und von Beginn an auch mit Defiziten befrachtet war. Als exemplarisch für solche „blinden Flecken“ gelten aus historischer Sicht die lange Auf-

69 Bielefeldt 1998, 87.
70 Bielefeldt 2007, 48.
71 Vgl. Luf 1987, Sp. 1108.
72 Bielefeldt 2007, 49.
73 Ebd., 48.
74 Ebd., 48.

rechterhaltung von **Sklaverei** und **rassistischer Diskriminierung in den USA**, der **Ausschluss von Frauen vom Wahlrecht** und der **Status von Mitgliedern kolonialisierter Völker**. Generell wird daher der Verdacht geäußert, eigentliches Subjekt der klassischen Menschenrechte sei der weiße, ökonomisch unabhängige Mann westlich-kultureller Prägung.[75] Damit verbindet sich oft der generelle Vorwurf, die Entwicklung der Menschenrechte sei immer schon verstrickt in die Geschichte der Diskriminierung von Frauen einerseits und der Kolonialisierung „eroberter" Völker bzw. indigener Minderheiten andererseits.

5.3.2 Kritik an der Konzeption der Menschenrechte?

An solche historischen Entstehungsbedingungen bzw. Defizite knüpft die Kritik der Menschenrechte an. An dieser Stelle sollen die **feministische Kritik** der allgemeinen Menschenrechtskonzeption sowie der **Vorwurf des Eurozentrismus** erörtert werden.

5.3.2.1 Zur feministischen Kritik der Menschenrechte

Zu den auch im Rahmen der ersten Menschenrechtserklärungen benachteiligten Teilen der Bevölkerung gehörten von jeher Frauen. Gerade die Philosophie der Aufklärung grenzte Frauen von vornherein aus der politischen Öffentlichkeit aus und beschränkte sie auf die Sphäre der „Privatheit" (des „Hauses" bzw. der Familie).[76] Die Philosophen der Aufklärung meinten mit „Gleichheit" offenbar ursprünglich nur eine Gleichheit unter „Brüdern" und gingen im Grunde nicht von der Freiheit aller Menschen, sondern von jener ökonomisch unabhängiger „Hausväter" aus.[77] Insbes. wurde Frauen lange das Wahlrecht vorenthalten. Bereits 1791 kritisierte Olympe de Gouges die einseitig auf Männer ausgerichtete französische Menschenrechtserklärung und verfasste als Reaktion darauf die **„Erklärung der Rechte der Frau und Bürgerin"**.[78]

Auch heute artikuliert die feministische Kritik Vorbehalte gegenüber dem herrschenden Verständnis der Menschenrechte. Diese Kritik richtet sich aber ebenso gegen – in der Regel Frauen betreffende – Tendenzen ihrer kulturellen Relativierung:

1. In den klassischen Menschenrechtserklärungen kommen vorwiegend die **geschichtlichen Unrechtserfahrungen von Männern** zum Ausdruck. Spezifische Unrechtserfahrungen von Frauen werden institutionell ausgeblendet.[79]

---

[75] Vgl. Schidel 2023, 126.
[76] Vgl. Maier 2006a, 24.
[77] Vgl. Merger 1998, 18.
[78] Vgl. Neuhold et al. 2003, 88.
[79] Vgl. Merger 1998, 15 f.

2. Frauen sind in hohem Maße von **struktureller Gewalt**, d.h. von Mechanismen gesellschaftlicher oder institutioneller Benachteiligung, betroffen. Klassische Instrumentarien des Menschenrechtsschutzes sind aber v.a. auf punktuelle Eingriffe des Staates in Individualrechte zugeschnitten.[80]
3. Aufgrund der weitreichenden ökonomischen Benachteiligung von Frauen spielen **soziale Grundrechte** für sie eine besondere Rolle. Diese sind aber weit weniger durchsetzbar als liberale Rechte (vgl. → 5.2.2.2).

   Selbst in Europa sind Frauen vom „Gender Pay Gap", dem geschlechtsspezifischen Verdienstunterschied zwischen Männern und Frauen, betroffen. So konnte die Forderung nach gleichem Lohn für gleiche Arbeit selbst in der EU bislang nicht umgesetzt werden.[81] Weltweit sind Frauen aber auch von wirtschaftlichen Krisen und damit verbundenem Sozialabbau sowie von den Folgen der Globalisierung typischerweise mehr benachteiligt. In ländlichen Gebieten ärmerer Länder tragen sie die Hauptlast von Klimawandel und Umweltzerstörung. In diesen Regionen führt die geschlechtsspezifische soziale und ökonomische Benachteiligung auch zur Einschränkung der Gesundheitsversorgung und einer schlechten Ernährungssituation.[82]

   Sowohl in Ländern des globalen Südens als auch in Industriestaaten sind weit mehr Frauen von Armut betroffen als Männer. Man kann daher von einer **„Feminisierung der Armut"**[83] sprechen.
4. V.a. findet ein erheblicher Teil von Menschenrechtsverletzungen an Frauen in der **Sphäre der Privatheit**, der Familie, statt, was ihre Verhinderung und Verfolgung generell erschwert.[84] Das dominierende Verständnis von Menschenrechten als Abwehrrechte gegen staatliche Gewalt geht an dieser Problematik im Ansatz vorbei.[85]

   Eine der radikalsten Formen geschlechtsbezogener Gewalt ist der **Femizid**, d.h. die Tötung von Frauen aufgrund ihres Geschlechts. Der weit überwiegende Teil dieser Delikte wird im privaten Raum begangen. Die meisten Täter sind Partner oder Ex-Partner. Wie bei anderen Formen häuslicher und sexueller Gewalt stehen dabei die Motive der Machtausübung sowie von Kontroll- und Besitzansprüchen im Vordergrund.[86] „Femizid" existiert bereits als spezifisches Tötungsdelikt in mehreren lateinamerikanischen Ländern. Aktuell liegt ein diesbezüglicher Gesetzesantrag in Italien vor.

---

80 Vgl. ebd., 19; 21.

81 Vgl. https://www.destatis.de/Europa/DE/Thema/Bevoelkerung-Arbeit-Soziales/Arbeitsmarkt/GenderPayGap.html (8.3.2025).

82 Vgl. Neuhold et al. 2003, 87 ff.

83 Ebd., 88.

84 Vgl. Charlesworth 1995, 107 ff.

85 Vgl. Merger 1998, 21.

86 Vgl. https://www.bpb.de/themen/gender-diversitaet/femizide-und-gewalt-gegen-frauen/ (8.3.2025).

In Deutschland dagegen erzeugt das Tatbestandsmerkmal der „sonstigen niedrigen Beweggründe“ in § 211 StGB[87] bislang selbst Schwierigkeiten bei der eindeutigen Zuordnung zum Mordtatbestand. (Da die meisten Femizide in einer Trennungssituation stattfinden, wurde die Motivlage von den Gerichten diesbezüglich kontrovers beurteilt.)[88]

5. Schließlich betreffen spezifisch **kulturell bedingte Menschenrechtsverletzungen** überwiegend Frauen, etwa Ehrenmorde, FGM oder Zwangsverheiratung.[89] Ja, der Schutz kultureller und religiöser Rechte kann die rechtliche Ausgrenzung der Sphäre der Privatheit auch weiter verstärken.[90]
   Dies umfasst auch die **repressive Durchsetzung von Bekleidungsvorschriften**, oft in enger Verbindung mit dem Ausschluss von Frauen aus dem öffentlichen Leben. Jene wurden rezent zum Symbol systematischer, schwerer Frauenrechtsverletzungen, insbes. im Iran und in Afghanistan.

   Diese Menschenrechtsverletzungen sind freilich von anderen kulturellen Praktiken zu unterscheiden, die als Ausdruck **religiöser und kultureller Selbstbestimmung** von Frauen anzuerkennen sind. Sensibel zu bewerten ist diesbezüglich die sogen. „Kopftuchdebatte“ in säkularen Staaten.[91]

Das wichtigste internationale Abkommen zum Schutz von Frauenrechten ist die **CEDAW-Konvention** von 1979 (Übereinkommen zur Beseitigung jeder Form von Diskriminierung der Frau). Das Fakultativprotokoll von 1999 sieht spezielle Instrumentarien der Durchsetzung (Individualbeschwerdeverfahren und Untersuchungsverfahren) vor.[92]

5.3.2.2 Der Eurozentrismus-Vorwurf

Besondere Bedeutung im internationalen Menschenrechtsdiskurs kommt dem Vorwurf des **Eurozentrismus** zu. Dieser lautet: Menschenrechte sind das Produkt einer ausschließlich europäisch-amerikanischen Rechtsentwicklung. Sie sind daher keineswegs kulturell neutral. In ihnen kommt vielmehr das „westliche“ Menschenbild des **selbstbezogenen, isolierten Individuums** zum Ausdruck. Dies wie-

[87] Ein solches Qualifikationsmerkmal als Tatbestandserfordernis existiert im österreichischen Strafrecht (§ 75 öStGB) nicht. Die „Beweggründe“ der Tat werden nur im Falle „einer allgemein begreiflichen heftigen Gemütsbewegung“ für die Einstufung als „Totschlag“ (§ 76 öStGB) berücksichtigt, der mit einer geringeren Strafdrohung verbunden ist.

[88] Vgl. https://www.bpb.de/themen/gender-diversitaet/femizide-und-gewalt-gegen-frauen/517633/femizide-rechtlicher-rahmen-und-strafverfolgung/ (8.3.2025).

[89] Vgl. Bielefeldt 2007, 67 ff.

[90] Vgl. Charlesworth 1995, 108.

[91] Vgl. Bielefeldt 2007, 68 f.

[92] Vgl. Neuhold et al. 2003, 49 ff.

derum stehe im Widerspruch zum kulturell bestimmten **Solidaritätsgefühl** und Gemeinschaftsverständnis in traditionell geprägten Kulturen. (Mitunter wird hier die Analogie zur Familie herangezogen.[93]) Der Anspruch der „Universalität" der Menschenrechte, so der Vorwurf, werde als Vorwand für den **Imperialismus** westlicher Wertvorstellungen benutzt, die anderen Kulturen aufgezwungen würden.[94]

Dagegen wurde eingewendet, dass auch das **Modell des modernen souveränen Territorialstaates** mit seiner Konzentration von Herrschaftsmacht und Kontrollmöglichkeiten zur globalen Form von Herrschaft aufgestiegen sei.[95] Der Territorialstaat habe – nicht zuletzt als Folge der Kolonialisierung – traditionelle Gesellschaftsformen, wie etwa dezentrale Stammesgesellschaften, längst verdrängt bzw. überlagert. Dieser Prozess sei unumkehrbar. Angesichts dieses konzentrierten staatlichen Machtapparates aber reichen traditionelle Konfliktlösungsmechanismen und ethische Bindungen nicht mehr aus.[96] Die Menschenrechte stellen daher kulturübergreifend ein unverzichtbares Instrument der Freiheitssicherung gegenüber dem Bedrohungspotenzial dar, das von den Machtmitteln des modernen Staates ausgeht.

Angesichts der Geschichtlichkeit *aller* Formen von Menschenrechten, deren Durchsetzung auch in Europa und den USA von kulturellen Hemmnissen geprägt war,[97] kann wohl auch von **kulturell unterschiedlichen „Lesarten"**[98] der **universalen** Menschenrechte ausgegangen werden. Ein **Kernbestand** an elementaren Menschenrechten, wie jene auf Freiheit, Leben, körperliche und seelische Unversehrtheit,[99] das Verbot von Folter und Sklaverei sowie das Recht auf ein faires Verfahren, sollte jedenfalls gewahrt bleiben und darf nicht mit dem Verweis auf kulturelle oder religiöse Traditionen suspendiert oder eingeschränkt werden.

5.3.3 Internationaler Menschenrechtsschutz

Aus der **Universalität** der Menschenrechte wird auch ihre **internationale Geltung** abgeleitet.

War die rechtliche Garantie von Menschenrechten zunächst eng auf deren Konstitutionalisierung und verfassungsgerichtliche Durchsetzbarkeit auf nationalstaatlicher Ebene, v.a. ab dem 19. Jh., bezogen, so bedeutet deren Internationalisierung einen weiteren bedeutsamen Schritt ihrer Institutionalisierung. Diese Entwicklung setzte vornehmlich nach dem Ende des Zweiten Weltkriegs als Reaktion auf die Gräuel des NS-Regimes ein. Sie nimmt ihren Ausgang von der

---

93 Vgl. Bielefeldt 1998, 42.
94 Vgl. Bielefeldt 2007, 47.
95 Vgl. Bielefeldt 1998, 41.
96 Vgl. ebd., 42.
97 Vgl. Bielefeldt 2007, 52.
98 Bielefeldt 1998, 130.
99 Vgl. Bielefeldt 2007, 69.

Gründung der Vereinten Nationen 1945 und deren Verkündung der Allgemeinen Erklärung der Menschenrechte 1948, auf die zahlreiche weitere UN-Pakte folgen. Der internationale Schutz von Menschenrechten ist in den letzten Jahrzehnten zu einem der **Kernthemen** des Völkerrechts aufgestiegen. Generell wird aber nach wie vor das **Fehlen von effizienten Instrumenten der gerichtsförmigen Durchsetzung** von Menschenrechten auf internationaler Ebene beklagt.

Auf der Ebene des Europarats ist die Europäische Menschenrechtskonvention (EMRK, 1950) ein besonders wirksames Instrument des Menschenrechtsschutzes, da sie das Recht der **Individualbeschwerde** an den Europäischen Gerichtshof für Menschenrechte (EGMR) in Straßburg einräumt, dessen Urteile für die betreffenden Staaten völkerrechtlich verbindlich sind.

5.3.3.1 Die Entwicklung der internationalen Strafgerichtsbarkeit

Bedeutende Fortschritte wurden insbes. auf dem Gebiet **internationaler Strafgerichtsbarkeit** erzielt, die ebenfalls dem internationalen Menschenrechtsschutz dient. Dabei geht es jedoch nicht um die Geltendmachung von subjektiven Rechten, sondern um die Durchsetzung internationalen Strafrechts.

> Als historische Grundlage für den Aufbau internationaler Strafgerichtsbarkeit gelten die sogen. **„Nürnberger Prinzipien“**, die auf das Statut des Internationalen Militärgerichtshofs von Nürnberg (IMT) 1945/46 zur strafrechtlichen Verfolgung führender Vertreter des NS-Regimes zurückgehen. Dieses gilt als „Gründungsurkunde“ moderner individueller völkerstrafrechtlicher Verantwortlichkeit. Die Nürnberger Prinzipien enthalten die materiellrechtlichen Grundlagen des Tribunals (Art. 6–10). Diese sehen etwa erstmals die völkerrechtliche Strafbarkeit von „Verbrechen gegen die Menschlichkeit“ (Art. 6 lit. c) sowie von „Verbrechen gegen den Frieden“, d.h. des Angriffskriegs (Art. 6 lit. a), vor.[100]

Eine unmittelbare Vorreiterrolle für die lange angestrebte Errichtung eines internationalen Strafgerichts kommt den **ad-hoc-Tribunalen** für Ex-Jugoslawien (ICTY) 1993 und für Ruanda (ICTR) 1994 zur Ahndung von Kriegsverbrechen in den betreffenden Konfliktregionen zu. Sie wurden durch Resolutionen des UN-Sicherheitsrates eingesetzt.[101] Erst 1998 erfolgte die Errichtung des **Internationalen Strafgerichtshofs** auf der Grundlage eines völkerrechtlichen Vertrags, des „Römischen Statuts“ (des Internationalen Strafgerichtshofs).

Der IStGH ahndet „schwerste Delikte, die die internationale Gemeinschaft als Ganzes berühren“,[102] nämlich **Völkermord, Verbrechen gegen die Menschlichkeit,**

---

[100] Vgl. Bruer-Schäfer 2001, 54 ff.

[101] Vgl. ebd., 72 ff.

[102] Art. 5 IStGH-Statut.

Kriegsverbrechen und das **Verbrechen der Aggression.**[103] Dem IStGH kommt dabei eine subsidiäre Zuständigkeit zu (**Grundsatz der Komplementarität**). Voraussetzung ist, dass der Staat, in dessen Hoheitsgebiet ein solches Verbrechen begangen wurde, **nicht willens** oder **nicht in der Lage** („unwilling or unable") zu einer angemessenen Strafverfolgung ist.

Erstmals geht es um die Strafverfolgung **natürlicher Personen** durch ein grundsätzlich international zuständiges Gericht. Das Ziel ist es, insbes. **politisch oder militärisch verantwortliche Personen** strafrechtlich zur Rechenschaft zu ziehen.

Der Gerichtsbarkeit des IStGH sind alle beschuldigten Personen unterworfen, wenn sie Bürger:innen eines Vertragsstaates sind oder das betreffende Delikt auf dem Hoheitsgebiet eines Vertragsstaates begangen haben.[104] Aber auch Bürger:innen von Nicht-Vertragsstaaten können belangt werden, wenn die „ad-hoc-Zustimmung"[105] ihres Heimatstaates oder des Tatortstaates vorliegt. Darüber hinaus ist in jedem Fall die Überweisung eines Fallkomplexes („situation") durch Beschluss des UN-Sicherheitsrats möglich.[106]

5.3.3.2 „The Responsibility to Protect" (die Schutzverantwortung) – ein neues Modell der Souveränität?

Zu den neueren Entwicklungen im Bereich internationalen Menschenrechtsschutzes gehört auch die Doktrin der **„Responsibility to Protect" (R2P)**. Das ursprüngliche Anliegen der R2P zielte darauf ab, „humanitären Interventionen", wie jener der NATO im Kosovo 1999, v.a. zur Verhinderung von Völkermord und ethnischen Säuberungen an der lokalen Bevölkerung, eine völkerrechtliche Grundlage zu verschaffen. Die Anerkennung staatlicher Souveränität dürfe nicht länger zur Legitimation der Duldung schwerster Menschenrechtsverletzungen durch die internationale Gemeinschaft dienen.[107] Den entscheidenden Anstoß bildeten die Völkermordverbrechen in Ruanda 1994 und Srebrenica (Bosnien) 1995.[108]

So fragte der UN-Generalsekretär Kofi Annan bereits 2000: „If humanitarian intervention is, indeed, an unacceptable assault on sovereignty, how should we respond to a Rwanda, to a Srebrenica – to gross and systematic violations of human rights?"[109]

---

[103] Vgl. Art. 5 lit. a–lit. d; Art 6–8 bis IStGH-Statut.
[104] Vgl. Art. 12 Abs. 2 IStGH-Statut.
[105] Art. 12 Abs. 3 IStGH-Statut.
[106] Vgl. Art. 13 lit. b IStGH-Statut.
[107] Vgl. Krajewski 2017, § 9, Rn. 110 ff.
[108] Vgl. Hilpold 2015, 7 ff.
[109] Zit. n. ebd., 9.

Grundlage und zentrales Ergebnis des Konzepts der R2P bildet ein **neues Verständnis von Souveränität**, bei dem es nicht mehr nur um die wirksame Kontrolle über ein Staatsgebiet und die Normunterworfenen geht. Souveränität wird nunmehr auch als **Verantwortung des Staates** für den **Schutz grundlegender Menschenrechte** verstanden.[110] Damit erreicht eine Entwicklung im Menschenrechtsverständnis einen entscheidenden Wendepunkt, die bereits nach dem Zweiten Weltkrieg einsetzte (vgl. oben 5.3.3).[111]

Konkret stellt die Doktrin der R2P auf die Verhinderung von **Völkermord, Kriegsverbrechen, ethnischen Säuberungen und Verbrechen gegen die Menschlichkeit** ab.[112] (Diese Delikte entsprechen auch den ursprünglichen Tatbeständen des Statuts des Internationalen Strafgerichtshofs.) In jenen Fällen, in denen die betreffenden Staaten nicht in der Lage oder nicht willens sind, diese Schutzverantwortung selbst wahrzunehmen, geht sie stufenweise auf die internationale Gemeinschaft über.[113]

Das Konzept der R2P wurde von der **International Commission on Intervention and State Sovereignty (ICISS)** 2001 vorgelegt und in die Schlussakte des UN-Weltgipfels 2005 in modifizierter Form aufgenommen. Auch in jüngeren Resolutionen des UN-Sicherheitsrates wird darauf Bezug genommen. Am bekanntesten diesbezüglich ist die Resolution 1674 von 2006 über den Schutz von Zivilpersonen in bewaffneten Konflikten. Darin wird auch eine Weiterentwicklung der R2P im Sinne der „Protection of Civilians" (POC) gesehen. Die Schutzverantwortung stellt freilich bislang völkerrechtlich nicht verbindliches „soft law" dar, aus dem sich noch kein Völkergewohnheitsrecht entwickelt hat. Von manchen wird in der R2P eine Weiterentwicklung der vormodernen Lehre vom „gerechten Krieg" gesehen.

Gemäß dem Bericht der ICISS aus 2001 umfasste die R2P ursprünglich drei Aufgabenbereiche, die nacheinander zum Zug kommen sollten:

1. **The Responsibility to Prevent** stellt darauf ab, Menschenrechtsverletzungen durch die Bekämpfung ihrer Wurzeln und den Aufbau funktionierender Rechtsstaatlichkeit von vornherein zu verhindern.[114]
2. **The Responsibility to React** bezieht sich primär auf wirtschaftliche Sanktionen oder andere friedliche Restriktionen (Waffenembargos) zur Bekämpfung von Menschenrechtsverletzungen.[115] **Militärische Interventionen** („humanitäre Interventionen") sind nur als ultima ratio zulässig.[116] Als militärischer Anwen-

110 Vgl. Nowak 2013, Rz. 1417; Hilpold 2015, 5.
111 Vgl. Hilpold 2015, 5.
112 Vgl. Nowak 2013, Rz. 1416.
113 Vgl. ICISS 2001, 17 (Pkt. 2.31).
114 Vgl. ebd., 19 ff.
115 Vgl. ebd., 19 ff.
116 Vgl. ebd., 29 ff.

dungsfall der R2P wird die NATO-Intervention in Libyen 2011 diskutiert (Sie stützte sich auf die SR-Resolution 1973 vom 17.3.2011).

3. **The Responsibility to Rebuild** umfasst Maßnahmen der Entwaffnung und Versöhnung von Konfliktparteien sowie des Wiederaufbaus der Infrastruktur nach militärischen Interventionen („Peacebuilding“).[117]

Die Lehre von der „Schutzverantwortung“ wird kontrovers interpretiert. Strittig ist insbes., inwieweit dadurch auch militärische Interventionen zum Schutz der Menschenrechte ohne Mandat des UN-Sicherheitsrats legitimiert sind, wenn dessen Beschlussfassung durch das Veto eines ständigen Mitglieds blockiert wird.

Das Schlussdokument der UN-Generalversammlung aus 2005 stärkte die Rolle des UN-Sicherheitsrats, betonte aber auch seine unmittelbare Verantwortung hinsichtlich des Menschenrechtsschutzes.[118] Die Folgeentwicklung betont die **präventiven** Aufgaben der Einzelstaaten wie auch der internationalen Gemeinschaft, v.a. hinsichtlich des Aufbaus funktionierender staatlicher Institutionen und Infrastruktur. Die „responsibility to rebuild“ (*nach* militärischen Interventionen) wurde dagegen zunehmend ausgeklammert bzw. in die Verantwortlichkeit der Einzelstaaten zurückverwiesen.[119]

2009 entwickelte UN-Generalsekretär Ban Ki-Moon ein **„3-Säulen-Modell“** zur weiteren **Umsetzung** der R2P: Dieses betont verstärkt die vorrangige Schutzverantwortung *der einzelnen Staaten*. Diese haben ihre Souveränität gerade durch den effektiven Schutz vor schwersten Menschenrechtsverletzungen unter Beweis zu stellen (**1. Säule**).[120] Das geschieht etwa durch die Vermeidung innerstaatlicher Konflikte und den Schutz von Minderheiten.[121] Die **2. Säule** umfasst die Unterstützung durch die internationale Gemeinschaft, insbes. durch diplomatische Maßnahmen und Mediationsversuche der UN. Insgesamt wird **präventiven** Maßnahmen verstärktes Gewicht verliehen. Wenn auch Vermittlungsbemühungen scheitern, geht die Verantwortung auf den UN-Sicherheitsrat über, um Zwangsmaßnahmen zu verhängen, wenn nötig auch in Form militärischer Interventionen (**3. Säule**). Dies wird nicht mehr bloß als Befugnis, sondern auch als *Verantwortung des Sicherheitsrats* verstanden.[122]

---

[117] Vgl. ebd., 39 ff.
[118] Vgl. Hilpold 2015, 15 f.
[119] Vgl. Keranen 2016, 333 ff.
[120] Vgl. Nowak 2013, Rz. 1417.
[121] Vgl. Krajewski 2017, § 9, Rn. 114.
[122] Vgl. Nowak 2013, Rz. 1417.

5.3.4 Internationaler Terrorismus und Menschenrechte

Eine besondere Bedrohung für Menschenrechte und Rechtsstaatlichkeit, die in der Regel von nicht staatlichen Akteuren ausgeht, stellt das Phänomen des **„neuen“ internationalen Terrorismus** dar.

5.3.4.1 Der Begriff des Terrorismus

Was versteht man unter Terrorismus?

Häufig wird betont, dass die Anfänge dieses Phänomens weit in die Geschichte zurückreichen, etwa bis zu den sogen. Assassinen, einer orientalischen Sekte des Mittelalters.[123] Erstmals wurde der Begriff „Terror“ („la Grande Terreur“) als Bezeichnung für die Schreckensherrschaft der Jakobiner im Zuge der Französischen Revolution verwendet, die ihn als legitimes Mittel zur Erhaltung der revolutionären Ordnung ansahen.[124] Allgemeine Definitionen terroristischer Aktivitäten waren von jeher schwierig und wurden von der UN wegen der problematischen Unterscheidung von nationalen Befreiungsbewegungen lange Zeit zurückgewiesen.[125]

Dennoch lassen sich einige gemeinsame Merkmale terroristischer Gruppierungen und Strategien hervorheben:

Grundlegend für das Verständnis terroristischer Aktivitäten ist die Unterscheidung von **„terror“ (Angst, Schrecken)** gegenüber (bloßer) **„violentia“ (Gewalt)**.[126] Diese Differenzierung macht den entscheidenden Unterschied zu anderen Phänomenen krimineller Gewalt oder paramilitärischen Aktionen (etwa einem Guerillakrieg) aus.

Moderne Terroristen setzen zwar massive Gewalt ein und kalkulieren hohe Opferzahlen ein. Das eigentliche Ziel sind aber nicht die unmittelbaren physischen Opfer. Es ist vielmehr der **psychologische Erfolg**.[127] Dieser manifestiert sich wiederum in zweifacher Weise:

- Zum einen geht es um die **moralische Stärkung** der eigenen ideologischen Anhängerschaft.[128] Mitunter verbindet sich damit der Anspruch, durch diese terroristischen Akte die Bevölkerung in den Ursprungsländern der Konflikte zu unterstützen.
- V.a. zielt Terrorismus auf die **Einschüchterung** der Bevölkerung und die **Destabilisierung politischer Institutionen** im Zielland.[129]

---

123 Vgl. Halm 2017, 16 ff.
124 Vgl. van den Heuvel 1988, 113 ff.
125 Vgl. Tomuschat 2002, 536 f.
126 Vgl. Münkler 1992, 154.
127 Vgl. ebd., 152 ff.
128 Vgl. ebd., 164 ff.
129 Vgl. Laqueur 2003, 9; Maier 2006b, 29 f.

Das Ziel ist folglich gar nicht mit dem Gelingen der konkreten Gewalttaten erreicht. Der eigentliche Erfolg besteht in der Erzeugung einer permanenten **Situation der Verunsicherung** und v.a. in der **Provokation von Überreaktionen des Rechtsstaates.**[130]

5.3.4.2 Menschenrechtsverletzungen und Terrorismusbekämpfung

Die davon ausgehende Bedrohung für die Menschenrechte ergibt sich ebenfalls auf mehreren Ebenen:

- Zum einen greift Terrorismus in elementare Rechte der unmittelbaren Opfer in besonders grausamer Form ein. Dies schließt aktuell etwa auch **ethnische Säuberungen, Genozide, Massenmorde** und **Menschenhandel** in den unmittelbar betroffenen Regionen und Ursprungsländern mit ein.[131]
- Zum anderen werden Rechtsstaaten dazu veranlasst, in der Terrorismusbekämpfung Grundsätze der Rechtsstaatlichkeit zu suspendieren. Dies manifestiert sich etwa in der **Einschränkung zentraler Grundrechte** und der Verhängung des **Ausnahmezustands** (z.B. PATRIOT-Act und Gefangenenlager Guantanamo in den USA, Ausnahmezustand in Frankreich).[132]

Die Bekämpfung terroristischer Aktivitäten stellt daher eine besonders schwierige Herausforderung für den Rechtsstaat und die internationale Gemeinschaft dar. Antiterrorgesetze, wie strafrechtliche Terrorismustatbestände, sind in hohem Maß **präventiv** ausgerichtet.[133] Auch im Strafrecht dominiert in diesem Bereich der Aspekt der „Gefahrenabwehr". Dies führt zu einer deutlichen Vorverlagerung der Strafbarkeit (in das Stadium typischer Vorbereitungshandlungen) und zu einer relativen Unbestimmtheit der Tatbestände. Man spricht in diesem Zusammenhang von „Vorfelddelikten". Dies kann Spannungen zum rechtsstaatlichen Prinzip erzeugen.[134]

Zunehmend kommen aber auch militärische Maßnahmen gegen terroristische Organisationen in den zentralen Kampfgebieten zum Einsatz, die jedoch kontrovers bewertet wurden. In den letzten Jahrzehnten kam es zu einer Weiterentwicklung des Völkerrechts in diesem Bereich. Zum einen wird das Vorliegen einer Angriffssituation, die militärische Verteidigungsmaßnahmen erlaubt, nunmehr weiter interpretiert und umfasst jetzt auch die **staatliche Unterstützung terroristischer Organisationen** (Afghanistan-Krieg). V.a. aber wurde der Begriff der Friedenssicherung (als Kompetenz des UN-Sicherheitsrats) auf die Bekämpfung von

---

130 Vgl. Maier 2006b, 30.

131 Vgl. Schwarz 2019, 157 ff; https://www.amnesty.at/news-events/news/syrien-tausende-jesid-innen-noch-immer-gefangen-oder-vermisst/ (8.3.2024).

132 Vgl. Maier 2006b, 28 f.

133 Vgl. ebd., 33.

134 Vgl. ebd., 31 f; Zaufal 2018, 292 ff.

Menschenrechtsverletzungen, die den Frieden gefährden, ausgeweitet.[135] (→ Vgl. die Doktrin der R2P, 5.3.3.2.)

Wirksame Terrorismusbekämpfung erfordert aber insbes. die Beseitigung der **sozialen und ökonomischen Ursachen** der zugrunde liegenden Konflikte in den Ursprungländern sowie Maßnahmen **gegen die soziale Exklusion von Minderheiten** in demokratischen Gesellschaften. Dies umfasst umfangreiche **Aufklärungs-, Präventions- und Integrationsprogramme**, auch auf psychologischer und sozialer Ebene, um die Anwerbung potenzieller, oft jugendlicher, Mitglieder durch Terrororganisationen zu verhindern.

5.4 Die Demokratie

5.4.1 Die geschichtlichen Anfänge: Demokratie oder Republik?

5.4.1.1 Die attische Demokratie

Als Prototyp einer demokratischen Verfassung gilt die antike **Verfassung Athens**. Ihre leitenden Prinzipien waren jenes der **„Isonomia"**, der politischen Gleichberechtigung aller Bürger, die auch durch soziale Reformen schrittweise umgesetzt wurde,[136] sowie jenes der **öffentlichen politischen Diskussion**,[137] der **„Isegoria"**. Besonderes Gewicht kam daher der politischen Willensbildung in der **Volksversammlung (Ekklesia)** aller volljährigen (männlichen) Bürger zu.[138] Wahlen und Repräsentation waren der antiken Demokratie dagegen weitgehend fremd. Politische Ämter wurden durch **Losverfahren** oder auf dem Weg der **Ämterrotation** besetzt.[139] Als reine „Volksabstimmungsdemokratie" **ohne Bindung an übergeordnete allgemeine Gesetze** unterscheidet sie sich maßgeblich vom modernen Verständnis von Demokratie.

Platon und Aristoteles sowie der Großteil der nachfolgenden philosophischen Debatte stehen der antiken Demokratie daher kritisch gegenüber.[140] Sie sehen darin die Willkürherrschaft der großen manipulierbaren Menge (der Armen). Zum Ausgangspunkt für die Entwicklung demokratischer Institutionen in der Moderne wurde vielmehr v.a. der Rekurs auf die **„gemischte Verfassung" oder „Republik"**, wie sie in der Antike insbes. von Aristoteles, dem Stoiker Polybios und Cicero propagiert wurde.

---

135 Vgl. Tomuschat 2001, 540 ff.
136 Vgl. Böckenförde 2006, 27.
137 Vgl. ebd., 25.
138 Vgl. ebd., 28 f.
139 Vgl. ebd., 29 f.
140 Vgl. etwa Aristoteles, Pol., IV 4, 1292 a 15–23.

5.4.1.2 Der Begriff der Republik

Bereits in der Renaissance finden republikanische Ideen v.a. in die Verfassungen oberitalienischer Stadtstaaten Eingang, allen voran in jene von Venedig und Florenz. NICCOLÒ MACHIAVELLI stellt in seinem Werk *Discorsi* das Modell einer Mischverfassung vor, in dem der Zusammenhalt im Staat auf **aktiver Bürgerpartizipation** und der **produktiven Einbindung unterschiedlicher gesellschaftlicher Kräfte** beruht (vgl. → 3.2.2.2). MONTESQUIEU (1689–1755) entwickelt anhand der Mischverfassung sein Konzept der **Gewaltenteilung**. Als Vorbild hierfür dient ihm die **Verfassung Englands**, die wegen der Machtteilung zwischen König:in und Parlament und der Verankerung einer grundsätzlichen „rule of law" als gemischte Verfassung interpretiert wird.[141] Aber auch Vertragstheoretiker, insbes. ROUSSEAU, greifen das Ideal der Republik auf und verbinden es mit den neuen Ideen von Naturzustand und Gesellschaftsvertrag.

Was versteht man allgemein unter einer **„Republik"**? Sie haben das Modell der gemischten Verfassung bereits als exemplarische Verfassungsform in der Politikkonzeption des ARISTOTELES und in MACHIAVELLIS Verständnis einer Republik kennengelernt (→ vgl. 3.1.2.2 u. 3.2.2.2). Im Anschluss daran wurden zwar unterschiedliche Konzeptionen entworfen und insbes. in der Moderne weiterentwickelt. Dennoch können allgemein folgende Merkmale hervorgehoben werden:[142]

1. Die **aktive Bürgerpartizipation** (mit dem Schwerpunkt auf direktdemokratischer und zivilgesellschaftlicher Teilhabe).

   Damit ist typischerweise auch die Forderung nach einem Bürgerheer verbunden, etwa bei ARISTOTELES oder MACHIAVELLI.
2. Die **Bindung an allgemeine Gesetze**.
3. Institutionen der **wechselseitigen Kontrolle** unterschiedlicher sozialer bzw. politischer Kräfte:

   Ursprünglich kommt darin auch das Ziel eines **Ausgleichs zwischen verschiedenen gesellschaftlichen Gruppen** zum Ausdruck. Davon wird zunächst eine stabilisierende Wirkung für das Gemeinwesen erwartet. Später knüpft daran die Lehre von der **„Gewaltenteilung"** an.
4. **Soziale Ausgewogenheit** bzw. grundlegende **sozialstaatliche** Anforderungen.
5. Das Vorhandensein eines **Bürgerethos politischer Verantwortlichkeit**.

In modernen Demokratien steht der Begriff der „Republik" nicht im Gegensatz zu jenem der „Demokratie", sondern bringt rechtliche und ethische Aspekte einer funktionierenden Demokratie zur Sprache.

---

[141] Vgl. Montesquieu 2011, XI, 6, 216 ff.

[142] Vgl. dazu insbes. die Ausführungen zur aristotelischen Republik und MACHIAVELLIS *Discorsi* sowie zum Kommunitarismus (→ 3.1.2.2, 3.2.2.2 und 6.3).

Anders als im modernen Verfassungsrecht üblich, bezieht sich der Begriff der „Republik" in der politischen Philosophie keineswegs bloß auf die Stellung des Staatsoberhaupts. „Republikanisch" darf weiters auch nicht mir der gleichnamigen politischen Partei in den USA verwechselt werden.

5.4.2 Gesellschaftsvertrag und Demokratie

Mit den Ideen ursprünglicher Gleichheit und Freiheit aller Menschen und der daraus folgenden gesellschaftsvertraglichen Legitimation des Staates ist ab dem 17. Jahrhundert auch die Entwicklung demokratischer Grundsätze, v.a. die Forderung nach demokratischer Legitimation der Gesetzgebung, in der politischen Philosophie von Rationalismus und Aufklärung verbunden. Auf der Grundlage der Konzeptionen von Naturzustand und Gesellschaftsvertrag gehen die Forderungen nach Menschenrechten und demokratischer Partizipation meist Hand in Hand.

Ähnlich wie Hobbes geht auch der Philosoph Baruch de Spinoza (1632–1677) von der **Konfliktnatur** des Menschen im Naturzustand aus (→ vgl. 3.4.1.1), in dem die Menschen nicht ihrer Vernunft folgen, sondern unmittelbar ihren Leidenschaften („**Affekten**") wie Hass, Liebe, Zorn oder Neid unterworfen sind.[143] Um die daraus resultierende Situation allseitiger lebensbedrohlicher Unsicherheit im Naturzustand zu überwinden,[144] zieht Spinoza jedoch völlig andere Konsequenzen für den Aufbau des Staates. Er sieht den Ausweg nicht wie Hobbes in der gesellschaftsvertraglichen Unterwerfung unter einen absolutistischen Souverän. Um **Frieden und Sicherheit** zu garantieren, muss der Staat zwar die im Naturzustand schrankenlos wirksamen Affekte des Menschen **zügeln**.[145] Doch sei es besser, diese nicht durch eine starke Zentralgewalt zu unterdrücken, sondern auf der Grundlage **allgemeiner Gesetzgebung** zu **„mäßigen"**[146] und zu **kanalisieren**. Als wirksamste Regierungsform zur Garantie staatlicher Sicherheit betrachtet Spinoza in der Folge die **Demokratie**, weil das Volk nur in einer solchen Regierungsform die Gesetze nicht aufgrund „der Autorität eines anderen" befolge, sondern „kraft eigener Zustimmung".[147] Spinoza knüpft dabei auch an das Vorbild der **klassischen attischen Demokratie**[148] an und verbindet diese mit der neuzeitlichen Konzeption vom Gesellschaftsvertrag.

Nach Locke, der, wie bereits dargestellt, anders als Hobbes oder Spinoza nicht primär die Konfliktnatur des Menschen, sondern das Vorhandensein ursprünglicher Freiheitsrechte des Menschen im Naturzustand betont (→ vgl. 3.4.2.1), lässt

---

[143] Vgl. Spinoza 2010, §§ 4 f; 11 f.
[144] Vgl. ebd., § 3 f, 9 ff.
[145] Zur „Zügelung und Mäßigung der Affekte" siehe Spinoza 2010, § 5, 11; vgl. Saage 2005, 87.
[146] Spinoza 2018, 88.
[147] Ebd., 89.
[148] Vgl. Saage 2005, 86.

sich eine absolutistische Herrschaftsform von vornherein nicht mit dem „law of nature" vereinbaren, das die **Selbstversklavung** des Menschen verbietet. Durch das **Fehlen unabhängiger Richter** im absolutistischen Staat würde auch der Naturzustand nicht beendet werden.[149] Als Ausdruck seiner Lehre von der Volkssouveränität wird die legislative Gewalt durch den Gesellschaftsvertrag begründet und ursprünglich der **demokratischen „political society"** übertragen. Sie kann vom Civil Government nur treuhänderisch ausgeübt werden (→ vgl. 3.4.2.2). ROUSSEAU geht noch darüber hinaus und verbindet die Idee der Volkssouveränität mit der Forderung nach **direkter Demokratie** und der Orientierung der Gesetzgebung am **verallgemeinerungsfähigen Gemeinwillen.** (→ Vgl. dazu ROUSSEAUS Begriff der „volonté générale", 3.4.3.2, sowie in der Folge → KANTS Verständnis des „vereinigten Willens des Volkes", 3.4.4.3.b.)

5.4.3 Locke versus Rousseau: „Liberale" oder „republikanische" Demokratie?

LOCKE und ROUSSEAU gelten in der Folge auch als Wegbereiter zweier Grundtypen des modernen Demokratieverständnisses. Daran knüpft auch HABERMAS' Unterscheidung zwischen **„liberalen"** und **„republikanischen"** Demokratietheorien an.[150]

Das **liberale** Demokratieverständnis, das v.a. auf LOCKE zurückgeht, sich aber in seinen Anfängen in der Moderne auch auf die attische Demokratie beruft, betont den notwendigen **Pluralismus** unterschiedlicher Interessen, sozialer Gruppen und Parteien als Grundlage des demokratischen Diskurses.[151] Es findet seinen ersten konstitutionellen Niederschlag in der amerikanischen Verfassung bzw. den dieser inhaltlich zugrunde liegenden *Federalist Papers.*[152] Kennzeichnend ist das Vertrauen in die ausgleichende Wirkung des **Kompromisses** unterschiedlicher eigennütziger Interessen und die stabilisierende Funktion des Privateigentums. Zentrale Bedeutung kommt dabei dem modernen **Repräsentationsprinzip**, der Rolle unterschiedlicher **politischer Parteien**, der Ergänzung durch ein gewaltenteiliges System von **checks and balances** sowie der Begrenzung durch **liberale Grundrechte** zu.[153]

Das **republikanische** Demokratieverständnis geht in manchen Punkten darüber hinaus. Es betont im Anschluss an ROUSSEAU die (idealerweise anzustrebende) **Identität von Herrschenden und Beherrschten.**[154] Daher weisen Vertreter:innen republikanischer Demokratietheorien auf die Schwächen der „bürgerfernen" In-

149 Vgl. Locke 1977, II, 7, § 90.

150 Vgl. Habermas 2019, 277 ff. Dieser unterscheidet davon weiter sein Modell einer „deliberativen" Demokratie als „prozeduralistische" Weiterentwicklung der republikanischen Konzeption.

151 Vgl. Holthaus/Noetzel 2012, 37.

152 Vgl. ebd., 36 f.

153 Vgl. Lembcke et al. 2012, 18.

154 Vgl. Richter 2012, 159 ff; Rousseau, CS, 3, 15, 158.

stitutionen repräsentativer Demokratie im Flächenstaat hin und betonen die besondere Bedeutung von Einrichtungen **direkter Demokratie** sowie **zivilgesellschaftlichen Engagements** zur Ergänzung parlamentarischer Verfahren.[155] V.a. aber sollen demokratische Entscheidungen nicht nur der Durchsetzung partikulärer Gruppeninteressen dienen (dies wäre aus der Sicht Rousseaus eine bloße „volonté de tous" → vgl. 3.4.3.2), sondern **allgemeinen staatsbürgerlichen Interessen** oder etwa **nachhaltigen politischen Zielen** den Vorzug geben (z.B. heute dem Klimaschutz vor kurzfristigen ökonomischen Vorteilen). Dies bedeutet, sie müssen, etwa bereits aus der Sicht Rousseaus oder Kants, auch grundlegenden rechtsethischen Anforderungen der **Verallgemeinerungsfähigkeit** entsprechen (vgl. 3.4.3.2; 3.4.4.3.b).[156]

Die Gefahren des liberalen Demokratieverständnisses werden in einer bloßen **„Tyrannei der Mehrheit"**[157] nach Maßgabe partikulärer Gruppeninteressen,[158] der Orientierung an einseitig ökonomischen Kriterien und dem dominanten Einfluss **wirtschaftlichen Lobbyismus** gesehen. Kritiker am Rousseau'schen Modell verweisen demgegenüber auf die Gefahr **totalitärer Tendenzen**, wie sie sich bereits in den Terrorperioden der Französischen Revolution gezeigt hätten.[159]

5.4.4 Aktuelle Demokratietheorien

Nach welchen Kriterien eine demokratische Regierungsform vorrangig zu beurteilen ist, wird auch in aktuellen Diskursen kontrovers betrachtet. Kommt es primär auf allgemeine und freie Wahlen zu den gesetzgebenden Körperschaften an? Haben auch die sozialen und ökonomischen Rahmenbedingungen entscheidenden Anteil an der Demokratisierung der Gesellschaft? Welchen Formen demokratischer Partizipation kommt das meiste Gewicht zu? Liegt der Schwerpunkt allein auf den Institutionen repräsentativer Demokratie oder bedarf es notwendig – ergänzender – Formen der direktdemokratischen und zivilgesellschaftlichen Beteiligung? Welche Rolle spielt der parlamentarische und außerparlamentarische öffentliche Diskurs zu Gesetzgebungsvorhaben für die Legitimation demokratischer Entscheidungen?

In der aktuellen Demokratiedebatte lassen sich daher verschiedene theoretische Ansätze unterscheiden:

---

155 Vgl. Weber 2012, 224 ff.
156 Vgl. Maus 2015, 34.
157 Vgl. Tocqueville 2017, 147 f.
158 Vgl. Saage 2005, 108.
159 Vgl. ebd., 121 ff.

5.4.4.1 Neuere liberal-pluralistische Demokratietheorien

Neuere liberal-pluralistische Theorien berufen sich v.a. auf John Locke und John Stuart Mill. Sie gehen von einer liberalen Konzeption des Gesellschaftsvertrags aus, die auf die ausgleichende Wirkung zwischen unterschiedlichen eigennützigen Einzel- und Gruppeninteressen vertraut. Demokratische Entscheidungen entstehen aus dem notwendigen **Wettbewerb** verschiedener Standpunkte und Interessen. **Repräsentation**, **Föderalismus**, **Gewaltenteilung** und **liberale Grundrechte** spielen eine zentrale Rolle[160] (zur Verhinderung einer bloßen „Tyrannei der Mehrheit").[161] Plebiszitäre Demokratie oder zivilgesellschaftliche Partizipation werden abgelehnt, weil sie im Widerspruch zu diesen zentralen Verfahrensgarantien stehen. Häufig propagieren liberale Demokratietheorien einen **„schlanken Staat"**[162] und vertrauen sozialpolitisch auf die regulierende Funktion von Marktmechanismus und Kapitalismus.

5.4.4.2 Soziale Demokratietheorien

Soziale Demokratietheorien fordern die Ausdehnung demokratischer Partizipation auf das **Sozial- und Wirtschaftsleben**,[163] insbes. die Etablierung demokratisch organisierter Interessenvertretungen (v.a. von Arbeitnehmer:innen) sowie den **Ausbau von sozialen Teilhaberechten** und **Sozialleistungen**.[164] Ziel ist die Reaktivierung der „alten Demokratie" unter den Bedingungen einer Industriegesellschaft, in der es gälte, tatsächlich alle Bevölkerungsschichten gleich zu beteiligen. Demokratie dürfe nicht zu bürgerfernen Verfahren degradiert werden. Vertreter:innen sozialer Demokratietheorien kritisieren die Abstraktion von realen Ungleichheiten und ökonomischen Abhängigkeiten im Konzept der liberalen Demokratie. **Der Abbau sozialer Ungleichheiten** wird daher auch als Voraussetzung für das Funktionieren freiheitssichernder Demokratie betrachtet.[165]

5.4.4.3 Partizipative Demokratietheorien

Die Theorien der partizipativen Demokratie knüpfen an Aristoteles' Modell der Mischverfassung sowie an das Demokratieverständnis Rousseaus an. Demnach soll sich die demokratische Mitbestimmung der Bürger:innen nicht auf die bloße

---

[160] Vgl. Habermas 2023a, 359.
[161] Vgl. Maier 2021b, 107.
[162] Vgl. Bobbio 2014, 4 ff.
[163] Vgl. Heller 1971, 451.
[164] Vgl. Schmidt 2010, 225 ff.
[165] Vgl. Maier 2021a, 367.

Teilnahme an Wahlen beschränken. Zu den bekanntesten Vertreter:innen gehören Benjamin Barber und Ingeborg Maus.

Nach Barber bedarf es vielfältiger Formen umfassender Bürgerbeteiligung, von Instrumenten direkter Demokratie über Bürgerinitiativen bis hin zu Nachbarschaftsversammlungen.[166] Nicht zuletzt dient die Förderung aktiver Partizipation auch dazu, dem Gefühl **politischer Ohnmacht** und **Apathie** der Bürger:innen angesichts ihrer Entfremdung gegenüber den Institutionen repräsentativer Demokratie entgegenzuwirken.[167] Demokratie wird dabei auch als **„Lebensform"**[168] verstanden. Wichtig sind differenzierte, aber niederschwellige Verfahren der Beratung und Entscheidung in möglichst **überschaubaren, bürgernahen Gemeinschaften.** Diese Verfahren müssen für alle Beteiligten verständlich sein und sich an allgemeinen Spielregeln orientieren.[169]

Maus kritisiert die Probleme der repräsentativen Demokratie durch **professionalisierte Volksvertreter:innen**, die partikuläre Gruppeninteressen vertreten. Sie diagnostiziert u.a. darin gar eine Tendenz zur „Refeudalisierung"[170] der Politik. Dazu komme deren Entmachtung durch die Dominanz **internationaler Finanzmärkte** und die **wachsende Globalisierung.**[171] Demokratische Kontrolle erfordere daher die zentrale Einbeziehung **basisdemokratischer** Beteiligung, die nach Maus in den formellen Prozess der Gesetzgebung eingebunden sein muss (insbes. durch Plebiszite) und nicht durch zivilgesellschaftliches Engagement ersetzt werden könne.[172] Solange die ausreichende unmittelbare Beteiligung der Betroffenen an der Gesetzgebung jedoch nicht gewährleistet sei, sei allerdings auch politischer Widerstand, insbes. in Form von Zivilem Ungehorsam (vgl. → 6.6.2), zur Initiierung demokratischer Prozesse legitim.[173]

5.4.4.4 Deliberative Demokratietheorien

Auch deliberative Demokratietheorien betonen die notwendige unmittelbare **Einbindung aller Bürger:innen** in die demokratische Legitimation politischer Entscheidungen. Ihr bekanntester Vertreter ist Jürgen Habermas (vgl. bereits → 2.2.5 u. 4.2.2.2). Anders als bei den partizipativen Theorien liegt der Fokus weniger auf dem quantitativen Ausbau von Verfahren der Teilhabe und deren Eigenwert für die politische Reife der Bürger:innen,[174] sondern auf **qualitativ-argumentativen**

166 Barber 1994, 241 ff.
167 Vgl. ebd., 141 ff.
168 Ebd., 99.
169 Vgl. ebd., 241 ff.
170 Maus 2015, 43.
171 Vgl. Weber 2012, 228 ff.
172 Vgl. ebd., 234 f; 239 ff.
173 Vgl. Maus 2015, 37.
174 Vgl. Landwehr 2012, 358.

Anforderungen an den **demokratischen Diskurs**. Was zählt, ist der **„zwanglose Zwang des besseren Arguments“**.[175] Demokratische Entscheidungen bedürfen einer vorangegangenen ausführlichen, zwangfreien und allgemeinen **öffentlichen Beratung** und **Abwägung von Argumenten.**[176] Diese „Deliberation“ (Beratung) muss sowohl in den parlamentarischen und gerichtlichen Institutionen stattfinden als auch in einer kommunikativen **„kritischen Öffentlichkeit“** (v.a. im Bereich der Zivilgesellschaft), die auf die staatlichen Institutionen **argumentativen Druck** ausübt.[177] Das Ziel ist nicht ein Kompromiss aus eigennützigen Interessen,[178] sondern ein rationaler **Konsens** auf der Grundlage der überlegenen Argumente.

5.4.5 Die „Defekte Demokratie“

Zwar kommt dem freien und gleichen Wahlrecht zentrale Bedeutung für den Begriff der Demokratie zu. Kann aber noch von Demokratie gesprochen werden, wenn andere rechtsstaatliche Garantien, wie v.a. Menschenrechte und Gewaltenteilung, beschnitten werden bzw. in die Unabhängigkeit der Gerichte eingegriffen wird? Kann man etwa mittels „demokratischer“ Mehrheitsentscheidungen auch Eingriffe in fundamentale Menschenrechte rechtfertigen? Was bedeutet es, wenn gewählte Repräsentant:innen nach ihrer Wahl zentrale Grundsätze des Rechtsstaats in Frage stellen oder etwa Entscheidungen von Höchstgerichten nicht anerkennen?

Angesichts solcher Herausforderungen wurde der Begriff der **„defekten Demokratie“**[179] geprägt. Damit sind Regime gemeint, die zwar noch nicht als totalitär im engeren Sinn bezeichnet werden können, aber in wesentlichen Teilbereichen staatlicher Ordnung rechtsstaatliche bzw. demokratische Prinzipien verletzen.[180] Dabei lassen sich (nach Merkel) vier Typen der „defekten Demokratie“ unterscheiden:

1. Die **exklusive Demokratie**: Diese liegt vor, wenn wesentliche Teile der Bevölkerung vom Wahlrecht ausgeschlossen sind.[181]
2. Die **Enklavendemokratie**: Dies bedeutet, dass Teilbereiche staatlicher Herrschaftsausübung legal oder illegal von nicht demokratisch legitimierten Kräften wie Militär, Guerillakämpfer:innen, Terrorist:innen oder auch Konzernen oder Großgrundbesitzer:innen kontrolliert werden.[182]

---

[175] Habermas 1991, 123.
[176] Vgl. Habermas 2023a, 368 ff.
[177] Vgl. ebd., 435 ff.
[178] Vgl. ebd., 359 ff.
[179] Merkel et al. 2003, 65.
[180] Vgl. ebd., 30 ff; 65 ff.
[181] Vgl. ebd., 239 ff.
[182] Vgl. ebd., 249 ff.

3. Die **illiberale Demokratie**: In dieser kommt es zur Einschränkung von Menschen- und Bürgerrechten.[183] Davon spricht man aber auch, wenn die gerichtliche Durchsetzung von Freiheitsrechten aus strukturellen Gründen (etwa wegen einer schwach ausgebildeten Staatlichkeit oder massiver sozio-ökonomischer Ungleichheiten) nicht garantiert werden kann oder durch Korruption geschwächt ist.[184]
4. Die **delegative Demokratie**: In ihr ist das System der horizontalen Gewaltenteilung, v.a. die Kontrolle der Exekutive durch die Legislative oder die Unabhängigkeit der Gerichtsbarkeit, beeinträchtigt. Besonders anfällig dafür sind nach Merkel Präsidialdemokratien (in der Regel in „jungen Demokratien"), häufig auf Grundlage eines Mehrheitswahlrechts, deren Repräsentant:innen populistisch agieren.[185] Problematisch sind insbes. weitreichende Dekretvollmachten (etwa Notverordnungsrechte), die es ermöglichen, sich den Mechanismen wechselseitiger Gewaltenkontrolle zu entziehen.[186]

Im Gegensatz dazu wird in einer **„embedded democracy"** (eingebetteten Demokratie) der notwendige Zusammenhang zwischen demokratischem Wahlrecht und umfassenden rechtsstaatlichen und grundrechtlichen Garantien (auf der Grundlage einer funktionierenden Staatlichkeit) gewahrt.[187]

> In den letzten Jahren hat sich der lange weltweit vorherrschende Trend zur fortschreitenden Durchsetzung demokratischer Wahlen umgekehrt. Selbst die Zahl an bloßen „electoral democracies" ist rückläufig. Daneben bildeten sich in der Gegenwart – selbst in Europa und auf dem amerikanischen Kontinent – auch im Rahmen von „electoral democracies" vermehrt Verfassungsformen aus, die als „defekte", insbes. als „illiberale", aber auch „delegative" Demokratien bezeichnet werden können. Ob im Falle einer sogen. „defekten Demokratie" überhaupt noch von einer demokratischen Verfassung im eigentlichen Sinn gesprochen werden kann, ist jedoch umstritten.

Demokratie lässt sich nur im notwendigen Zusammenhang von parlamentarischen Volksentscheiden, ergänzt durch Elemente direkter Demokratie, mit der umfassenden Garantie von Grundrechten, Gewaltenteilung und gerichtlicher Kontrolle von Gesetzgebung und Exekutive verwirklichen. Zu den Realbedingungen einer funktionierenden Demokratie zählen weiters ein hinreichendes Maß an sozialer Sicherheit sowie ein Ethos politischer Verantwortlichkeit und Partizipationsbereitschaft von Seite der Bürger:innen.

---

183 Vgl. ebd., 261 ff.
184 Vgl. ebd., 264 ff.
185 Vgl. ebd., 276 ff.
186 Vgl. ebd., 279 ff.
187 Vgl. ebd., 48 ff.

Wiederholungsfragen:

1. Was verstand man unter den „Rights of Englishmen"? Welche Bedeutung kam diesen für die Ausbildung von Menschenrechten zu?
2. Was versteht man unter der „Universalität" der Menschenrechte? Welche Kritik lässt sich daran aus der Perspektive unterschiedlicher kultureller Rahmenbedingungen formulieren?
3. Erklären Sie Gemeinsamkeiten und Unterschiede zwischen partizipativen und deliberativen Demokratietheorien.

6. Kapitel: Theorien der Gerechtigkeit

Der indische Ökonom und Philosoph Amartya Sen (siehe → 6.5) berichtet aus seinen Kindheitserinnerungen:
„Eines Nachmittags [...] spielte ich im Garten unseres Hauses in Dhaka, der heutigen Hauptstadt von Bangladesch, als ein Mann herzzerreißende Schreie ausstoßend und heftig blutend durch unser Tor gelaufen kam. Es waren die Tage der Volksunruhen [zwischen] Hindus und Moslems [...]. Der niedergestochene Mann, er hieß Kader Mia, war ein moslemischer Tagelöhner, der [für geringen Lohn] im Nachbarhaus arbeitete und auf der Straße vom Mob [...] angefallen worden war. [...] Seine Frau hatte ihn angefleht, in diesen unruhigen Zeiten ein so gefährliches Viertel zu meiden. Kader Mia *blieb jedoch keine Wahl*, er *musste* Arbeit suchen, weil seine Familie nichts zu essen hatte. Die Strafe für seine *wirtschaftliche Unfreiheit* war der Tod. Er starb im Krankenhaus."[1]
Die Frage nach der Gerechtigkeit hat vielseitige Facetten. Einige zentrale zeitgenössische Gerechtigkeits*theorien*, aber auch Theorien des politischen Widerstands, behandelt das folgende Kapitel. Ausgewählte aktuelle Fragen *angewandter* Rechtsethik (aus sogen. „Bereichsethiken") werden im nächsten Kapitel erörtert.

6.1 Einleitung: Der Begriff der Gerechtigkeit

Die Frage nach der Gerechtigkeit gehört zu den zentralen Themen der Rechtsphilosophie von den Anfängen politischer Philosophie her. Sie steht in einem engen Zusammenhang mit bereits behandelten Themen wie → den Aufgaben und Funktionen des Staates (Kap. 3), → Recht und Moral (Kap. 4), → den Menschenrechten (Kap. 5) und v.a. → Fragen angewandter Ethik (Kap. 7).

Platon führte den Begriff der Gerechtigkeit in die politische Philosophie ein, um der Ordnung der Polis ein von archaischen Ehrvorstellungen und religiös-mythologischen Aspekten unabhängiges **rationales Fundament** zu verschaffen. Gerechtigkeit ist dabei zunächst ein umfassender Ordnungsbegriff, der einen unmittelbaren Zusammenhang zwischen der persönlichen tugendhaften **Integrität des einzelnen Bürgers** („Ordnung der Seele") und der **Ordnung der Polis** herstellt. Gerechtigkeit in der Polis bedeutete v.a. die gerechte Verteilung von Aufgaben, wonach jeder Stand „das Seinige" beiträgt (→ vgl. bereits 3.1.1). Erst Aristoteles bezieht Gerechtigkeit auf die sozialen Beziehungen gleicher Bürger untereinander. Damit wird Gerechtigkeit nicht nur als persönliche Tugend ver-

1 Sen 2020a, 18 f. [Hervorhebung durch Verf.].

standen, sondern v.a. als Maßstab für die **Verteilung von Gütern und Lasten** bzw. für den **Austausch von Gütern**.

Aristoteles unterscheidet näherhin die **„iustitia distributiva" („zuteilende Gerechtigkeit")**, bei der es um das Verhältnis zwischen der Polisgemeinschaft und dem Einzelnen geht. Hier ist proportionale Gleichheit („geometrische" Gleichheit) je nach unterschiedlicher Leistung, Bedürftigkeit etc. angebracht. Die **„iustitia commutativa" („ausgleichende Gerechtigkeit")** bezieht sich dagegen auf Tauschverhältnisse und Ausgleichsforderungen („Schadensersatz") unter Bürgern. Hier gilt der Maßstab strikt „arithmetischer" Gleichheit, d.h. der Äquivalenz von Leistung und Gegenleistung bzw. von Schaden und Schadensersatz, als Ausdruck der Gleichheit der Bürger.[2]

Gerechtigkeit bildete v.a. ein Kernthema der klassischen Philosophie der Vormoderne. Die politische Philosophie der Neuzeit ist tendenziell Staatsphilosophie, die den Schutz von Selbsterhaltung bzw. Freiheit der Bürger:innen sowie die Staatsaufgabe öffentlicher Sicherheit auf der Grundlage allgemeiner Gesetze fokussiert.

Gerechtigkeitsfragen werden in einer pluralistischen Gesellschaft sehr kontrovers diskutiert. Ihre Lösung ist von unterschiedlichen Interessenstandpunkten und divergierenden normativ-ethischen Auffassungen geprägt. Vertreter:innen mancher methodischen Positionen lehnen Gerechtigkeitsfragen als Gegenstand wissenschaftlicher Erkenntnis zur Gänze ab (Rechtspositivismus). In den letzten Jahrzehnten des 20. Jh. haben Theorien der Gerechtigkeit im Anschluss an John Rawls' *Theory of Justice* (1971) wieder an Bedeutung gewonnen. Einige von ihnen sollen im Anschluss vorgestellt werden. Verteilungsgerechtigkeit hinsichtlich elementarer Güter lässt sich dabei in der Regel nicht von der Theorie politischer Institutionen (Demokratietheorie) trennen. Aktuelle Theorien der Gerechtigkeit verstehen unter Gerechtigkeit häufig primär **Verfahrensgerechtigkeit**, die den Fokus auf die Einrichtung gerechter Verfahren der Güterverteilung bzw. der rechtlich-politischen Willensbildung legt.

6.2 John Rawls (1921–2002): Eine Theorie der Gerechtigkeit

Zu den bedeutendsten Beiträgen moderner Theorien der Gerechtigkeit gehört das Hauptwerk des amerikanischen Philosophen John Rawls *A Theory of Justice* (1971). Rawls' Konzept der „Gerechtigkeit als Fairness" bietet einen zentralen Anknüpfungspunkt für aktuelle Gerechtigkeitsdiskurse, auch weit über die angloamerikanische Debatte des 20. Jh. hinaus.

---

[2] Vgl. Aristoteles, E.N., V 8, 1130 b 30 ff.

6.2.1 Grundlagen

6.2.1.1 Utilitarismuskritik

RAWLS' Theorie der Gerechtigkeit muss zunächst als **Gegenentwurf** zu den im angelsächsischen Raum lange dominierenden **Strömungen des Utilitarismus** gelesen werden.[3] RAWLS positioniert sich in seiner Konzeption dezidiert gegen das zentrale utilitaristische Ziel der kollektiven Nutzenmaximierung, die dafür eben auch die Einschränkung der Rechte Einzelner in Kauf nimmt.[4] Nach dem Grundsatz des „größtmöglichen Glücks der größtmöglichen Zahl" kalkuliert der klassische Utilitarismus gegebenenfalls auch gravierende Nachteile Einzelner mit ein, solange dies durch einen rechnerischen Vorteil für die Gesamtheit aufgewogen wird. (Erinnern Sie sich bitte an die utilitaristische Ethik → 4.2.2.1.)

6.2.1.2 Das Modell des Gesellschaftsvertrags

Als Antwort auf die utilitaristische Herausforderung greift RAWLS auf die klassischen Modelle von Naturzustand und Gesellschaftsvertrag zurück.[5] Dies kommt insbes. in seiner Lehre vom **„Urzustand" („original situation")** zum Ausdruck. Er leitet damit zweifelsohne auch eine Renaissance der philosophischen **Vertragstheorie** in der politischen Philosophie der letzten Jahrzehnte ein. Anders als in der Gesellschaftsvertragstheorie von Rationalismus und Aufklärung (→ vgl. dazu die exemplarischen Entwürfe von HOBBES und LOCKE, 3.4.1–2) dient das Gedankenexperiment einer vertraglichen Einigung im „Urzustand" aber nicht mehr in erster Linie der fundamentalen Aufgabe der Herrschaftslegitimation, sondern der **Verteilung sozialer Grundgüter** („primary social goods").[6]

6.2.1.3 Das Menschenbild John Rawls'

Dezidiert gegen gesellschaftspolitische Ideale des Utilitarismus rekurriert RAWLS auf zentrale Aspekte des Menschenbilds und Freiheitsverständnisses KANTS, v.a. auf dessen „Selbstzweckformel" (→ zur Wiederholung siehe 4.3.3.2.b). Anders als KANT sieht RAWLS die Menschen aber primär als **rationale Egoist:innen**, die gemäß ihrem **wohlverstandenen Selbstinteresse** handeln.

Zwar haben die Menschen unterschiedliche Interessen, aus denen auch Konflikte resultieren können. Sie verfügen in einer **pluralistischen Gesellschaft** auch

---

[3] Vgl. Rawls 2024, 40 ff.
[4] Vgl. ebd., 44 f.
[5] Vgl. ebd., 27 ff.
[6] Ebd., 111.

über ganz unterschiedliche Vorstellungen von Gerechtigkeit. Rawls macht aber – anders als klassische Theorien des Gesellschaftsvertrags – nicht die Konfliktbedrohtheit des Menschen zum Ausgangspunkt seiner Überlegungen.[7] Er versteht die Gesellschaft vielmehr als **System der Zusammenarbeit**, das „allen ein besseres Leben ermöglicht, als wenn sie nur auf ihre [eigenen] Anstrengungen angewiesen wären".[8]

6.2.1.4 Gerechtigkeit als Verteilungs- und Verfahrensgerechtigkeit

Es bedarf daher einer Einigung über die wichtigsten Grundsätze der Verteilung der Früchte und Lasten dieser gesellschaftlichen Zusammenarbeit. Gegenstand der Gerechtigkeit ist nach Rawls die **„Grundstruktur der Gesellschaft"**.[9] Diese Vereinbarung bezeichnet er auch als „Gründungsurkunde"[10] der betreffenden Gesellschaft. Dabei geht es nicht um die Verteilung einzelner Güter, sondern um die **grundlegenden Institutionen** und **Verfahren der Güterverteilung**.[11] Dazu gehören die „Verfassung und die wichtigsten wirtschaftlichen und sozialen Verhältnisse".[12] Seine Gerechtigkeitskonzeption bezieht sich also nicht nur auf **grundlegende rechtliche Positionen**, sondern auch auf die Verteilung **sozialer und ökonomischer Chancen**.

6.2.2 Der Urzustand (original situation)

Wie aber kann eine rationale Einigung über die Grundstruktur der Gesellschaft zustande kommen?

Die Grundsätze der Gerechtigkeit sollen nach Rawls in einer **„fairen Ausgangsposition"**[13] festgelegt werden. Zu diesem Zweck greift Rawls auf das Gedankenexperiment eines **„Urzustands"** ohne Staat und Recht zurück, in dem die Menschen **ursprünglich gleich und frei** sind.[14] Um nun eine faire Einigung über die Grundsätze der Gerechtigkeit zu erzielen, kommt es in entscheidender Weise auf die Ausgestaltung dieses gedachten Urzustands an. Wesentlich ist, dass die Grundsätze der Gerechtigkeit das **„Ergebnis einer fairen Übereinkunft"**[15] sein können. **Gerechtigkeit als Fairness** fordert, dass Unterschiede in der sozialen

---

[7] Vgl. Kersting 2015, 119 f.
[8] Rawls 2024, 146.
[9] Ebd., 23.
[10] Ebd., 28.
[11] Vgl. ebd., 23.
[12] Ebd., 23.
[13] Ebd., 29.
[14] Vgl. ebd., 28 f.
[15] Ebd., 29.

Ausgangsposition bzw. in den natürlichen Begabungen und Fähigkeiten nicht einseitig zu weiteren politischen und ökonomischen Vorteilen führen dürfen.[16]

> Den Urzustand könnte man den angemessenen Ausgangszustand nennen, und damit sind die in ihm getroffenen Grundvereinbarungen fair. Das rechtfertigt die Bezeichnung ‚Gerechtigkeit als Fairneß': Sie drückt den Gedanken aus, daß die Grundsätze der Gerechtigkeit in einer fairen Ausgangssituation festgelegt werden.[17]

Ähnlich wie viele Vertragstheoretiker von Aufklärung und Rationalismus sieht Rawls die Menschen im Urzustand als rationale Egoist:innen[18], die ihr wohlverstandenes Selbstinteresse verfolgen. Anders aber als in klassischen Vorstellungen vom Naturzustand ist die Situation im Urzustand **nicht lebensbedrohlich**. Nicht die Selbsterhaltung zwingt die Menschen also zur Kooperation.[19] Was aber bringt sie in Rawls' „Urzustand" dann dazu, nicht einseitig nur den eigenen Vorteil zu suchen?

Die Grundlage für eine faire Einigung bildet nach Rawls eine zusätzliche Annahme, nämlich die Hypothese vom **„Schleier des Nichtwissens" („veil of ignorance")**.[20] Dies ist ein weiteres Gedankenexperiment in Form eines **Informationsdefizits**: Rawls geht davon aus, dass die Menschen im Naturzustand entscheidende Faktoren ihrer aktuellen bzw. zukünftigen persönlichen und gesellschaftlichen Situation nicht kennen.[21] Solche Faktoren sind Alter, Geschlecht, sozialer Status, kulturelle oder religiöse Prägung, konkrete moralische Überzeugungen u.a. Dies erzeugt eine **Ausgangslage der Unsicherheit**, in der jede/r damit rechnen muss, in die **schlechtestmögliche Position** zu geraten.[22] Das zwingt die Akteur:innen im Urzustand dazu, **nicht einseitig Grundsätze zu ihrem Vorteil** auszuwählen.[23]

Das Modell des „Schleiers des Nichtwissens" stellt gewissermaßen die gedankliche Brücke zwischen der im angelsächsischen Raum vertrauteren Sicht des Menschen als „rationalen Egoisten" bzw. „rationale Egoistin" und dem Verständnis eines „verantwortlichen Subjekts" in kantianischer Tradition dar. Rawls „überlist[e]", so Kersting, „den klugen Egoisten". Dieser gerate in eine Lage, in der er „moralisch agieren" müsse, „ohne es zu bemerken".[24]

Die Menschen im „Urzustand" müssen bei der Entscheidung über Gerechtigkeitsprinzipien daher **alle gesellschaftlichen Positionen** grundsätzlich **gleich** behandeln. Hier kommt erneut das rechtsethische Prinzip der Verallgemeinerung

---

16 Vgl. Kersting 2015, 120; Rawls 2024, 92 ff.
17 Rawls 2024, 29.
18 Vgl. Kersting 2015, 121.
19 Vgl. ebd., 119 f.
20 Rawls 2024, 159.
21 Vgl. ebd., 159 ff.
22 Vgl. ebd., 177 ff.
23 Vgl. ebd., 159.
24 Kersting 2015, 123 f.

zum Ausdruck (→ vgl. bereits 3.4.4.3.b u. 4.3.3.2.a). Grundlage der Einigung ist es, sich auch als Betroffene der eigenen Entscheidung zu sehen und damit einen **gedachten Rollenwechsel** vorzunehmen. Ungleichheiten sind nur unter bestimmten einschränkenden Bedingungen legitim (→ siehe den 2. Grundsatz in 6.2.3). Jene müssen letztlich zur Verbesserung der Situation der **am wenigsten begünstigten** Mitglieder der Gesellschaft beitragen (**Maximin-Regel**).[25]

Die konkrete Konzeption des Urzustands soll also zu einem **fairen Verfahren** bei der Einigung über die Grundsätze der Gerechtigkeit führen. Man kann daher in diesem Zusammenhang von **Verfahrensgerechtigkeit** sprechen.[26]

Rawls knüpft aber nicht nur an Modelle der Vertragstheorie an. Weitere methodische Ansatzpunkte zielen auf eine Abgleichung der hypothetisch abgeleiteten Grundsätze mit den in einer pluralistischen Gesellschaft tatsächlich vorhandenen Gerechtigkeitsauffassungen. Die Übereinstimmung zwischen der Hypothese des Urzustands und den daraus abgeleiteten Prinzipien mit relevanten gesellschaftlichen Überzeugungen zu Gerechtigkeitsfragen nennt er **„Überlegungs-Gleichgewicht"**.[27]

6.2.3 Die beiden Grundsätze der Gerechtigkeit

Aus dem Urzustand werden **zwei Prinzipien der Gerechtigkeit** für die „Grundstruktur" („basic structure")[28] der Gesellschaft abgeleitet. Sie enthalten die Kriterien für die Verteilung sowohl politisch-rechtlicher Positionen wie auch sozialökonomischer Güter.

- Der **erste** Grundsatz umfasst die **Verteilung grundlegender Rechte** und ist daher strikt egalitär ausgerichtet. Er lautet:

  > „Jedermann soll gleiches Recht auf das umfangreichste System gleicher Grundfreiheiten haben, das mit dem gleichen System für alle anderen verträglich ist."[29]

  Dazu zählt etwa das Wahlrecht, die Rede- und Versammlungsfreiheit, die Gewissensfreiheit, das Recht auf persönliches Eigentum, die persönliche Freiheit, der Schutz vor willkürlicher Verhaftung u.a. In diesem Bereich herrscht **strikte formale Gleichheit**.[30]
- Das **zweite** Prinzip bezieht sich auf die **sozio-ökonomische** Struktur der Gesellschaft, d.h. „auf die Verteilung von **Einkommen und Vermögen**" und den Zu-

[25] Vgl. Rawls 2024, 177 ff.
[26] Vgl. ebd., 159 ff.
[27] Ebd., 38.
[28] Vgl. ebd., 23 ff.
[29] Ebd., 81.
[30] Vgl. ebd., 82.

gang zu Positionen, mit denen **„Macht und Verantwortung“**[31] verbunden sind. In diesem Bereich sind **Ungleichheiten zulässig**, allerdings nur unter **zwei einschränkenden Bedingungen**. Das zweite Prinzip fordert, dass

> **„soziale** und **wirtschaftliche Ungleichheiten** so zu gestalten“ sind, dass
>
> a. „vernünftigerweise zu erwarten ist, dass sie zu jedermanns Vorteil dienen“ **(Differenzprinzip)**, und
> b. „sie mit Positionen und Ämtern verbunden sind, die jedem offen stehen“[32] **(faire Chancengleichheit)**.

Das zweite Prinzip besteht also aus **zwei Teilprinzipien**:

> **Das Prinzip der fairen Chancengleichheit:**
> Dieses wird von Rawls als vorrangig gegenüber dem Differenzprinzip betrachtet.[33] Das zweite Prinzip fordert zunächst die Verwirklichung „fairer“ Chancengleichheit. Diese soll im Gegensatz zu formaler Chancengleichheit jeder/jedem die reale Chance auf die Erlangung von Ämtern und Positionen geben, die mit „Macht und Verantwortung“ verbunden sind. Menschen mit **gleichen Fähigkeiten** und **gleicher Einsatzbereitschaft** müssen **gleiche Lebenschancen** haben, unabhängig von ihrer gesellschaftlichen Ausgangssituation, etwa der sozialen Schichtzugehörigkeit.[34] Dies soll v.a. durch eine Verbesserung des Schul- und Ausbildungssystems und einen diskriminierungsfreien Zugang zu wichtigen Ämtern und Positionen erreicht werden.
> Rawls sieht darin aber erst die „**liberale** Auffassung“[35] von Gleichheit verwirklicht. Für „**demokratische** Gleichheit“ bedarf es einer weiteren Voraussetzung:
>
> **Das Differenzprinzip:**
> Ungleichheiten müssen so gestaltet sein, dass sie **jeder/jedem** einen **Vorteil** bringen. Letztlich dürfen auch unterschiedliche Begabungen („natürliche Fähigkeiten“) nicht unbegrenzt zu sozialen Ungleichheiten führen.[36] Auch die „Lotterie der Natur“ sei „willkürlich“.[37] Soziale und ökonomische Ungleichheiten sind nur unter der Bedingung legitim, dass die Menschen mit der schlechtesten sozialen und ökonomischen

---

31 Ebd., 82.
32 Ebd., 81.
33 Vgl. ebd., 337.
34 Vgl. ebd., 93.
35 Ebd., 94.
36 Vgl. ebd., 94.
37 Ebd., 94.

Startposition davon am meisten profitieren.[38] (Dies folgt bereits aus der **Maximin-Regel** im Urzustand.)

6.2.4 Politischer Liberalismus: Die lexikalische Ordnung der Prinzipien

Diese Prinzipien sind keinesfalls gleichrangig, sondern stehen in einem Verhältnis der **„lexikalischen Ordnung"**[39] zueinander. Das bedeutet, dass sie **nicht gegeneinander abgewogen** werden können. Vielmehr muss – eben ähnlich wie bei der Buchstabenabfolge in einem Lexikon – der erste Grundsatz vollständig verwirklicht sein, ehe man mit der Umsetzung des zweiten Prinzips beginnen kann. Innerhalb des zweiten Prinzips hat das Prinzip fairer Chancengleichheit Vorrang vor dem Differenzprinzip.[40]

Daraus folgt: **Freiheiten können nur zugunsten anderer Freiheiten eingeschränkt werden, niemals jedoch zur Erzielung wirtschaftlicher oder auch gesellschaftlicher Vorteile**, z. B. zur Steigerung des Wirtschaftswachstums oder in Zeiten ökonomischen Notstands.[41] Damit grenzt sich Rawls erneut vom utilitaristischen Leitziel der Maximierung des ökonomischen Gesamtnutzens ab. Bestimmte ökonomische Freiheiten stehen daher auch nicht unter dem Schutz des ersten Prinzips, wie etwa eine unbegrenzte Vertragsfreiheit oder das Eigentum an Produktionsmitteln.[42] Rawls gilt als Vordenker des modernen **politischen Liberalismus**, vertritt aber keine uneingeschränkt wirtschaftsliberale Position. Für die „Grundstruktur" der Gesellschaft (zur Erinnerung: diese besteht im Ergebnis aus → den beiden Prinzipien der Gerechtigkeit) spielen **auch sozialstaatliche Forderungen** eine Rolle. Er geht letztlich nicht von einer **„liberalen"**, sondern von einer **„demokratischen"** Vorstellung von **Gleichheit**[43] aus. Dies kommt besonders im zweiten Gerechtigkeitsprinzip (hier wiederum v.a. im Differenzprinzip) zum Ausdruck. Rawls' Theorie enthält das Konzept eines gemäßigten Marktliberalismus. Soziale Gerechtigkeit fordert aus seiner Sicht v.a. die Verhinderung „übermäßiger Vermögenskonzentrationen"[44] sowie die Gewährleistung „gleicher Bildungschancen für alle".[45]

---

[38] Vgl. ebd., 95 ff.
[39] Ebd., 84.
[40] Vgl. ebd., 96.
[41] Vgl. ebd., 93 f.
[42] Vgl. ebd., 87.
[43] Ebd., 95.
[44] Ebd., 93 f.
[45] Ebd., 94.

6.3 Kommunitarismus

Ab den 80er Jahren des 20. Jh. entsteht v.a. im nordamerikanischen Raum eine Reihe von Gerechtigkeitskonzeptionen, die sich kritisch mit aktuellen Theorien des Liberalismus, insbes. mit jener RAWLS', auseinandersetzen. Es handelt sich dabei um durchaus unterschiedliche Positionen, die aufgrund ihrer Liberalismuskritik unter der gemeinsamen Bezeichnung „Kommunitarismus" zusammengefasst werden. Zu den bedeutendsten Vertreter:innen gehören u.a. B. BARBER, W. KYMLICKA, A. MACINTYRE, M. NUSSBAUM, M. SANDEL, C. TAYLOR , M. WALZER.

Wodurch unterscheiden sich kommunitaristische Gerechtigkeitstheorien von liberalistischen Konzeptionen? Was sind deren Hauptanliegen? Bereits die Bezeichnung signalisiert einen signifikanten Unterschied. Kommunitarist:innen betonen die Bedeutung der ***konkreten*** **politischen Gemeinschaft** für die Verwirklichung von Gerechtigkeit und die Entfaltung des Einzelnen. Sie berufen sich dabei nicht auf Vertragstheoretiker wie KANT oder LOCKE, sondern v.a. auf republikanische Konzeptionen im Anschluss an ARISTOTELES, wie sie etwa auch von MONTESQUIEU, ROUSSEAU, HEGEL oder TOCQUEVILLE vertreten wurden (vgl. → 3.1.2.2 u. 5.4.3).

6.3.1 Kritik am Menschenbild des Liberalismus

Die liberalen Theorien des Gesellschaftsvertrags propagieren aus der Sicht kommunitaristischer Autor:innen das Menschenbild eines isolierten, „atomistische[n]"[46] Individuums, losgelöst von allen sozialen und kulturellen Bindungen. An Stelle des **„ungebundenen Selbst"**[47] des Menschen betonen Kommunitarist:innen die Bedeutung der jeweils **konkreten „Ich-Identität"**.[48] Keine konkrete Bürgerin, kein Bürger, „ausgestattet mit einem starken Identitätsgefühl und der Verfügungsgewalt über die eigenen Güter und verstrickt in die Nöte und Sorgen des Alltags",[49] so WALZER, würde sich jemals im Modell des abstrakten Subjekts im Urzustand wiedererkennen und sich mit bloß „hypothetischen Entscheidung[en]"[50] identifizieren. Des Weiteren beruht auch die Identität des modernen selbstbestimmten Individuums auf gesellschaftlichen und zivilisatorischen Voraussetzungen, die im Liberalismus nicht reflektiert werden. V.a. geht die Theorie des (gedachten) Gesellschaftsvertrags von einer verfehlten, nämlich zu abstrakten, Vorstellung von Gleichheit aus, die tatsächliche gesellschaftliche Ungleichheiten ausblende und damit verfestige. (Dieses Argument stand bereits im Mittelpunkt der → Kritik ROUSSEAUS an liberalen Modellen des Gesellschaftsvertrags, vgl. 3.4.3.2.a.) Aus der

46 Taylor 1995, 73.
47 Vgl. Sandel 1998, 182.
48 Vgl. Taylor 1996, 55 ff.
49 Walzer 2006, 29.
50 Ebd., 29.

Sicht MARTHA NUSSBAUMS beruht auch RAWLS' Theorie des Gesellschaftsvertrags eigentlich auf der Voraussetzung annähernd gleich mächtiger, unabhängiger Vertragspartner:innen, die sich in ihren „grundlegenden Vermögen, Fähigkeiten und Bedürfnissen nicht besonders stark unterscheiden".[51]

6.3.2 Aktive Demokratie

Mit der stärkeren Gewichtung der politischen Gemeinschaft verbindet sich auch ein differenzierteres Demokratieverständnis. Eine „lebendige Demokratie" verlangt nach CHARLES TAYLOR weitere Voraussetzungen, die über die herkömmlichen Verfahren repräsentativer Demokratie und Rechtsstaatlichkeit (wie Wahlen, Parteienpluralismus, demokratisches Mehrheitsprinzip) hinausgehen und diese ergänzen. Gerechtigkeit kann nicht auf Verfahrensgerechtigkeit reduziert werden. Insbes. schaffen herkömmliche demokratische Prozeduren im modernen Flächenstaat ein zu hohes Maß an **Distanz zu den einzelnen Bürger:innen**. BENJAMIN BARBER bezeichnet moderne Formen der Selbstregierung, in denen die aktive Mitwirkung der Bürger:innen und deren politischer Verantwortungssinn eine zentrale Rolle spielen, auch als **„starke Demokratien"**.[52] Diese unterscheidet er von sogen. **„schwachen Demokratien"** („thin democracies"), in denen die Apathie der Bürger:innen gegenüber den demokratischen Institutionen dominiert (z.B. in Form geringer Wahlbeteiligung) und die Bürger:innen überwiegend ihre eigennützigen, v.a. ökonomischen, Interessen verfolgen.[53] (→ Vgl. auch 5.4.4.3.)

Konkret nennt TAYLOR folgende politische Voraussetzungen für eine „lebendige Demokratie":

1. Die erste Voraussetzung bildet die **„demokratische Einheit"**,[54] d.h. die Identifikation der Bürger:innen mit dem Gemeinwesen. Das damit angesprochene Bürgerethos enthält zwar auch kulturelle Komponenten. Keineswegs ist damit aber eine nationalistische Gesinnung gemeint. Im Gegenteil, Nationalismus sei mit demokratischer Einheit in vielen Fällen „unvereinbar".[55] Es geht vielmehr um eine Haltung der **sozialen Solidarität** und **politischen Verantwortlichkeit** sowie der **Loyalität** gegenüber den **demokratischen Institutionen**.[56]
2. V.a. aber bedarf es der Verankerung von Formen **unmittelbarer Bürgerpartizipation** auf allen politischen Ebenen, insbes. aber im unmittelbar erfahrbaren kommunalen Umfeld.[57] Ein Rückgang an Partizipation führe auch zu einem

---

51 Nussbaum 2010, 54.
52 Vgl. Barber 1994, 99 ff.
53 Vgl. ebd., 32 ff.
54 Taylor 2002, 22.
55 Ebd., 22.
56 Vgl. ebd., 21 ff.
57 Vgl. ebd., 23 ff.

Verfall des „Bürgersinn[s]“,[58] der Wertschätzung demokratischer Institutionen überhaupt. „Eine lebendige Demokratie“ muss nach Taylor „auf zwei Beinen stehen. Zum einen braucht sie eine zentrale Gewalt, die den Wählern verantwortlich ist [...]; zum anderen bedarf sie ebenso einer **weitgespannten Vielfalt von Formen direkter Demokratie**“.[59] Damit sind nicht nur die klassischen Instrumente direkter Demokratie (wie Volksabstimmungen) gemeint, sondern auch alle Formen gemeinnützig ausgerichteter Bürgerinitiativen und zivilgesellschaftlichen Engagements, von Nachbarschaftshilfe bis hin zu Formen des „Zivilen Ungehorsams“, z.B. zum Zweck des Umweltschutzes oder der Betreuung von Flüchtlingen.

Hier zeigt sich eine deutliche Ähnlichkeit zu → partizipativen Demokratietheorien, vgl. 5.4.4.3. (Diesen wird Barbers Modell vorrangig zugeordnet, wie Sie bereits gelesen haben.) Kommunitarist:innen betonen in der Regel noch deutlicher die Erfordernisse von gelebter Solidarität und politischem Bürgerethos im Allgemeinen, während jene primär die *Verfahren* der (direkten) Partizipation fokussieren.

3. Lebendige Demokratien können nach Taylor darüber hinaus nur auf der Grundlage des **gegenseitigen Respekts** der Bürger:innen bestehen, der für die Verteidigung der Bürgerrechte essenziell sei. Allem voran sei daher die **Bekämpfung von rassistischer und geschlechtsspezifischer Diskriminierung** eine unabdingbare Voraussetzung von Demokratie.[60]

   Aber auch die Gewährleistung grundlegender **wohlfahrtsstaatlicher Einrichtungen** stellt eine Voraussetzung gegenseitiger Achtung der Bürger:innen dar.[61] Ja, ein unbegrenzter Kapitalismus enthalte demgegenüber eine Bedrohung für demokratische Bürgerkultur.[62]

6.3.3 Kritik an unbegrenztem Marktliberalismus und Globalisierung

Die meisten kommunitaristischen Autor:innen wenden sich gegen einen gänzlich regulierungsfreien Marktliberalismus. Große Kapitalkonzentrationen und mächtige multinationale Konzerne stellen nach Taylor im Zuge der „Globalisierung“ nämlich auch eine **Gefahr für die Demokratie** dar. Durch diese Entwicklung werde de facto Entscheidungsmacht von politischen, partizipativen Verfahren abgezogen und zu hierarchisch strukturierten Großkonzernen verlagert. Außerdem bestehe die Gefahr, die Bürger:innen zu bloßen Konsument:innen zu degra-

---

[58] Ebd., 23.

[59] Ebd., 24 f. [Hervorhebung durch Verf.].

[60] Vgl. ebd., 26.

[61] Vgl. ebd., 26 ff.

[62] Vgl. ebd., 26 f.

dieren, die nur mehr an der Erhöhung ihres Lebensstandards interessiert seien und kaum an aktiver politscher Mitbestimmung. Damit sei gar die Demokratie als „gemeinsame Quelle der Bürgerwürde" in Frage gestellt.[63]

Gerade der **Verfall politischer Bürgerkultur** zugunsten einer **globalen Konsumgesellschaft** und die wachsende ökonomische Globalisierung werden von BARBER sogar als eine der Ursachen für das Erstarken politisch-religiöser fundamentalistischer Strömungen und damit verbundener terroristischer Gefahren betrachtet.[64]

6.4 Multikulturalismus

Welche Bedeutung kann kulturell unterschiedlichen Auffassungen von Gerechtigkeit in einer modernen Demokratie zukommen?

V.a. Globalisierung und aktuelle Migrationsbewegungen führen dazu, dass die meisten Staaten mit dem Phänomen einer „multikulturellen" Gesellschaft konfrontiert sind. Daraus resultieren als zentrale Herausforderungen für moderne Demokratien sowohl die Aufgabe der **Integration** eingewanderter Minderheiten als auch der Schutz **kultureller Diversität**. Beide Aufgaben sind im Sinne eines „aufgeklärten Multikulturalismus" keine Gegensätze, sondern stehen in einem engen Zusammenhang.[65] Sie sind freilich Gegenstand äußerst kontroverser gesellschaftspolitischer Debatten und Diskurse über Gerechtigkeit.

6.4.1 Integration als Leitbegriff

Die häufig thematisierte Forderung nach „Integration" von Menschen mit Migrationsgeschichte kann in einer demokratisch-freiheitlichen Gesellschaft **nicht als Zwang zur Assimilation** an die kulturelle Lebensweise der Mehrheitsgesellschaft verstanden werden.[66] Zwar bildet die **Akzeptanz der Verfassung** im Sinne einer rechtsstaatlich-demokratischen Ordnung auch die Grundlage einer kulturell pluralistischen Gesellschaft. Adäquate Integrationsmaßnahmen erzeugen aber keinen darüber hinaus gehenden Anpassungsdruck im Bereich kulturell-religiös geprägter Lebensformen. Sie sind vielmehr als **Maßnahmen des sozialen „Empowerment"**[67] zu verstehen, die strukturellen Diskriminierungen, etwa im Bereich der Schulbildung oder des Arbeitsmarktes, gegensteuern sollen. Eine zentrale Rolle kommt dabei der Förderung der Sprachkenntnisse zu.

---

63 Vgl. Barber 1994, 27.
64 Vgl. Barber 1997, 167 ff.
65 Vgl. Bielefeldt 2007, 17 ff.
66 Vgl. ebd., 12.
67 Ebd., 12.

6.4.2 Die Politik des Multikulturalismus

Die politische Philosophie des Multikulturalismus geht über solche Forderungen noch hinaus. Nach TAYLOR, einem der wichtigsten Vertreter kommunitaristischer Positionen, sei die **Nicht-Anerkennung der kulturellen Identität** von Menschen oder Gruppen von Menschen, v.a. von kulturellen und ethnischen Minderheiten, ein **Ausdruck von Diskriminierung**. Von jeher würden bestimmte Bevölkerungsgruppen, etwa Frauen in der patriarchalen Gesellschaft, People of Color oder kolonialisierte Völker, gezwungen, „einen entwürdigenden Begriff [von sich] selbst zu akzeptieren" und zu „verinnerlich[en]".[68] Das dadurch produzierte **negative Selbstbild** der Betroffenen werde unweigerlich – auch unabhängig von rechtlichen Diskriminierungen – zur **Schranke der persönlichen Entfaltung**.[69] Auch liberale Demokratien sind aus TAYLORS Sicht nicht kulturell neutral und nur scheinbar universalistisch, d.h. auf die Anerkennung allgemeiner Menschenwürde ausgerichtet. Der Liberalismus sei kein Platz des „Austauschs aller Kulturen",[70] sondern selbst eine „kämpferische Weltdeutung".[71] Auch der Liberalismus bzw. die Politik der Menschenwürde schaffen daher keine kulturelle Neutralität. (→ Eine ähnliche Kritik haben Sie bereits im Zusammenhang mit der Eurozentrismus-Debatte bezüglich der Menschenrechte gehört, vgl. 5.3.2.2.) Sie beruhten vielmehr auf den **Wertvorstellungen der Mehrheitskultur**, wodurch kulturelle Minderheiten strukturell diskriminiert würden. Formale Gleichbehandlung zwischen Angehörigen der Mehrheitskultur und Menschen, die kulturellen Minderheiten angehören, könne im Ergebnis Ungleichheiten erzeugen.[72]

Die – an universaler Gleichheit orientierte – **„Politik der Menschenwürde"** müsse daher durch eine **„Politik der Differenz"** ergänzt werden, die kulturellen Besonderheiten Anerkennung verschaffe.[73] Eine „angeblich faire, ‚differenz-blinde'" Gesellschaft sei, so TAYLOR, „in hohem Grade diskriminierend."[74] V.a. sei der Untergang minoritärer kultureller Lebensformen gleichbedeutend mit einem Verlust an Freiheit. TAYLOR fordert daher eine aktive Politik der **„Survivance"**[75] zu deren Schutz. „Elementar[e] Freiheiten", wie z.B. die „Habeas-Corpus-Akte" (Verbot willkürlicher Verhaftung), dürfen jedoch durch diese Politik der Differenz nicht eingeschränkt werden.[76]

---

68 Vgl. Taylor 2009, 13 f.
69 Vgl. ebd., 13.
70 Ebd., 49.
71 Ebd., 49.
72 Vgl. ebd., 26 ff; 30.
73 Vgl. ebd., 25 ff.
74 Ebd., 30.
75 Ebd., 39.
76 Vgl. ebd., 45.

> Als Anwendungsfall dieser Politik der „Survivance" verweist TAYLOR auf die Erhaltung der französischsprachigen Minderheit in der kanadischen Provinz Quebec durch äußerst restriktive Schutzmaßnahmen, die etwa Frankokanadiern u.U. verbieten, ihre Kinder auf englischsprachige Schulen zu schicken.[77]

Als Kritik an TAYLORS Politik der „Survivance" wird jedoch eingewendet, – etwa von J. HABERMAS – dass eine solche „Überlebensgarantie" für die Pflege einer bestimmten Kultur an sich in Widerspruch zur Freiheit geraten könne. Sie nehme dem einzelnen Mitglied dieser kulturellen Minderheit die Möglichkeit, sich bewusst dafür oder dagegen zu entscheiden.[78] Kulturelle Traditionen stellen vielmehr nach KYMLICKA **„Optionen"[79] sinnvoller Lebensgestaltung** dar. Unterschiedliche Kulturen sollen nach BIELEFELDT aber nicht um ihrer selbst willen im Sinne einer Bestandsgarantie geschützt werden, sondern indirekt als **Grundlage und Ausdruck kultureller Freiheitsrechte** des Einzelnen.[80] Eine zentrale Rolle spielt dabei die **Religions- und Weltanschauungsfreiheit**, die nicht nur als Abwehrrecht verstanden werden kann. Sie verpflichtet den Staat vielmehr auch dazu, die rechtlichen Rahmenbedingungen für damit verbundene kulturelle Praktiken zur Verfügung zu stellen.[81] Wo es zur Konkurrenz zwischen kulturellen Rechtstraditionen und fundamentalen Freiheitsrechten, wie etwa den Rechten auf körperliche Unversehrtheit und persönliche Freiheit, kommt, sind nach BIELEFELDT aber Grenzen der Akzeptanz kultureller Traditionen erreicht. Als Beispiele, die keineswegs mit Rechtsstaat und Menschenrechten vereinbar wären, nennt er Zwangsehen und FGM (Female Genital Mutilation).[82]

6.5 Globale Gerechtigkeit (Amartya Sen)

6.5.1 Entwicklungspolitik jenseits des „Wachstumsmodells"

Auch AMARTYA SEN distanziert sich von einseitig liberalen Gerechtigkeitskonzeptionen. Den zentralen Ausgangspunkt seiner Überlegungen bilden v.a. Herausforderungen internationaler Gerechtigkeit. Eine verfehlte Entwicklungspolitik in armen Ländern, so SEN, könne „tödlich"[83] wirken. Daher stehen SENS Forderungen von jeher in einem **ökonomischen** und **globalen Zusammenhang**.

77 Vgl. ebd., 44 ff.
78 Vgl. Habermas 2009, 144 f.
79 Kymlicka 1999, 34.
80 Vgl. Bielefeldt 2007, 64.
81 Vgl. ebd., 64 ff.
82 Vgl. ebd., 67 ff.
83 Vgl. Sen 2020a, 18 f; 253; vgl. Neuhäuser 2013, 53.

Dabei entzündet sich SENS Kritik zunächst gerade an der klassischen entwicklungspolitischen Wohlfahrtstheorie und deren „Mathematisierung" des Entwicklungsbegriffs. Die übliche Orientierung am rechnerischen Durchschnittsertrag des BIP pro Kopf greife zu kurz. Das damit verbundene „herkömmliche Wachstumsmodell"[84] sei insgesamt **utilitaristisch** geprägt. Es stelle eine bloße Gesamtnutzenrechnung an, die die Benachteiligungen Einzelner ausblende. Menschen erscheinen darin v.a. bloß als „Träger"[85] von scheinbar objektivierbarem Nutzen. Rechte, Respekt oder subjektive Präferenzen kommen darin überhaupt nicht zur Sprache.[86]

Aber auch die Erfüllung basaler Grundbedürfnisse für alle reiche in der Perspektive internationaler Gerechtigkeit keineswegs aus. Ziel der Entwicklungspolitik sei nach SEN **nicht bloß Wohlergehen, sondern Freiheit.**

6.5.2 Zur Kritik am Menschenbild des „rationalen Egoisten"

SENS Kritik an Utilitarismus und Liberalismus geht aber noch darüber hinaus. Grundlegend stellt er die Relevanz des **Modells des „rationalen Egoisten"** bzw. **der „rationalen Egoistin"** als Motor nationaler wie globaler Wohlfahrtsökonomie in Frage. Das Motiv für die Zusammenarbeit mit anderen ist aus dieser Perspektive ja keineswegs Empathie oder Respekt für andere, sondern – eben „wohlverstandener" – Eigennutz, „rationales Selbstinteresse". Dieses Menschenbild ist Ihnen in diesem Buch schon mehrfach begegnet. Bereits viele Vertragstheoretiker von Rationalismus und Aufklärung nehmen es zum Ausgangspunkt für die Legitimation von Staat und Recht (etwa HOBBES und LOCKE, nicht hingegen → ROUSSEAU und KANT! Vgl. 3.4.1–4.). In der Gesellschafts- und Demokratietheorie des Liberalismus spielt dieses Modell, das auf dem Ausgleich unterschiedlicher (aber per se eigennütziger) Interessen beruht, weiter eine zentrale Rolle. Auch RAWLS rekurriert darauf in etwas moderaterer Form (vgl. → 6.2.1.3).

Aus der Sicht SENS reichen solche Strategien der Nutzensteigerung aber ebenso wenig aus wie bloß ökonomische Anreize, um dauerhaft wirtschaftlichen Erfolg und wirkliche Wohlfahrtssteigerung zu erzielen.[87] Er bezweifelt, dass das Streben nach „individueller Selbstoptimierung"[88] und subjektive Nutzenüberlegungen ausreichen, um Menschen zu gesellschaftlicher Kooperation zu motivieren.

Als Argumente gegen diese verbreitete liberalistische Annahme wendet er ein: Zum einen unterliege gerade die Wahrnehmung subjektiver Bedürfnisse oft emotionalen oder kognitiven **Verzerrungen**.

---

[84] Neuhäuser 2013, 58.
[85] Ebd., 55.
[86] Vgl. ebd., 55 ff.
[87] Vgl. Romero 2016, 90.
[88] Ebd., 89.

> Dies ist insbes. dann der Fall, wenn Menschen ihre Wünsche aufgrund intensiver Mangelerfahrungen so weit absenken, dass sie selbst elementare Bedürfnisse aufgeben. „Präferenzen" werden insbes. bei gesellschaftlichen Randgruppen und Menschen in armen Ländern häufig der gewohnten Lage von Mangel und Benachteiligung angepasst und nicht mehr auf eine Situation des eigentlichen Wohlbefindens ausgerichtet.[89]

Zum anderen reicht rationaler Egoismus aus SENS Sicht für gelingende soziale Kooperation zur Wohlfahrtssteigerung nicht aus. Es brauche dafür auch **Empathie („sympathy")** und **„Pflichtgefühl" („commitment")**.[90]

6.5.3 Zur Kritik an Liberalismus und Vertragstheorie

Ebenso grenzt sich SEN aber auch von der Gerechtigkeitstheorie J. RAWLS' ab. Zwar rekurriert diese gerade auf unparteiliche Fairness (im gedachten „Urzustand"), um eigennützige Interessen für die Einigung über die „Grundstruktur" der Gesellschaft auszublenden (→ vgl. 6.2.2). Diese Konzeptionen seien jedoch **zu abstrakt**. Es handle sich eben um bloß gedachte, hypothetische Übereinkünfte, die nicht auf konkrete Herausforderungen in einer Gemeinschaft Bezug nehmen. Außerdem zielten RAWLS' Prinzipien ausschließlich auf die Errichtung „gerechter Institutionen."[91] Es gehe darin aber nicht um das tatsächliche „Leben, das Menschen führen können".[92]

In weiterer Folge sei auch RAWLS' Theorie wie alle Gesellschaftsvertragslehren ausschließlich auf einen **nationalstaatlichen** und **engen kulturellen Kontext** bezogen. Daher komme darin nicht nur eine fiktive, sondern auch eine „geschlossene" Form der „Unparteilichkeit" zum Ausdruck. Diese sei nur scheinbar universal. Keineswegs lässt sich das Modell des Sozialkontrakts einfach auf das Verhältnis zwischen (armen und reichen) Völkern übertragen. Generell habe eine globale Gerechtigkeitstheorie daher deutlich anwendungsorientierter zu sein. Diese Perspektive lassen die klassischen und zeitgenössischen Theorien des Gesellschaftsvertrags vermissen. Geringe, aber realistische Verbesserungen seien Theorien „vollkommen[er]" Gerechtigkeit vorzuziehen.[93]

---

89 Vgl. ebd., 93 f.

90 Vgl. Sen 2020b, 20 ff.

91 Sen 2012, 11.

92 Ebd., 11.

93 Vgl. ebd., 55.

6.5.4 Der „Capability Approach“ und globale Gerechtigkeit

Adäquate Ansätze zur Bemessung – und Steigerung – von **Lebensqualität** in Entwicklungsprogrammen hätten nach Sen auch eine Vielzahl unterschiedlicher Parameter, wie „Freiheit, ökonomisches Wohlergehen, Gesundheit“,[94] zu berücksichtigen, die nicht ausschließlich durch finanzielle Unterstützung zu gewährleisten sind und v.a. im Hinblick auf konkrete Lebenssituationen von Bevölkerungsgruppen, nicht zuletzt von Frauen, ganz unterschiedliche Maßnahmen erfordern.[95] Von diesem Ausgangspunkt her verschiebt sich der Fokus sozial- und entwicklungspolitischer Zielsetzungen generell von der bloßen Bereitstellung ausreichender **„Mengen von Ressourcen“** zur konkreten Einräumung von **„Möglichkeiten des Tätigseins“**.[96]

Dieses zentrale entwicklungspolitische Anliegen kommt im sogen. **„Fähigkeitenansatz“** zum Ausdruck, der auch von der US-amerikanischen Philosophin Martha C. Nussbaum mitentwickelt wurde.[97] Was versteht man darunter?

Wie Sie bereits gelesen haben, wurde dieser Ansatz ursprünglich als Gegenmodell zum herkömmlichen Verständnis einer einseitig ökonomischen (Entwicklungs-)Politik von Staaten, aber auch als Alternative zu abstrakten liberalen Rechtekonzeptionen vorgestellt.

Sen unterscheidet dabei zunächst zwischen sogen. **„functionings“** (Befindlichkeiten und Aktivitäten) von Menschen und diesen zugrunde liegenden **„capabilities“** („Fähigkeiten“).

Zu den „functionings“ gehören unterschiedlichste relevante „Zustände“ (wie z.B. gebildet, krank, krankenversichert, staatenlos sein u.v.a.) und vielfältige „Tätigkeiten“ – von elementaren „Alltagshandlungen“ bis hin zu Aktivitäten der persönlichen oder beruflichen Selbstverwirklichung.[98]

Adäquate Ernährung, Gesundheit und die Vermeidung von früher Sterblichkeit werden etwa unter die „basic functionings“ gerechnet. Für ein **würdevolles Leben** reichen diese jedoch nicht aus. Dafür sind auch darüber hinaus gehende „Funktionen“ erforderlich, wie z.B. Selbstachtung, Glück, Teilnahme am sozialen Leben u.a.[99]

Entscheidend für die Bewertung der sozialen Situation einer Person sind jedoch nicht einzelne Tätigkeiten, sondern ihre **Handlungs*chancen***, die tatsächli-

[94] So auch Nussbaum 2010, 107.
[95] Vgl. Sen 2000, 38 ff.
[96] Nussbaum 2010, 110.
[97] Vgl. ebd., 218 ff.
[98] Vgl. Romero 2016, 164 f.
[99] Vgl. Sen 1992, 39; 108 ff.

chen „Handlungsspielräume“,[100] eben ihre **„capabilities“** („Fähigkeiten“, besser „Befähigungen“[101]).

Diese umfassen wiederum sowohl natürliche „abilities“ (Fähigkeiten, Talente) als auch „capacities“. Letztere beruhen einerseits auf erlernten Fähigkeiten und andererseits auf Chancen, die aus dem natürlichen und kulturellen Umfeld resultieren.[102]

Welche „Fähigkeiten“ fordert Sen ein?

Zwar hebt er (hinsichtlich der Situation in Indien) konkret die Bedeutung von „Bildung, [Zugang zu] Gesundheit, Arbeit bzw. Marktteilnahme und demokratische[r] Beteiligung“[103] hervor. Im Allgemeinen verweist Sen aber stets auf die notwendige Konkretisierung dieses Modells im Hinblick auf den jeweiligen **kulturellen** und **sozialen Kontext** sowie durch demokratische Selbstbestimmung.

Jedenfalls liegt dem Capability Approach *aus entwicklungspolitischer Sicht* das Bemühen zugrunde, zu einem **differenzierteren Index von Lebensqualität** zu gelangen. Insbes. die bloße Orientierung an den in einer Volkswirtschaft verfügbaren materiellen Ressourcen reiche nicht aus. Diese Sichtweise blende vielfältige strukturelle, soziale und kulturelle Voraussetzungen, ja selbst massive Einkommensunterschiede innerhalb eines Landes aus. Armut bestimme sich nicht nur nach dem (fehlenden) Einkommen. Sie sei ein **„Mangel an Chancen“**.[104]

Das Ziel von Entwicklung sei nicht nur Wohlstand, sondern **„substantielle Freiheit“** („substantive freedom“),[105] nämlich „reale Freiheit“ auf der Grundlage konkret erreichbarer Lebensqualität.

Diese Freiheit umfasse selbst die Möglichkeit zu uneigennützigen Tätigkeiten, die nicht auf individuelles Wohlergehen gerichtet sind (sogen. „agencies“), wie etwa das Engagement für Menschenrechte oder Umweltschutz.[106]

Positive Freiheit sei durch negative (nämlich liberale) Freiheitsrechte nicht ausreichend geschützt, sondern erfordere die Garantie konkreter „Handlungsräume“, um die individuellen Konzepte vom gelungenen Leben umzusetzen. Dies erfordert insbes. die Einräumung der Möglichkeiten „sozialer, wirtschaftlicher und politischer Teilhabe“.[107]

Die konkrete Ausgestaltung innerstaatlicher und globaler Gerechtigkeit sieht Sen als Aufgabe eines „öffentlichen“ kritischen „Vernunftgebrauchs“. Er versteht

[100] Sen 2012, 258.
[101] Romero 2016, 168.
[102] Vgl. ebd., 168.
[103] Neuhäuser 2013, 73.
[104] Sen 2012, 282.
[105] Sen 2020a, 30.
[106] Vgl. Sen 1992, 56 ff.
[107] Romero 2016, 199.

sich insofern auch als Vertreter „prozeduraler“ Gerechtigkeit.[108] Diese erfordere v.a. umfassende **Demokratisierung** auf nationaler und globaler Ebene. Ja, Demokratie sei selbst das **Ziel von Entwicklung**. In zentraler Weise stellt SEN einen wechselseitigen Zusammenhang zwischen Demokratie und Wohlstand, ja Bekämpfung von Armut und Hungerkatastrophen her.[109] Demokratisierung beruhe weiter nicht bloß auf freien Wahlen, sondern auf breiter vernünftiger „Deliberation“ (in Anknüpfung an HABERMAS' Demokratieverständnis → vgl. 5.4.4.4)[110] und starken Strukturen der Bürgerpartizipation, insbes. im Raum der Zivilgesellschaft.[111] Als weitere wichtige Voraussetzung betont er umfassende Pressefreiheit.[112] Aus dieser Perspektive sei Demokratisierung auch auf internationaler Ebene eine zentrale Voraussetzung globaler Gerechtigkeit. Eine wichtige Rolle hierfür komme der UN, NGOs, Bürgerinitiativen und (digitalen) Medien zu.[113]

6.6 Theorien des politischen Widerstands

Die vorangegangenen Theorien beschäftigen sich mit unterschiedlichen Gerechtigkeitskonzeptionen im funktionierenden Rechtsstaat, formulieren aber auch Ansprüche gegenüber der internationalen Gemeinschaft zur Beseitigung elementarer Defizite von Verteilungsgerechtigkeit. In allen Bereichen wird auch auf prozedurale Gerechtigkeit rekurriert. Insbes. auf einzelstaatlicher Ebene steht der Anspruch im Vordergrund, einen möglichen massiven Konflikt zwischen positivem Recht und grundlegenden Forderungen der Gerechtigkeit **auf dem Wege demokratisch-rechtsstaatlicher Verfahren** im Vorhinein zu verhindern.

Was aber kann im Falle eines totalitären **Unrechtsregimes** oder auch bei Vorliegen einzelner **ungerechter** Gesetze oder Staatsakte getan werden?

Die Frage des politischen **Widerstands** gegen ein Unrechtsregime überschreitet notwendig die Ebene bloßer Legalität. Seit der Antike wird diese Problematik im Begriff des „Widerstandsrechts“ erörtert. Dieses umfasst **passiven** Widerstand (Verweigerung des Gehorsams) und **aktiven** Widerstand (Anwendung von Gewalt).

Als Voraussetzung gilt neben einem „krassen Missbrauch der Staatsgewalt“ allgemein, dass **alle legalen Rechtsbehelfe ausgeschöpft** sind oder keine Aussicht auf Erfolg versprechen (Subsidiarität).[114]

Davon zu unterscheiden ist in jüngerer Zeit das Instrument des **Zivilen Ungehorsams**, das Konzept des ausschließlich **gewaltlosen** Widerstands gegen **einzelne**

---

108 Vgl. Sen 2012, 350 ff.
109 Vgl. Neuhäuser 2013, 109 f.
110 Vgl. Sen 2012, 350 ff.
111 Vgl. Romero 2016, 199 f.
112 Vgl. Sen 2012, 361 ff.
113 Vgl. Neuhäuser 2013, 112.
114 Vgl. Kaufmann 1991, 42 f.

Rechtsakte oder politische Maßnahmen **in einem im Großen und Ganzen funktionierenden Rechtsstaat.**

6.6.1 Das Widerstandsrecht

6.6.1.1 Historische Ursprünge

Das Widerstandsrecht hat seine Wurzeln bereits in der politischen Philosophie der Antike. Es knüpft dabei an die klassische Staatsformenlehre an, nämlich an die **Lehre von der Tyrannis** als schlechtester Staatsform. Ihren radikalsten Ausdruck findet die antike Lehre vom Widerstandsrecht bei CICERO angesichts der Krise der römischen Republik. Zum **Schutz der Republik** und des öffentlichen Wohls habe jeder Bürger nicht nur das Recht, sondern sogar die Pflicht zum Rechtsbruch bis hin zum Tyrannenmord.[115]

Im Mittelalter wirkt die christliche Überlieferung durch das biblische Gewaltverbot[116] und die Forderung nach Gehorsam gegenüber der rechtmäßigen Autorität (u.a. „Gebt dem Kaiser, was dem Kaiser gehört"[117]) solchen Bestrebungen eher entgegen.[118] Jedoch gibt es nun Ansatzpunkte für ein Widerstandsrecht im ständisch-lehensrechtlichen Aufbau der Gesellschaft. Das **Treueverhältnis** zwischen Lehensmann und Lehensherrn konnte auch von Seiten des Lehensmannes aufgekündigt werden, wenn dem ein Bruch des Lehensverhältnisses durch den Lehensherrn vorangegangen war.[119]

Auch rezipierten bereits hochmittelalterliche Autoren die antike Lehre vom Tyrannen. Insbes. JOHANNES VON SALISBURY legitimiert im Anschluss an CICERO den Tyrannenmord am gesetzesbrüchigen Herrscher mit dessen Deutung als „publicus hostis".[120] Ja, dieser falle „durch das Schwert, das er selbst ergriffen"[121] habe. Aber auch THOMAS VON AQUIN entwickelt die **Lehre vom Tyrannen** in gemäßigterer Form weiter. Demnach müsse das christliche Gehorsamsgebot gegenüber dem unrechtmäßigen Herrscher im Interesse des Gemeinwohls zurücktreten.

Auf THOMAS VON AQUIN geht die Unterscheidung von zwei Typen von Tyrannen zurück,[122] nämlich zwischen dem Usurpator ohne rechtmäßigen Herrschaftstitel („defectu tituli") und jenem, der in der Ausübung der Herrschaft das Gemeinwohl

---

115 Vgl. Cicero 2003, IX, 19, 3, 186.
116 Vgl. Mt. 5,39.
117 Mt. 22,21.
118 Vgl. Spörl 1972, 91 f.
119 Vgl. ebd., 92 f.
120 Salisbury 1664, II, 15, 206.
121 Ebd., VI, 8, 348 mit Bezug zu Mt. 26,52.
122 Vgl. Thomas von Aquin, In II Sent, d. 44, qu. 2.

verletzt und dadurch seine Legitimation verliert („tyrannus ex parte exercitii"). Doch bezieht THOMAS auch Verhältnismäßigkeitsüberlegungen in die Rechtfertigung des Widerstandsrechts mit ein. Es gälte, insbes. im Falle des tyrannus ex parte exercitii, das „besonder[e] Übermaß" der „Gewaltherrschaft" gegen die mit dem Widerstand verbundenen Risiken für das Gemeinwohl abzuwägen.[123]

Entscheidende Impulse für die Entwicklung des Widerstandsrechts lieferten v.a. Reformation, konfessionelle Spaltung und die Verfolgung der jeweils anderen Glaubensrichtung in den Religionskriegen. Die Reformatoren betonen das Recht zur Verteidigung des eigenen Glaubens auch **gegen die rechtmäßig eingesetzte Autorität**. Während LUTHER für passiven Widerstand eintritt und CALVIN nur bestimmten Amtsinhabern (Magistraten) ein Widerstandsrecht einräumt, radikalisieren sich diese Forderungen in der Lehre der sogen. **Monarchomachen (= „Fürstenbekämpfer")**.[124] Zu diesen zählen sowohl protestantische als auch katholische Autoren. Als entscheidender politischer Anstoß gilt die Ermordung von 5.000 Hugenotten in Paris 1572 („Bartholomäusnacht")[125] im Auftrag der Königinmutter Caterina de' Medici. Dieses Ereignis zwingt weitere 200.000 Hugenotten zur Auswanderung.

6.6.1.2 Die Lehre der Monarchomachen

Vor dem Hintergrund der Verfolgung der jeweils anderen Konfession durch die Herrschenden vertreten diese Autoren eine grundsätzliche **Kritik absoluter, unbeschränkter Herrschergewalt**. Sie berufen sich in ihren Schriften zunächst auf bestehende Rechte der ständischen Verfassung des Mittelalters, die eine **Teilung der Herrschaftsgewalt** zwischen dem König und den Ständen vorsieht. Die Monarchomachen unterwerfen diese aber auch einer vertraglichen Deutung. Charakteristisch für ihre Lehre ist daher die Verbindung von traditionellen **ständisch-religiösen** Elementen mit den neu aufkommenden Ideen von **Volkssouveränität** und **Herrschaftsvertrag**.

Die meisten Monarchomachen gingen von einem **„Herrschaftsvertrag"** zwischen dem Herrscher und dem Volk aus, der allererst die Gehorsamspflicht der Untertanen erzeuge. Dies konnte als „pactum" zwischen gleichberechtigten Vertragspartnern oder aber als „Mandat" des Volkes an den Herrscher konzipiert werden. In beiden Fällen resultiert daraus auch die Verpflichtung des Monarchen zur „gerecht[en]" Wahrnehmung seiner Regierungsaufgaben. Insbes. war der Herrscher **an die Gesetze gebunden**. Für die Erlassung neuer Gesetze bedürfe es der Zustimmung des Volkes, in der Regel vertreten durch die Stände.[126]

---

[123] Vgl. Thomas von Aquin 1971, 32.

[124] Brocker 1995, 51.

[125] Vgl. ebd., 52.

[126] Vgl. ebd., 55.

Dieses Vertragsmodell unterscheidet sich noch deutlich von dem des rationalistischen Naturrechts des 17. Jh. Subjekte des Gesellschaftsvertrags waren *nicht* die einzelnen Individuen (vgl. → 3.3.3). Die Herrschaftsmacht wurde vielmehr von der – durchaus hierarchisch bzw. ständisch gegliederten – „universitas" des Volkes als Ganzer an den Monarchen übertragen,[127] vornehmlich vertreten durch Magistrate oder andere „optimates" bzw. „officiarii".[128]

In der Regel waren daher aus der Sicht der Monarchomachen nicht Privatpersonen, sondern **die Stände** oder die Inhaber eines öffentlichen Amtes zur Ausübung des aktiven Widerstandsrechts berechtigt. Auch für die Feststellung eines Treubruchs des Königs ist daher die Ständeversammlung zuständig.

Gerade von protestantischer Seite wurden weiter häufig auch biblische Motive der Herrschaftskritik ins Treffen geführt. Alle Herrschaft sei an Gottes Gebote gebunden. Insbes. der Calvinist T. Beza zieht den **alttestamentarischen Bundesgedanken** (zwischen Gott und seinem Volk)[129] zur Legitimation des Widerstandsrechts heran. Gott handle durch sein Volk gegen den vertragsbrüchigen Herrscher.[130]

Aber auch katholische Monarchomachen, v.a. Mitglieder des Jesuitenordens, propagierten ihrerseits den Widerstand gegen protestantische Herrscher:innen. Sie beriefen sich auf Kardinal Robert Bellarmins Lehre von der **„indirekten Zwangsgewalt"** des Papstes, die an der Oberhoheit des Papstes über weltliche Herrscher in Fragen des „Seelenheils" festhält. Jener sei berechtigt, die Untertanen eines „ketzerischen" Herrschers (d.h. eines Monarchen, der den protestantischen Glauben unterstützt oder auch duldet) von ihrem Treueeid diesem gegenüber zu entbinden.[131]

Die Folge war, dass dieser aus der Sicht der katholischen „Liga" seinen Herrschaftstitel verlor und nunmehr als „tyrannus absque titulo" („defectu tituli") im Sinne Thomas von Aquins eingestuft werden konnte. In einem solchen Fall sei nach Juan de Mariana und Jean Boucher selbst der **Tyrannenmord als Recht jedes Einzelnen** gerechtfertigt. Dies traf etwa die englische Königin Elisabeth I. durch die Bannbulle Pius' V. 1570, die danach zahlreichen Mordanschlägen ausgesetzt war.[132]

Die Doktrin von der „potestas indirecta" des Papstes trug wohl zu einer weiteren Radikalisierung der monarchomachischen Lehre vom Widerstandrecht bei, insbes. zu dessen Ausweitung gegen protestantische Herrscher:innen anderer Staaten. Das Recht zum Tyrannenmord wurde auch von englischen und schottischen

127 Vgl. Dennert 1968, LXII.
128 Vgl. Brocker 1995, 56.
129 Vgl. Dennert 1968, LXX.
130 Vgl. Beza 1576, 6 ff.
131 Vgl. Brocker 1995, 61 ff.
132 Vgl. ebd., 64.

Protestanten übernommen. Der schottische Calvinist John Knox plädierte in der Folge für die Pflicht jedes Einzelnen, den Glauben gegen einen „häretischen" Herrscher zu verteidigen.[133]

6.6.1.3 Die weitere Entwicklung

Die Philosophen von Rationalismus und Aufklärung leiten das Widerstandsrecht aus einem ursprünglichen Selbstverteidigungsrecht im Naturzustand (→ zum „Naturzustand" siehe ausführlicher 3.3.2) oder aus der Verletzung ursprünglicher Freiheitsrechte ab und räumen es jedem Menschen ein. In den ersten Menschenrechtserklärungen (Virginia Declaration of Rights, französische Menschenrechtserklärung) wird das Widerstandsrecht als Menschenrecht verankert. In den Prozessen zunehmender Konstitutionalisierung und durch den aufkommenden Rechtspositivismus verliert es weitgehend an Bedeutung, gewinnt aber im Zeichen des Widerstands gegen die Gräuel des NS-Regimes erneut Aktualität. So greift die militärische Widerstandsbewegung vom 20. Juli 1944 (Attentatsversuch auf Hitler durch Graf von Stauffenberg) u.a. auch auf die traditionelle Lehre vom Widerstandrecht zurück. Im Anschluss an die Unrechtserfahrungen der NS-Zeit enthält das deutsche Grundgesetz seit 1968 den Versuch einer Legalisierung des Widerstandsrechts „gegen jeden, der es unternimmt, diese [verfassungsmäßige] Ordnung zu beseitigen" (Art. 20 Abs. 4 GG).

6.6.2 Ziviler Ungehorsam

In der gegenwärtigen Diskussion kommt dem jüngeren Konzept des Zivilen Ungehorsams größere Bedeutung zu als dem Widerstandsrecht. Welche sind die zentralen Unterschiede?

Im Gegensatz zum Widerstandsrecht geht es beim Zivilen Ungehorsam um ein Konzept des **gewaltlosen Widerstands *im* Rechtsstaat**. Ziviler Ungehorsam richtet sich nicht gegen ein Unrechtsregime, sondern gegen **einzelne** Gesetze oder andere Rechtsakte im insgesamt funktionierenden Rechtsstaat. Er unterliegt einem strikten Gebot der **Gewaltfreiheit**.

6.6.2.1 Begriff und Entwicklung

Der Begriff wurde erstmals von H. D. Thoreau (1817–1862) verwendet (*Über die Pflicht zum Ungehorsam gegen den Staat*, 1849). Dieser verweigerte aus Gewissensgründen die Steuerzahlung wegen des von ihm als ungerecht bezeichneten Kriegs

---

133 Vgl. ebd., 59 f; Dennert 1968, XLV.

der USA gegen Mexiko. Später richtete sich sein Protest auch gegen die Institution der Sklaverei.[134] Die Lehre vom gewaltfreien, gewissensbestimmten Widerstand wurde v.a. von Mahatma Gandhi[135] und Martin Luther King[136] weiterentwickelt und stützte sich ursprünglich auf religiöse Grundlagen.[137]

In ihrer aktuellen Formulierung, die v.a. von J. Rawls, aber auch von R. Dworkin sowie in Deutschland von J. Habermas geprägt wurde, werden in erster Linie **fundamentale Prinzipien**, die der Rechtsordnung selbst zugrunde liegen, als Legitimation herangezogen.[138]

Ziviler Ungehorsam richtet sich niemals gegen den Rechtsstaat. Nach Rawls kommt er gerade in einem „mehr oder weniger gerechten demokratischen Staat", in dem die Bürger:innen „die Verfassung anerkennen",[139] zur Anwendung. In diesem können ausnahmsweise einzelne Gesetze oder Akte der Regierungspolitik auch gravierende Ungerechtigkeiten darstellen, die die grundlegenden Prinzipien der Rechtsordnung verletzen. Im Einzelfall können **Legalität und Legitimität** im Rechtsstaat daher **auseinanderfallen.**[140]

Unter dieser Voraussetzung ist der Bruch **einzelner** rechtlicher Regeln legitim, um auf **Ungerechtigkeiten aufmerksam** zu machen. Dabei geht es stets um eine gezielte, **symbolische** Regelverletzung, die in der **Öffentlichkeit** stattfinden muss. Akte Zivilen Ungehorsams haben „Appell"-Charakter.[141] Daraus folgt unmittelbar, dass „Gewalthandlungen, die Menschen verletzen können", nicht mit Zivilem Ungehorsam vereinbar seien. Dieser könne, so Rawls, „warnen und mahnen, aber er droht nicht".[142] Das zentrale Merkmal seiner grundsätzlichen Gesetzestreue sei die **Gewaltlosigkeit.**[143] Keinesfalls darf die „physische und psychische Integrität des Protestgegners oder unbeteiligter Dritter"[144] beeinträchtig werden.

Ziviler Ungehorsam ist also eine **illegale** Handlung, die aber **gewissensbestimmt** sein muss und sich nicht auf eigennützige Interessen oder bloß private Moralvorstellungen[145] stützt, sondern auf rechtliche Prinzipien, die der Rechtsordnung als Ganzer zugrunde liegen. In ihm kommt eine Haltung **„prinzipieller Gesetzestreue"** zum Ausdruck. Er wird auch als Gegengewicht zur demokratischen Mehrheitsregel in demokratischen Gesellschaften verstanden. Ziviler Ungehorsam „ergänzt" demokratische Verfahren nach der Mehrheitsregel, da diese

---

134 Vgl. Thoreau 2023, 15; 17 ff.
135 Vgl. Laker 1986, 29 ff; 38 ff.
136 Vgl. King 1963, 79 ff.
137 Vgl. Laker 1986, 39 ff; King 1963, 91 ff.
138 Vgl. Rawls 2024, 402.
139 Ebd., 400.
140 Vgl. Habermas 2015, 37 ff.
141 Vgl. Rawls 2024, 403.
142 Ebd., 403.
143 Vgl. ebd., 403.
144 Habermas 2015, 35.
145 Vgl. Rawls 2024, 402. Ebenso sind nach Rawls „religiöse Lehren" als Grundlage ausgeschlossen.

im Einzelfall ungerechte Ergebnisse erzielen können. Ja, er sei nach Habermas, der „Prüfstein" für eine entwickelte demokratische Rechtsstaatlichkeit.[146]

Rawls bindet Aktionen des – verpflichtend **gewaltlosen** – Zivilen Ungehorsams darüber hinaus an drei zusätzliche Bedingungen:

1. Ziviler Ungehorsam ist ausschließlich zulässig gegen einzelne Gesetze oder andere Rechtsakte, in denen „Fälle **wesentlicher** und **eindeutiger Ungerechtigkeit**"[147] vorliegen.
2. Alle legalen Rechtsmittel müssen ausgeschöpft sein oder dürfen keine Aussicht auf Erfolg haben (**Erforderlichkeit**).[148]
3. Der allgemeine Rechtsfrieden und das Funktionieren der Verfassung dürfen nicht „ernsthaft gestört"[149] sein (**Verhältnismäßigkeit**).

Die prinzipielle Gesetzestreue kommt schließlich auch in der **Pflicht zur Folgenübernahme** zum Ausdruck: Mit Akten des Zivilen Ungehorsams muss die Bereitschaft verbunden sein, für die rechtlichen Konsequenzen des Protests einzustehen.[150] Damit verbindet sich auch das Gebot der **„Zurückhaltung"**,[151] das nach Habermas „beide Seiten" in die Pflicht nimmt. Die Regelverletzer:innen sollen die schonendsten Mittel einsetzen, die zum Erfolg führen. Aber auch der Staat sollte die maßgebliche *ethische* Unterschiedenheit der *Motive* dieser Aktivitäten gegenüber jenen krimineller Taten berücksichtigen[152] und „darauf verzichten, sein [gesamtes] Sanktionspotential auszuschöpfen".[153] Er müsse v.a. im Umgang mit Akten Zivilen Ungehorsams seinerseits überschießende und unverhältnismäßige Reaktionen vermeiden.

6.6.2.2 Rezeption und aktuelle Bedeutung

Beispiele für Zivilen Ungehorsam finden sich in der amerikanischen Bürgerrechtsbewegung, in den Protesten gegen den Vietnam-Krieg und das Wettrüsten im Kalten Krieg (Friedensbewegung) sowie v.a. in den Aktionen der Umweltbewegung.

Im Zuge von Protestaktionen der Friedensbewegung gegen die Stationierung von Pershing-II-Atomraketen und atomaren Marschflugkörpern („Cruisemis-

---

[146] Vgl. Habermas 2015, 36.
[147] Rawls 2024, 409.
[148] Vgl. ebd., 410 f.
[149] Ebd., 411.
[150] Vgl. Habermas 2015, 35.
[151] Ebd., 41.
[152] Vgl. Rawls 2024, 425.
[153] Habermas 2015, 41 f.

siles") auf Grundlage des sogen. **NATO-Doppelbeschlusses** kam es ab 1983 erstmals zur Rezeption der Idee des Zivilen Ungehorsams auch in Deutschland.[154]

> Diese Proteste trafen im sogen. „,heißen Herbst'"[155] auf eine sicherheitspolitisch angespannte Situation, die noch geprägt war von den Erfahrungen mit der mitunter gewaltbereiten sogen. „Studentenrevolte" der 1960er Jahre. Diese beriefen sich z.T. auf quasi „revolutionäre" Ziele und nicht auf die Loyalität gegenüber dem Verfassungsstaat.[156]

Als Protestform wählte man 1983 in Anknüpfung an gewaltlose US-Vorbilder die Errichtung eines Friedenscamps sowie Sitzblockaden der Zufahrtswege für den Raketentransport zur US-Militärbasis in **Mutlangen**. An diesen „Raketenblockaden" nahmen auch bekannte Vertreter:innen aus Politik, Wissenschaft, Kirchen, Kunst und Kultur teil (etwa der Literaturnobelpreisträger Heinrich Böll), was maßgeblich zur Legitimierung dieses Vorhabens in der politischen Öffentlichkeit beitrug und einen breiten Solidarisierungseffekt erzeugte. Nach der gewaltsamen Räumung eines der Protestcamps formierten sich deutschlandweit Menschenketten („Friedensketten") mit mehreren hundert Teilnehmer:innen.[157]

> Im Anschluss an die Verkehrsbehinderungen durch Sitzblockaden kam es gleichwohl zu zahllosen Strafverfahren wegen Nötigung (§ 240 StGB). Die Grundlage bildete der aus der Zeit der Studentenproteste stammende erweiterte „geistige" Gewaltbegriff in der deutschen Judikatur. Dieser wurde erst 1995 vom BVerfG wegen Verletzung des strafrechtlichen Analogieverbots verworfen.[158]

Was Österreich betrifft, gilt die **Besetzung der Hainburger Au** (östlich von Wien) im Dezember 1984, die sich gegen die Errichtung eines geplanten Donaukraftwerks richtete, als Durchbruch der Idee vom Zivilen Ungehorsam. Ziel war es, die Zerstörung der letzten naturbelassenen Aulandschaft an der Donau zu verhindern, die als Rückzugsgebiet vieler bedrohter Arten gilt. Diese Bewegung, maßgeblich getragen von Studierenden sowie zahlreichen Politiker:innen und Wissenschaftler:innen, führte rasch zu einer breiten Mobilisierung der Öffentlichkeit. Nach einem Sternmarsch von 8.000 Personen besetzten tausende Aktivist:innen mehrere Wochen das Waldgebiet, um die Abholzung des Auwalds zu verhindern. Der Versuch einer zwangsweisen Räumung durch Polizeikräfte, der einige Verletzte verursachte, verstärkte den Solidarisierungseffekt in der Öffentlichkeit und führte zum raschen Rodungsstopp.[159]

---

154 Vgl. Gassert 2012, 491.
155 Habermas 2015, 31.
156 Vgl. ebd., 32 f.
157 Vgl. Gassert 2012, 491 ff.
158 Vgl. BVerfGE 92, 1.
159 Vgl. Winiwarter/Rut 2018, 204 ff.

In exemplarischer Weise kommt in beiden Protestaktionen neben der **Gewaltlosigkeit** die spezifisch **kommunikative** Ausrichtung des Zivilen Ungehorsams zur Mobilisierung einer breiten demokratischen Öffentlichkeit zum Ausdruck.

Kontrovers beurteilt werden dagegen manche rezenten Formen des Klimaprotests, etwa die Aktionen der sogen. „Letzten Generation", insbes. in Form von Verkehrsblockaden (durch das Sich-„Festkleben" der Protestierenden auf Verkehrsflächen).

Kein Zweifel besteht hinsichtlich des vertretenen legitimen Anliegens für Zivilen Ungehorsam. Der anthropogene Klimawandel bedroht die natürlichen Lebensgrundlagen der Menschheit[160] und in der Folge auch eine Reihe elementarer Grundrechte, v.a. von Bürger:innen armer Länder. Ebenso gerät demokratische Legitimation an ihre Grenzen, wenn die Interessen künftiger Generationen nicht angemessen berücksichtigt werden und es an effektiven internationalen Steuerungsmaßnahmen zur Eindämmung der globalen Erwärmung weitgehend fehlt (→ vgl. 7.2.4).

Das Kriterium der Gewaltfreiheit ist aber nur in jenen Fällen erfüllt, die keine gravierende Gefährdung der Verkehrssicherheit in Kauf nehmen. Verkehrsblockaden, die solche Risiken *nicht* erzeugen, sind dagegen als gewaltfrei im Sinne des Zivilen Ungehorsams einzustufen, auch wenn sie die „Bewegungsfreiheit Dritter" beeinträchtigen.[161]

Kritisch hinterfragt wird von manchen aber v.a., ob die gewählten Protestformen den spezifisch kommunikativen Anforderungen des Zivilen Ungehorsams entsprechen. Zwar dürfen Aktionen Zivilen Ungehorsams auch als störend und unbequem wahrgenommen werden. Doch gehöre es zur Funktionsweise seines spezifischen „Appellcharakters", dass die verfolgten Anliegen durch die gewählten symbolischen Handlungen auch regelmäßig verstanden und positiv rezipiert werden.[162] Schließlich wird von Kritiker:innen dieser Protestform vorgebracht, die Legitimation Zivilen Ungehorsams hänge auch mit davon ab, wie weit es gelingt, eine kritische Öffentlichkeit zu sensibilisieren, ja zu mobilisieren und nicht übermäßig zu polarisieren.

Wiederholungsfragen:

1. Welche Rolle spielt das Prinzip der Verallgemeinerung im Modell des „Urzustands" nach J. Rawls?
2. Welche Bedeutung kommt der Anerkennung der kulturellen Identität von Minderheiten in einer demokratischen Gesellschaft zu?
3. Inwiefern ergänzt „Ziviler Ungehorsam" die demokratische Mehrheitsregel im funktionierenden Rechtsstaat?

---

[160] Vgl. Art. 20a GG.

[161] Vgl. Dreier 2015, 62.

[162] Vgl. Reuter 2023, 169.

7. Kapitel: Neue Fragen der Gerechtigkeit – Einführung in die Bioethik

In einer repräsentativen Meinungsumfrage im Juni 2020 in Deutschland wurde Bürger:innen im Alter zwischen 16 und 70 Jahren u.a. folgende Frage vorgelegt: *„Eingeliefert [ins Krankenhaus] werden der 80-jährige Patient A und der 5-jährige Patient B. [Beide sind schwer an Covid-19 erkrankt.] Beide würden ohne Beatmungsgerät nicht überleben. Beide Patienten haben keine Vorerkrankungen, und die Erfolgsaussichten einer intensivmedizinischen Behandlung sind bei beiden gleich gut. Im Krankenhaus ist allerdings nur noch ein Beatmungsgerät vorhanden.*
Wie soll das ärztliche Personal entscheiden?“[1] *Wem soll es das Beatmungsgerät zuteilen?*
77 Prozent der Befragten sprachen sich diesbezüglich für das Kind aus, nur 2 Prozent für den 80-jährigen Patienten. 20 Prozent wollten das Los entscheiden lassen.[2]
Welche Lösung kann ein Rechtsstaat für eine solche ethische *Dilemmasituation* vorsehen? → Näheres zur „Triage“ im Ausnahmezustand erfahren Sie in → Kap. 7.1.5.

7.1 Ausgewählte Fragen der Medizinethik

7.1.1 Einleitung

Der Bereich der modernen Medizinethik ist in besonderem Maße anfällig für ethische und rechtliche Konflikte, da es darin um ganz **elementare Rechtsgüter** und eine **hohe existenzielle Betroffenheit** auf Seiten der Patientinnen[3] geht. Wachsender Diskussions- bzw. Regelungsbedarf entsteht dabei insbes. durch den **Wandel des Arzt-Patienten-Verhältnisses** (→ siehe sogleich 7.1.2) einerseits und den rasanten Fortschritt im Bereich **neuer medizinischer Technologien** mit meist hoher Eingriffsintensität andererseits. (Dies gilt v.a. für die Bereiche von Gentechnologie, Reproduktionsmedizin und intensivmedizinischer Betreuung.) **Neue Heilungschancen** können auch mit der Verlängerung von Leidenssituationen, bei

---

1 Zit. n. Hoven 2021, 337.
2 Vgl. ebd., 338.
3 In Kapitel 7.1 wird – abweichend von der generell gewählten Form des Genderns – in der Regel *alternativ* die weibliche oder die männliche Form herangezogen, die dennoch jeweils alle Geschlechter repräsentiert. Dies soll die Lesbarkeit des Textes erleichtern.

gentechnologischen Eingriffen aber insbes. mit einem hohen **Instrumentalisierungsrisiko** für menschliches Leben einhergehen (z.B. bei Genomanalyse, Klonen, Präimplantationsdiagnostik, Embryonenforschung). Medizinischer Fortschritt und das **„Ethos des Heilens"** drohen daher auch in ein Spannungsverhältnis zum **Prinzip der Menschenwürde** zu geraten. Dies wirft v.a. am Lebensbeginn und Lebensende schwierige **Grenzfragen** auf. Oft werden in diesen Diskursen auch unvereinbare Auffassungen davon, was eine menschliche **„Person"** ausmacht, vertreten, die auf unterschiedliche philosophische Traditionen zurückgehen. Die Medizinethik behandelt schließlich aber auch Fragen der **Verteilungsgerechtigkeit** knapper medizinischer Ressourcen (→ vgl. 7.1.5).

7.1.2 Das Arzt-Patienten-Verhältnis

Hinsichtlich des Arzt-Patienten-Verhältnisses werden grundsätzlich zwei Modelle unterschieden:

7.1.2.1 Das Fürsorgemodell

Das mittlerweile als ethisch und rechtlich überholt geltende Fürsorgemodell erzeugt ein **asymmetrisches** Verhältnis der **Fürsorge** der Ärztin für das **Wohl des Patienten**, das sich auf die medizinische Fachkompetenz der Ärztin und auf das ärztliche Ethos („Genfer Gelöbnis") stützt. Die Patientin wird dabei jedoch zum „‚**Behandlungsobjekt**'"[4] degradiert und notfalls im „eigenen Interesse" bevormundet. Dieses Modell wird daher auch als **„paternalistisch"** bezeichnet.[5] Der Patient vertraut sich dem Arzt an. Dieser erbringt im Gegenzug eine Dienstleistung.

7.1.2.2 Das Modell der Patientenautonomie

Für das aktuelle rechtliche und ethische Verständnis des Arzt-Patienten-Verhältnisses hat das Konzept der **Patientenautonomie** vorrangige Bedeutung. Dieses geht von einem symmetrischen Verhältnis **gleichberechtigter Partner:innen** aus.[6] Die Patientin ist nicht Objekt der ärztlichen Fürsorge, sondern **Subjekt des Behandlungsvertrags**. Dies bedeutet, dass alle medizinischen Maßnahmen, wie insbes. Aufnahme, Abbruch oder Weiterführung einer Behandlung, ihrer **freien Zustimmung** bedürfen. Das trifft auch dann zu, wenn eine medizinische **Indika-**

---

[4] Pöltner 2006, 92.
[5] Vgl. ebd., 92 f.
[6] Vgl. Maio 2017, 148.

tion vorliegt, also der Eingriff aus medizinischer Sicht geboten (erforderlich bzw. erfolgsversprechend) ist.[7]

Die zentralen Bedingungen hierfür sind:

- Die **Urteilsfähigkeit** des Patienten. Diese fordert nicht Geschäftsfähigkeit, sondern eine natürliche Einsichtsfähigkeit.[8]
- Die **ausreichende Aufklärung** durch die Ärztin.

Diese Anforderungen kommen im Prinzip des „**Informed Consent**" (der informierten Zustimmung) der Patientin zu allen medizinischen Maßnahmen zum Ausdruck. Dafür wurde ein mehrstufiges Procedere entwickelt.[9] Dieses umfasst mehrere Schritte:

1. **Voraussetzungen** auf Seiten des Patienten, d.h. die Freiwilligkeit seiner Zustimmung auf der Basis seiner Einsichts- und Entscheidungsfähigkeit;
2. **Aufklärung** durch die Ärztin: Diese umfasst die Information und Erklärung bezüglich relevanter Fakten, eine ärztliche Empfehlung zur Vorgangsweise (etwa einen Therapievorschlag) und das Verständnis dieser Informationen durch die Patientin;
3. **Einverständnis:** Der informierte Patient trifft die Entscheidung über die Vorgangsweise. Letztlich bedarf es für jede ärztliche Maßnahme stets eines Behandlungsauftrags an den Arzt (oder diese wird abgelehnt).

Im Falle von nicht einwilligungsfähigen (etwa irreversibel bewusstlosen) Patientinnen ist diesbezüglich eine gegebenenfalls vorliegende Patientenverfügung oder Vorsorgevollmacht in entsprechender Weise heranzuziehen bzw. subsidiär der vermutete Patientenwille zu ermitteln.

7.1.2.3 Die ärztliche Aufklärungspflicht

Welche Anforderungen hat die im Prinzip des „Informed Consent" enthaltene ärztliche Aufklärungspflicht zu erfüllen?

Gegenstand der ärztlichen Aufklärung sind Informationen über **Diagnose, Prognose** und **Therapiemöglichkeiten**, insbes. aber über die **Risiken**, die mit diagnostischen oder therapeutischen Eingriffen verbunden sind.[10] Das Ziel ist, dass der Patient die **Tragweite** seiner Entscheidung erkennen kann. Das ärztliche Aufklärungsgespräch soll aber nicht bloß medizinische Sachinformationen liefern, sondern partnerschaftliche Entscheidungshilfe bieten. Die Aufklärung muss stets einfühlsam, wahrheitsgemäß und situationsbezogen sein.[11]

---

[7] Vgl. BÄK 2020, 119.
[8] Vgl. Pöltner 2006, 99.
[9] Vgl. Beauchamp/Childress 2009, 80.
[10] Vgl. Pöltner 2006, 99.
[11] Vgl. ebd., 105 f.

Diese Funktionen werden von den üblichen schriftlichen Aufklärungs- und Einwilligungsformularen kaum erfüllt, welche meist wenig zum Verständnis der Patientinnen beitragen. Sie werden zwar für Dokumentationszwecke zur rechtlichen Absicherung der Ärztin herangezogen. Ein persönliches Aufklärungsgespräch im Sinne des „Informed Consent“ können sie allerdings nicht ersetzen.[12]

Als „‚Neopaternalismus‘“[13] wird es jedoch verstanden, wenn der Arzt im Rahmen dieser Beratung übermäßigen Einfluss auf die Patientenentscheidung ausübt.

Nimmt der Arzt bzw. die Ärztin einen medizinischen Eingriff ohne die informierte Zustimmung der Patientin vor, ist dies strafrechtlich als Körperverletzung gem. § 223 Abs. 1 StGB zu bewerten, auch wenn die Behandlung lege artis durchgeführt wurde. (In Österreich existiert dafür der privilegierte, d.h. mit einer geringeren Strafdrohung verbundene, Tatbestand der „eigenmächtigen Heilbehandlung“ in § 110 öStGB.) V.a. drohen zivilrechtliche Schadensersatzpflichten, wenn sich etwa ein mit dem Eingriff verbundenes Risiko verwirklicht hat, über das in rechtswidriger Weise nicht aufgeklärt wurde.[14]

7.1.2.4 Grenzen des Modells der Patientenautonomie?

Das Modell der Patientenautonomie hat aber auch Kritik hinsichtlich seiner Tauglichkeit im medizinischen Alltag erfahren. Tatsächlich sei das Verhältnis zwischen Arzt und Patient niemals gleichrangig. Gerade eine ernste Erkrankung erzeuge einseitig eine Situation der Verunsicherung und Schwäche des Patienten. Die Vorstellung einer partnerschaftlichen Situation kann daher auch diese ganz **unterschiedlichen existenziellen Betroffenheiten** sowie **massive Abhängigkeiten** auf Seiten des Patienten verschleiern.[15]

Auch die **komplexe** und **arbeitsteilige Behandlungssituation im Krankenhaus**, in die stets mehrere Ärztinnen involviert sind, weiche vom klassischen Verständnis der Arzt-Patienten-Beziehung als persönliches Vertrauensverhältnis ab.

7.1.3 Die Debatte um die Sterbehilfe

Die Debatte um die Legalisierung der sogen. „Sterbehilfe“ („Euthanasie“) behandelt ein besonders sensibles Thema der Medizinethik und wird seit vielen Jahren äußerst kontrovers geführt.

---

12 Vgl. ebd., 107 f.

13 Woellert/Schmiedebach 2008, 46.

14 Vgl. etwa BGH, 28.5.2019 – VI ZR 27/17, Rn. 15; OGH 10 Ob 8/01a, 20.2.2001; 6 Ob 101/06f, 14.9.2006, SZ 2006/133 = RS0114848.

15 Vgl. Pöltner 2006, 91.

7.1.3.1 Begriffliche Unterscheidungen

Unter Sterbehilfe versteht man in der Regel
- die **freiwillige direkte aktive Sterbehilfe** („Tötung auf Verlangen") sowie
- den **„assistierten Suizid"** (Hilfeleistung zur Selbsttötung). Wirkt eine Ärztin bzw. ein Arzt mit, spricht man von „ärztlich assistiertem Suizid".

Beide Maßnahmen beziehen sich in den meisten Ländern ausschließlich auf den Fall einer terminalen bzw. mit unerträglichem Leiden verbundenen Krankheit. Die direkte aktive Sterbehilfe („Tötung auf Verlangen") ist in Deutschland, Österreich und der Schweiz ausnahmslos strafrechtlich verboten. Dagegen ist die Hilfeleistung zur Selbsttötung in diesen Ländern – unter unterschiedlich strikten Voraussetzungen – straffrei.

Anders als in den meisten europäischen Ländern ist in den Niederlanden und Belgien auch aktive Sterbehilfe (auf „ausdrückliches" und „ernsthaftes" Verlangen des Patienten) seit 2002, in Luxemburg seit 2009 unter bestimmten gesetzlichen Bedingungen straffrei. Besonders umstritten ist dabei die Anwendbarkeit auch auf Minderjährige bzw. Kinder (in Belgien seit 2014) unter Einhaltung zusätzlicher Voraussetzungen (wie u.a. der Einwilligung oder Einbeziehung der Eltern).[16]

Von aktiver Sterbehilfe und assistiertem Suizid sind zunächst andere Handlungsweisen am Lebensende zu unterscheiden, die auch Abgrenzungsprobleme erzeugen können:
- Die **Sterbebegleitung**: Sie besteht in der umfassenden palliativmedizinischen, pflegerischen und u.U. psychologischen bzw. seelsorgerischen Betreuung in der letzten Lebensphase.[17] Dem Einsatz von Schmerztherapie kommt dabei besondere Bedeutung zu.
- Die **„indirekte" Sterbehilfe**: Dies bedeutet, dass als Nebenwirkung des Einsatzes hochdosierter Schmerzmittel in der terminalen Phase einer Erkrankung der Todeseintritt u.U. beschleunigt werden kann. Das wird zwar (als nicht direkt intendierte Nebenwirkung) in Kauf genommen, das eigentliche Behandlungsziel ist aber die Schmerztherapie.[18] Dieser Begriff ist umstritten. Kritiker:innen befürchten eine etwaige Verschleierung direkter Tötungshandlungen. Auch wird von palliativmedizinischer Seite die Möglichkeit der präzisen Dosierung von Schmerzmitteln ohne lebensverkürzende Wirkung hervorgehoben.[19]
- Die **passive Sterbehilfe**: Darunter versteht man den Abbruch oder das Unterlassen lebenserhaltender Maßnahmen. In der Regel erfolgt dies durch den Verzicht auf (weitere) intensivmedizinische Behandlung, wie Reanimations-

[16] Vgl. Wissenschaftliche Dienste des Deutschen Bundestags 2020, 13.
[17] Vgl. Woellert/Schmiedebach 2008, 17.
[18] Vgl. ebd., 19 ff; Maio 2017, 345 f.
[19] Vgl. Woellert/Schmiedebach 2008, 20.

maßnahmen, Beatmung, künstliche Ernährung, Dialyse etc. Da auch diese Unterlassung eine aktive Entscheidung des Arztes voraussetzt, ist die eindeutige Abgrenzbarkeit zur aktiven Sterbehilfe – insbes. hinsichtlich der Abschaltung der künstlichen Beatmung – auch umstritten.[20] Allgemein ist wohl davon auszugehen, dass ein solcher Behandlungsabbruch gerechtfertigt ist, wenn durch die weitere intensivmedizinische Intervention der Sterbeprozess bloß unterbrochen bzw. hinausgezögert würde.[21] Darüber hinaus ist generell keine medizinische Heilbehandlung zulässig, wenn sie im Rahmen eines „Informed Consent" des Patienten abgelehnt wurde.

Erfolgt der Behandlungsabbruch, obwohl eine medizinische Indikation für eine weitere Behandlung vorliegt und ohne die Zustimmung des Patienten, liegt rechtlich ein Tötungsdelikt (durch Unterlassen) vor.

7.1.3.2 Die ethische Debatte um die Sterbehilfe

Welche Argumente werden nun für und gegen die Legalisierung direkter aktiver Sterbehilfe ins Treffen geführt?

a. **Pro-Argumente:**

- Im Mittelpunkt der Argumentationen der Befürworter steht die Berufung auf die **freie Selbstbestimmung der Patientin**. Dazu gehöre auch das Recht, über Zeitpunkt und Art des Todes selbst zu entscheiden.[22]
- Weiters werden Argumente des **Mitleids** und der Nächstenliebe zur Beendigung langen **unerträglichen** Leidens genannt.[23]
- **Terminale** Krankheits- und Sterbeprozesse sind durch moderne intensivmedizinische Möglichkeiten oft in hohem Maße **künstlich beeinflusst** und **verlängert**. Sie betreffen häufig Situationen, die ohne aufwendige Apparatemedizin unweigerlich zum Tod geführt hätten. Auch das Abschalten von Apparaten setzt eine ärztliche Entscheidung voraus. (→ Letzteres wird meist der passiven Sterbehilfe zugeordnet.)
- Schwere Erkrankungen können zu Lebensumständen führen, die **massive Abhängigkeiten** erzeugen und **elementare Lebens- und Handlungsmöglichkeiten einschränken**. Dies kann von den Patienten als „entwürdigend" empfunden werden.[24]

---

20 Vgl. ebd., 19.
21 Vgl. BÄK 2011, A 347.
22 Vgl. Dworkin 1994, 262 ff.
23 Vgl. (kritisch) Maio 2017, 361 f.
24 Vgl. Woellert/Schmiedebach 2008, 41 ff.

Jedoch unterscheiden sich die diesbezüglichen Befürchtungen Gesunder oft deutlich von den tatsächlichen Einstellungen Schwerkranker. Umstritten ist auch der damit zugrunde gelegte Begriff der Menschenwürde.[25]

b. Contra-Argumente:

- Die Legalisierung von Euthanasie untergrabe generell den **Schutz menschlichen Lebens** und verletze die **Menschenwürde** von Menschen in der letzten Lebensphase, indem der „Wert" ihres Lebens in Frage gestellt werde. Ja, so wird befürchtet, dies könne selbst sozialen Druck auf alte und schwer erkrankte Menschen erzeugen, sich vorgeblichen Erwartungen von „Nützlichkeit" zu unterwerfen.[26]
- Damit verbinden sich sogen. **„Dammbruchargumente"**. Die Legalisierung von aktiver Sterbehilfe im Ausnahmefall lasse sich nur schwer auf extreme Grenzsituationen beschränken. Es besteht die Gefahr einer Ausweitung in **zweifacher** Hinsicht: zum einen *über* wirklich **terminale Erkrankungen** *hinaus* auf andere Leidenszustände und Einschränkungen, zum anderen in Richtung auf eine **fremdbestimmte aktive Euthanasie** (d.h. ohne expliziten Sterbewunsch des Betroffenen).[27]
- Häufig ist der Wunsch nach Sterbehilfe als **Hilferuf** nach menschlicher Unterstützung zu interpretieren. Es gehe daher um die Verbesserung der „psychosozialen Umstände des Sterbens".[28] Oft übersehen würden die Fortschritte bei **palliativ-** und **hospizmedizinischen** Angeboten.
- Durch aktive Sterbehilfe würde das **ärztliche Berufsethos** mit seinem zentralen Auftrag des *Heilens* untergraben und damit die „Vertrauensbasis" der **Arzt-Patienten-Beziehung** erschüttert.[29]

7.1.3.3 Rechtliche Regelungen in Deutschland, Österreich und der Schweiz

a. Deutschland

Wie in den meisten anderen europäischen Ländern ist die Tötung auf Verlangen (§ 216 StGB) in Deutschland ausnahmslos strafbar. Die *freiverantwortliche* Selbsttötung und die *Beihilfe* zum Suizid sind dagegen generell straffrei.[30] Die Straffreiheit knüpft auch nicht an das Erfordernis einer schweren oder unheilbaren Erkrankung an.

---

[25] Vgl. ebd., 41.

[26] Vgl. Pöltner 2006, 279.

[27] Vgl. ebd., 279 ff.

[28] Schöne-Seifert 2007, 110 (kritisch jedoch hinsichtlich des häufig angenommenen Gegensatzes von Palliativmedizin und Selbstbestimmung).

[29] Vgl. ebd., 278 f.

[30] Vgl. Risse-Steller 2024, 17.

Als zentrales Unterscheidungsmerkmal zwischen verbotener „Tötung auf Verlangen" und straflosem (nicht strafwürdigem) assistierten Suizid gilt, dass der Sterbewillige die „Tatherrschaft"[31] hat, und nicht eine andere Person die Tötungshandlung auf dessen Wunsch ausführt. Behält dagegen „der Sterbewillige [...] bis zuletzt die freie Entscheidung über sein Schicksal", so der BGH, „dann tötet er sich selbst, wenn auch mit fremder Hilfe".[32]

2015 wurde § 217 StGB a.F. eingeführt, der die Strafbarkeit der „**geschäftsmäßigen Förderung** der Selbsttötung" vorsah, was auch „Sterbehilfevereine" umfasste. Straflos blieb aber die Beihilfe im Einzelfall ohne „Wiederholungsabsicht".

Die gesamte Bestimmung wurde 2020 durch eine Entscheidung des BVerfG für nichtig erklärt, die das „Recht auf selbstbestimmtes Sterben" „als **Ausdruck personaler Freiheit**"[33] auf der Grundlage der Menschenwürde betont. Daraus folgt für das Gericht weiter (anders als etwa in Österreich), dass der assistierte Suizid „nicht auf schwere und unheilbare Krankheitszustände oder bestimmte Lebens- und Krankheitsphasen beschränkt" sein kann. Denn dies „liefe auf eine Bewertung der Beweggründe des zur Selbsttötung Entschlossenen" hinaus, „die dem Freiheitsgedanken des Grundgesetzes fremd"[34] sei. Doch verweist das Gericht auch auf den notwendigen Ausgleich zwischen unterschiedlichen staatlichen Schutzpflichten als Auftrag an die Gesetzgebung. Diese habe das „Spannungsverhältnis" zwischen dem „grundlegenden, auch das eigene Lebensende umfassenden Selbstbestimmungsrecht" und dem „hohe[n] Rechtsgut Leben"[35] zu lösen.

Eine neue genauere Rechtsgrundlage für diese weiterhin kontrovers diskutierte Materie fehlt jedoch bislang. Das Verbot des ärztlich assistierten Suizids wurde als Reaktion auf dieses Judikat aus der Musterberufsordnung der Bundesärztekammer entfernt.[36]

b. Österreich

Im Gegensatz zu Deutschland und der Schweiz war in Österreich bis 2021 neben dem Verbot der aktiven Sterbehilfe auch die Hilfeleistung zur Selbsttötung in jedem Fall strafbar (§ 78 öStGB 2. Fall a.F.). Erst 2020 hob der VfGH (mit Wirkung vom 1.1.2022) das *ausnahmslose* Verbot des assistierten Suizids als verfassungswidrig auf. Dieses verstoße gegen das **Recht auf freie Selbstbestimmung**, so das Gericht, das auch das Recht auf „selbstbestimmtes Sterben in Würde" umfasse.[37] Weiterhin strafbar im Rahmen dieser Bestimmung ist die *Verleitung* zur Selbsttötung (§ 78 Abs. 1 öStGB), aber auch die Hilfeleistung zur Selbsttötung *in bestimmten Fällen* (§ 78 Abs. 2 öStGB).

31 BGH, Beschl. v. 28.6.2022, 6 StR 68/21, Rn. 14.
32 Ebd, Rn. 14.
33 BVerfGE 153, 182, Rn. 202; 209.
34 Ebd., Rn. 210.
35 Ebd., Rn. 223 f.
36 Vgl. BÄK 2024, § 16 n.F.
37 VfGH, 11.12.2020, G 139/2019–71, VfSlg. 20.433, Rz. 74.

Für die Straffreiheit des assistierten Suizids gelten jedoch sehr strikte Bedingungen. Neben dem Erfordernis der zweifelsfreien Selbstbestimmtheit einer (volljährigen) Person ist er nur im Falle einer **unheilbaren, zum Tod führenden** oder einer schweren, dauerhaften Krankheit mit anhaltenden Symptomen, deren Folgen **die gesamte Lebensführung dauerhaft beeinträchtigen**, zulässig. Anders als in Deutschland oder der Schweiz bedarf es darüber hinaus der Errichtung einer sogen. **„Sterbeverfügung"** (wohl in Analogie zur Patientenverfügung), die an eine Reihe formaler Erfordernisse gebunden ist. Sie muss schriftlich vor einer Notarin oder einem rechtskundigen Mitglied einer Patientenvertretung errichtet werden.

V.a. muss der Errichtung – im Regelfall im Abstand von 12 Wochen – eine umfangreiche Aufklärung durch zwei Ärzte (inklusive konkreter Angebote für ein psychotherapeutisches Gespräch) vorausgehen. Von diesen Ärzten muss einer eine palliativmedizinische Qualifikation aufweisen (was in der Praxis erhebliche Hürden erzeugt).

Strafrechtlich ist nach § 78 Abs. 2 öStGB weiterhin die Hilfeleistung zur Selbsttötung „aus einem verwerflichen Beweggrund" verboten sowie gegenüber Minderjährigen, aber auch gegenüber Menschen ohne terminale oder schwere Erkrankung mit dauerhafter Beeinträchtigung der Lebensführung (im Sinne des Sterbeverfügungsgesetzes) sowie ohne entsprechende ärztliche Aufklärung.

Das Sterbeverfügungsgesetz (StVfG) verbietet weiters die Werbung für assistierten Suizid (§ 12 Abs. 1) sowie dessen Angebot gegen die Zusage wirtschaftlicher Vorteile, die „über den Ersatz des nachgewiesenen Aufwands hinausgehen" (§ 12 Abs. 3). Damit sind etwaige „Sterbehilfevereine" rechtlich ausgeschlossen.

c. Schweiz

Das Schweizer StGB knüpft die Straflosigkeit bei „Beihilfe zum Selbstmord" vorrangig daran, dass **keine „selbstsüchtigen Beweggründe"** (Art. 115 chStGB) vorliegen. Weitere Voraussetzungen enthalten die neuen „Medizin-ethischen Richtlinien zu Umgang mit Sterben und Tod" der Schweizerischen Akademie der Medizinischen Wissenschaften (SAMW), die 2022 verbindlich in das ärztliche Standesrecht übernommen wurden.

In diesem Rahmen ist in der Schweiz auch der ärztlich assistierte Suizid auf der Grundlage eines „Informed Consent" des Patienten und einer persönlichen Gewissensentscheidung der Ärztin zulässig, wenn eine diesbezügliche **autonome** Willensentscheidung einer **urteilsfähigen** Person vorliegt, die unter einer **dauerhaften (subjektiv) unerträglichen Erkrankung** leidet.[38] Zusätzlich sind weitere Vorschriften einzuhalten (Aufklärung über palliativmedizinische Alternativen,[39]

---

[38] Vgl. SAMW 2022, 26 f.

[39] Vgl. ebd., 9.

Dokumentation des Entscheidungsprozesses,[40] Ausführung der Tötungshandlung durch den Patienten selbst u.a.).[41] Eine direkte ärztliche Tötungshandlung ist nicht zulässig. Der Arzt kann nur das entsprechende Mittel zur Einnahme durch die Patientin selbst bereitstellen. „Als Hilfe zum Suizid durch medizinisches Handeln gelten", aus der Sicht der SAMW, „die Verschreibung oder Abgabe des tödlichen Medikaments oder das Einführen einer intravenösen Kanüle zu dessen Applikation durch die Patientin".[42]

Auch für den organisierten assistierten Suizid gibt es darüber hinaus keine spezifischen prozeduralen Regelungen. Angebote von Vereinen, die sogen. „Freitodbegleitung" anbieten, sind in der Schweiz zulässig, dürfen sich jedoch nur an volljährige Personen richten. Die Entgegennahme von Zahlungen zur Deckung der diesen Organisationen entstehenden Verwaltungskosten gilt nicht als „selbstsüchtig".[43]

7.1.4 Stammzellenforschung

Im Brennpunkt medizinethischer und -rechtlicher Debatten stehen insbes. Methoden und Maßnahmen der modernen Gentechnologie zu therapeutischen, prädiktiven und wissenschaftlichen Zwecken. Dabei entsteht v.a. ein Spannungsverhältnis zwischen der **Chance auf neue Heilungsmöglichkeiten** – oft bei bislang unbehandelbaren Krankheiten – sowie der Forschungsfreiheit einerseits und den massiven **Risiken der Instrumentalisierung** des Menschen, die mit diesen Technologien und dem daraus gewonnenen Wissen verbunden sind, andererseits.

Diese Problematik soll hier anhand der Stammzellenforschung erläutert werden.

Besonders bedeutsam für Forschungszwecke sind **embryonale Stammzellen** (hES-Zellen), d.h. Zellen, die aus einem frühen embryonalen Gewebsverband isoliert und in Kultur vermehrt werden. Sie sind im Gegensatz zu Stammzellen in späteren Entwicklungsstadien (fetale und adulte Stammzellen) **pluripotent**. Das bedeutet, dass aus ihnen jeder Gewebstyp entwickelt werden kann.[44]

Die Forschung an embryonalen Stammzellen verspricht daher wertvolle Fortschritte hinsichtlich der **Therapiemöglichkeiten** (z.B. Zelltransplantationstherapien) von bislang kurativ nicht behandelbaren Erkrankungen (wie der Alzheimerschen Krankheit) und anderen schwerwiegenden Krankheiten (z.B. Krebs).

Welche ethischen Probleme sind mit der Stammzellenforschung verbunden?

Bei der Gewinnung embryonaler Stammzellen werden die Spenderembryonen (in einem sehr frühen Stadium der Zellteilung) vernichtet. Die Forschung an

---

40 Vgl. ebd., 26.
41 Vgl. ebd., 34.
42 Ebd., 34.
43 Simader et al. 2024, 8.
44 Vgl. zur „Pluripotenz" Hescheler 2020, 18.

diesen ist daher der sogen. **„verbrauchenden Embryonenforschung“** zuzurechnen. Diese Embryonen werden entweder zu Forschungszwecken hergestellt oder entstehen als „überschüssige“ Embryonen bei der IVF (In-vitro-Fertilisation). Die Instrumentalisierung (und Tötung) von menschlichen Embryonen zu Forschungszwecken wird ethisch höchst kontrovers diskutiert. V.a. im deutschsprachigen Raum beruft man sich bei der Kritik daran auf die Menschenwürde. Dabei entsteht ein Spannungsverhältnis zwischen dem **„Ethos des Heilens“** und dem Grundsatz der **Menschenwürde**. Die Methode der Gewinnung von embryonalen Stammzellen macht jedoch einen ethisch relevanten Unterschied aus.

Ethisch verpönt ist v.a. die gezielte Erzeugung von Embryonen zu Forschungszwecken („Forschungsembryonen“).[45] Ein diesbezügliches Verbot ist auch in Art. 18 der Menschenrechtskonvention zur Biomedizin des Europarats (MRB; „Bioethikkonvention“) enthalten.

Ausnahmeregelungen werden hingegen hinsichtlich der Forschung an sogen. „überzähligen“ Embryonen diskutiert, die regelmäßig bei der IVF entstehen. Embryonen, die zunächst nicht implantiert werden, werden kryokonserviert. Kommt es auch später zu keiner Implantation, werden sie nach einigen Jahren vernichtet. In diesen Fällen wird von manchen Ethiker:innen die Zulassung der Stammzellengewinnung aus solchen Embryonen befürwortet, wenn **hochrangige Forschungsinteressen** (z.B. im Hinblick auf die Therapiemöglichkeiten schwerer Erkrankungen) vorliegen. Dies sei im Rahmen einer **Abwägung** dem bloßen „Absterbenlassen“ der überzähligen Embryonen vorzuziehen.[46] Dafür wird auch die Analogie zu Spenderorganen bei Organtransplantationen diskutiert.[47]

Das deutsche Stammzellgesetz 2002 (StZG) enthält ein grundsätzliches Verbot der Einfuhr und Verwendung embryonaler Stammzellen (§ 1 Nr. 1). Gem. § 4 StZG ist jedoch die Einfuhr und die Forschung an – importierten – hES-Zellen unter bestimmten Voraussetzungen ausnahmsweise zulässig. U.a. darf es sich nur um Stammzellen handeln, die aus sogen. (im Rahmen von IVF erzeugten) **„überzähligen“** Embryonen gewonnen wurden. Ihre Überlassung muss unentgeltlich sein. V.a. muss die Forschung daran **hochrangigen Forschungszielen** in der *Grundlagenforschung* oder der *Erweiterung* medizinischer (etwa therapeutischer) Verfahren dienen, wenn nach dem Stand der Wissenschaft andere Forschungsmethoden dafür voraussichtlich keinen Erfolg versprechen. Außerdem wurde eine **Stichtagsregelung** eingeführt, wonach nur Stammzellen importiert werden dürfen, die im Herkunftsland vor dem 1.5.2007 legal erzeugt und danach in Kultur gehalten oder kryokonserviert wurden (§ 4 Abs. 2 Nr. 1 lit. a StZG). Damit soll eine gezielte Herstellung embryonaler Stammzellen für Forschungszwecke in Deutschland vermieden werden. Jede Einfuhr oder Verwendung von Stammzellen bedarf einer behördlichen Genehmigung (§ 6 StZG).

---

45 Vgl. Körtner 2008, 2 f.

46 Vgl. ebd., 3.

47 Vgl. Körtner 2002, https://sciencev1.orf.at/koertner/50727.html (4.6.2025).

In der Schweiz ist die Forschung an im Inland (im Rahmen von IVF) erzeugten „überzähligen" Embryonen unter bestimmten Voraussetzungen, v.a. mit freiwilliger und schriftlicher Einwilligung des betroffenen Paars nach entsprechender Aufklärung gem. Art. 5 Abs. 1 Stammzellenforschungsgesetz (StFG) und einer Bewilligung der zuständigen Ethikkommission (Art. 7 StFG), zulässig. Auch der Import von hES-Zellen für Forschungszwecke ist unter sehr strikten Auflagen erlaubt. In Österreich fehlt es an einer sicheren Rechtsgrundlage. Die Forschung an im Inland gewonnenen „überzähligen" Embryonen gilt als generell verboten, nicht jedoch jene an im Ausland legal entnommenen (und importierten) hES-Zellen.[48]

7.1.5 Triage in der Pandemie

Medizinethische Fragen betreffen auch Fragen der Verteilungsgerechtigkeit von knappen medizinischen Ressourcen. Man nennt diese allgemeine Anforderung **„Allokation"**. Grundsätzlich gilt in einem solidarischen Gesundheitssystem das Prinzip des **diskriminierungsfreien, gleichen Zugangs** aller Menschen zu erforderlichen medizinischen Leistungen. Kriterien wie sozialer Status, Alter, Vorerkrankungen, aber auch Lebensstil (z.B. Rauchen, Extremsportarten) haben keinen Einfluss auf die gleiche umfassende Versorgungsleistung.[49]

Jedoch gibt es auch ohne medizinischen Ausnahmezustand Situationen, in denen knappe lebensnotwendige Ressourcen zwischen mehreren Menschen verteilt werden müssen. Dies betrifft etwa die Zuteilung von Spenderorganen im Rahmen von **Organtransplantationen**. Dabei spielen Dringlichkeit des Eingriffs und Organkompatibilität eine entscheidende Rolle. Aber auch hier gilt der Grundsatz der **„fairen Chancengleichheit"**, welcher Diskriminierung, etwa nach Alter oder sozialer Stellung, prinzipiell ausschließt. V.a. werden Spenderorgane aufgrund einer länderübergreifenden[50] anonymisierten Warteliste (im Rahmen von „Eurotransplant") zugeteilt.[51]

7.1.5.1 Der Begriff der Triage

Anders stellt sich die Herausforderung der Verteilung knapper medizinischer Ressourcen u.U. im Falle einer medizinischen **Ausnahmesituation**, wie einer Pandemie, dar. Sie kennen diese Fragestellung aus den Debatten um die Überlas-

---

[48] Vgl. Bioethikkommission 2009, 15 ff.

[49] Vgl. Pöltner 2006, 300 ff.

[50] Dabei findet seit 1996 allerdings ein Punktesystem Berücksichtigung, das auch das Import-Export-Verhältnis der Organe der teilnehmenden Länder miteinbezieht. Vgl. Persijn 2006, 421 ff.

[51] Vgl. https://www.organspende-info.de/organspende/ablauf-einer-organspende/wartelisten-vermittlung-transplantation/ (15.4.2025).

tung intensivmedizinischer Kapazitäten. Welche Patientin, welcher Patient soll eine intensivmedizinische Betreuung bekommen, wenn die Zahl der intensivpflichtigen Patientinnen die verfügbaren Kapazitäten übersteigt?

Diese Entscheidung bezeichnet man als **„Triage“** (frz. „trier“: aussortieren, auswählen).

Der Begriff „Triage“ stammt ursprünglich aus einem militärmedizinischen Kontext. Er wurde vom französischen Arzt Dominique Jean Larrey während der Napoleonischen Kriege (1792–1815) eingeführt. Dieser teilte die Verletzten in drei Gruppen ein, nämlich in die (priorisierten) Schwerstverletzten, die noch zu retten waren, die danach zu behandelnden Leichtverletzten und die Schwerstverletzten, denen voraussichtlich nicht mehr geholfen werden konnte. Durch eine unterschiedliche farbliche „Markierung“ dieser Gruppen sollte u.a. verhindert werden, dass sich Leichtverletzte vor Schwerverletzte vordrängen konnten.[52]

Dabei ging es nicht primär um den effizienteren Einsatz medizinischer Mittel. Larrey machte damit vielmehr v.a. den **Vorrang medizinischer Kriterien** vor militärischen geltend. Von militärischer Seite wurde bis dahin die prioritäre Versorgung leichtverletzter Soldaten urgiert – da dies mehr zur raschen Wiederherstellung der ursprünglichen Streitkraftstärke beitrug.[53]

Ein ähnliches Verfahren farblicher Codierung wird heute noch in der Katastrophenmedizin angewandt. Auch in der Notfallmedizin wird in Deutschland entweder das in Großbritannien entwickelte sogen. „Manchester-Triage-System (MTS)“ oder der amerikanische „Emergency Severity Index“ (ESI) eingesetzt.[54] Diese Methoden werden auch „Verfahren zur Ersteinschätzung“ genannt. (In Österreich wurde 2009 einheitlich das MTS eingeführt.) In beiden Systemen geht es um ein zeitnahes und strukturiertes Verfahren der Einschätzung der **Behandlungsdringlichkeit**, das eine Einteilung in Gruppen und deren zeitliche Reihung vorsieht (z.B. in Notaufnahmen). Dieses führt jedoch nicht zum Ausschluss nachgereihter Patienten von der Heilbehandlung.

Eine Triage-Situation *im Ausnahmezustand* erzeugt dagegen stets eine gravierende **ethische Dilemmasituation.**[55] Dies bedeutet, dass u.U. entschieden werden muss, welche Personen gegebenenfalls vorrangig kurativ zu behandeln sind – und welche dann nur mehr palliativmedizinisch betreut werden können.

---

52 Vgl. Mannino 2021, 11.

53 Vgl. ebd., 12 f.

54 Vgl. Brod et al. 2024, 232.

55 Vgl. Bioethikkommission 2020, 4.

7.1.5.2 Vermeidung ethisch problematischer Triage-Situationen

Als primärer Grundsatz muss daher gelten, dass **solche Triage-Situationen nach Kräften zu vermeiden sind!**[56]

Dabei soll die Überlastung von Ressourcen vorrangig bereits **im Vorfeld** vermieden werden. Das stellt Anforderungen auf zwei Ebenen:

- Auf gesellschaftlicher Ebene:
  Gefordert sind politische Maßnahmen zur Vermeidung einer Überlastung des Gesundheitssystems (z.B. „flatten the curve", d.h. Maßnahmen zur Abflachung der Infektionswelle in einer Pandemie).[57]

  Damit sind häufig auch Grundrechtseingriffe verbunden, etwa in das Recht auf persönliche Freiheit oder die Versammlungsfreiheit, die dem **Verhältnismäßigkeitsgrundsatz** unterliegen. Dabei ist aber auch zu berücksichtigen, dass solche Eingriffe nicht nur der Wahrnehmung öffentlicher Sicherheit dienen, sondern ihrerseits dem **Schutz elementarer Grundrechte** wie des **Rechts auf Leben** und **körperliche Integrität**.

- Auf klinischer Ebene:
  Generell ist sorgfältig darauf zu achten, dass intensivmedizinische Ressourcen stets nur nach Maßgabe einer **medizinischen Indikation** eingesetzt werden, wobei die persönlichen Umstände der Patientin, wie etwa Krankengeschichte, bisheriger Behandlungsverlauf und Prognose, insbes. auch der Patientinnenwille, zu berücksichtigen sind.[58]

  Als Grenze gilt, dass intensivmedizinische Maßnahmen **nicht indiziert** – und daher zu unterlassen – sind, wenn sie für den Patienten **mehr Nach- als Vorteile** bringen. Im Allgemeinen liegt eine solche Indikation etwa aus Sicht der Österreichischen Bioethikkommission nicht mehr vor, wenn nicht zu erwarten ist, „dass die Person wenigstens das Krankenhaus verlassen und in ein angemessenes Lebensumfeld integriert werden kann".[59]

7.1.5.3 Verteilungsgrundsätze im Ausnahmezustand

Sollte eine solche Triage-Situation dennoch auf diesem Weg nicht vermieden werden können, geht es nunmehr darum, so viele Menschen **wie möglich** zu retten.[60]

---

[56] Vgl. ebd., 6; Mannino 2021, 13.
[57] Vgl. Bioethikkommission 2020, 8.
[58] Vgl. ebd., 7 f; DIVI 2021, 3.
[59] Bioethikkommission 2020, 7.
[60] Vgl. DIVI 2021, 5; FASIM 2020, 7.

Dabei gilt, dass auch in einer Ausnahmesituation **die Bindung an die Verfassung**, v.a. an die **Grundrechte** (insbes. an die Rechte auf Gleichheit, Leben und freie Selbstbestimmung), nicht aufgegeben werden darf.[61] Das Ziel einer – personenübergreifenden – Maximierung von „Lebensjahren" oder auch sogen. „Lebensqualität" ist daher ausgeschlossen.

Von manchen Ethiker:innen werden – v.a. aus **utilitaristischer** Sicht – dagegen verschiedene Kriterien diskutiert, die zur Bevorzugung bestimmter Patientinnengruppen führen würden. Als Kriterien erörtert werden etwa der drohende größere **Verlust an Lebensjahren** bzw. **Lebenschancen** (was jüngere Menschen bevorzugen würde),[62] bessere (langfristige) Erfolgsaussichten (was Personen mit Vorerkrankungen benachteiligen würde)[63] oder auch Versorgungspflichten (was wiederum Eltern von versorgungspflichtigen Kindern priorisieren würde). Diese Kriterien ließen sich jedoch beliebig erweitern, stehen oft untereinander in Widerspruch und führen weiter in eine **ausweglose Dilemmasituation**. Was wiegt etwa schwerer, der Verlust von Lebens- und Glückschancen eines Kindes oder der Tod eines Elternteils von mehreren versorgungspflichtigen Kindern? Sind etwa eigene gesundheitsschädigende Verhaltensweisen des Patienten zu berücksichtigen? Wie entscheidet man unter diesem Gesichtspunkt, wenn etwa eine Impfung den Krankheitsverlauf hätte abmildern können, aber unterlassen wurde?

V.a. aber stünde eine solche Bevorzugung bestimmter Patientengruppen im Widerspruch zur **Gleichheit** aller Patientinnen auf der Grundlage ihrer **gleichen Menschenwürde** (→ vgl. 4.3.3.2.b).

7.1.5.4 Verfahren zur gleichheitskonformen Priorisierung

Wie kann nun in einer solchen Dilemmasituation konkret vorgegangen werden?

Die Triage-Entscheidung kann kurzfristig durch die Verteilung auf andere Krankenhäuser, auch im Rahmen internationaler Kooperationen, vermieden werden.[64]

Sollte selbst das nicht möglich sein, wird als zentrales, gleichheitskonformes Kriterium für die Verteilung knapper intensivmedizinischer Ressourcen die **kurzfristige Überlebenswahrscheinlichkeit** herangezogen (nicht die längerfristige Lebenserwartung!), d.h. die Prognose, ob die Patientin die Intensivtherapie überleben (und danach ohne Intensivbehandlung weiterleben) kann.[65]

Die Einschätzung der Erfolgsaussichten darf dabei nie aufgrund einzelner Gesichtspunkte, wie des gesundheitlichen Allgemeinzustands, schwerer Vorerkran-

[61] Vgl. ebd., 5 ff.
[62] Vgl. etwa Hoven 2021, 349 ff.
[63] Vgl. Dietrich 2021, 91 ff.
[64] Vgl. Bioethikkommission 2020, 9; DIVI 2021, 4.
[65] Vgl. DIVI 2021, 5.

kungen, bestimmter Laborwerte etc., erfolgen, sondern stets nur auf der Grundlage einer **Gesamtberücksichtigung** aller relevanten Faktoren.[66] Sie muss individuell für jeden Patienten getroffen werden.[67] Darüber hinaus bedarf auch eine Intensivtherapie mit Erfolgsaussichten der **Zustimmung** der hinreichend aufgeklärten Person[68] (→ vgl. 7.1.2.2–3). Im Zweifel ist allerdings von deren Einverständnis in erfolgversprechende lebenserhaltende intensivmedizinische Maßnahmen auszugehen. Diese Priorisierungsentscheidung erfordert eine regelmäßige Neuevaluierung aller Patientinnen in kurzen Abständen.[69] In sie sind stets **alle Patientinnen** einzubeziehen, die eine Intensivbehandlung aktuell benötigen, nicht nur die im Rahmen einer Pandemie erkrankten Personen.

Im Falle einer *gleichrangigen Evaluierung* der kurzfristigen Erfolgsaussichten mehrerer *neu aufgenommener* Personen wird von manchen bei Ressourcenknappheit, etwa an Intensivtherapieplätzen, die Verteilung nach dem Zufallsprinzip (u.U. durch ein Losverfahren) als **ultima ratio** vorgeschlagen, da dieses dem Grundsatz der Chancengleichheit am ehesten gerecht werde.[70] Abgelehnt wird das Zufallsprinzip hingegen im Falle von nicht gleichrangig evaluierten Patient:innen oder zu Lasten von bereits aufgenommenen Personen.

Strikt ausgeschlossen sind dagegen Kriterien wie „Systemrelevanz“, sozialer Status, Lebensalter, (verbleibende) Lebensqualität, Behinderung, bestimmte Grunderkrankungen, Impfstatus u.a.[71] Aber auch der Grad der Gebrechlichkeit oder schwere „Komorbiditäten“ (bereits bestehende weitere Erkrankungen/Grunderkrankungen) sind nur dann zu berücksichtigen, wenn sie die kurzfristige Überlebenswahrscheinlichkeit (deutlich) einschränken.[72]

Bis 2025 schloss § 5c Abs. 2 Infektionsschutzgesetz (IfSG) auch das Verfahren der sogen. **„Ex-post-Triage“** gesetzlich explizit aus. Das bedeutete, dass bereits in Intensivbehandlung aufgenommene Patienten nicht mehr von dieser ausgeschlossen werden durften, wenn Personen mit einer günstigeren Prognose neu hinzukamen.[73] Die gesamte Bestimmung des § 5c IfSG aus 2022 („Pandemiegesetz“) wurde jedoch am 23. 9. 2025 vom BVerfG u.a. wegen Verletzung der Berufsfreiheit der Ärzte (Art. 12 Abs. 1 GG) für nichtig erklärt.[74]

---

66 Vgl. FASIM 2020, 16.
67 Vgl. ebd., 12; DIVI 2021, 6 f.
68 Vgl. FASIM 2020, 17.
69 Vgl. ebd., 5; 20; DIVI 2021, 6 f.
70 Vgl. FASIM 2020, 18.
71 Vgl. DIVI 2021, 5; FASIM 2020, 8.
72 Vgl. DIVI 2021, 8.
73 Vgl. § 5c Abs. 2 IfSG a.F.
74 BVerfG, Beschluss des 1. Senats vom 23. 9. 2025 - 1 BvR 2284/23, Rn. 1–141.

Die Last der konkreten Entscheidung soll von mehreren Personen (durch kollegiale Beschlussfassung und die Inanspruchnahme klinischer Ethikberatung) getragen werden („**Mehr-Augen-Prinzip**“).[75] Dies erfordert eine möglichst einvernehmliche Entscheidung von mindestens zwei intensivmedizinisch erfahrenen Ärztinnen. In diese Entscheidung sind weiter auch behandelnde Ärztinnen aus beteiligten Fachgebieten sowie eine erfahrene Intensivpflegeperson einzubeziehen.[76]

Derartige Triage-Maßnahmen bleiben dennoch stets schwerwiegende ethische Dilemmasituationen, die **Spannungen zum Prinzip gleicher Menschenwürde** erzeugen.

7.2 Einführung in die Umweltethik

7.2.1 Einleitung: Spezifische Herausforderungen der Umweltethik

Auch die Umwelt- und die Tierethik enthalten Aufgabenstellungen, die herkömmliche Konzeptionen von Gerechtigkeit überschreiten, insbes. nationalstaatliche Lösungen in manchen Bereichen überfordern.

Für die Umweltethik und ihre politische Umsetzung sind folgende Herausforderungen hervorzuheben:

1. In der Umweltethik geht es um die Erhaltung der **natürlichen Lebensgrundlagen** für menschliche Freiheit, die unter vorindustriellen Bedingungen und ohne die weitreichenden Eingriffsmöglichkeiten moderner Technologien kaum reflektiert wurden. Die Naturgrundlagen der Freiheit sowie der **Begriff des „Lebens“** überhaupt sind ein Bereich, der in der politischen Philosophie der klassischen Aufklärung in seiner eigentlichen Tragweite weitgehend ausgeblendet wurde.
2. Die mögliche Zerstörung natürlicher Lebensgrundlagen des Menschen ist weiter eine Thematik, die herkömmliche Strategien der Problemlösung und demokratische Entscheidungsverfahren überfordert. Diese können zu kurz greifen, wenn es – wie bei zentralen Umweltproblemen, etwa dem Klimawandel – um drohende Umweltschäden mit **grenz-** oder **generationsüberschreitender Wirkung** und **irreversiblen Folgen** geht.
3. Dazu kommt, dass es sich bei vielen Emissionsproblemen und anderen umweltbelastenden Eingriffen nicht nur um gleichmäßig verteilte internationale Probleme handelt. Häufig gibt es dabei je nach Ländern, Weltregionen oder Kontinenten sehr **unterschiedliche Betroffenheiten**. Meist sind die Bewohner:innen ökonomisch benachteiligter Länder von globalen Umweltschäden und deren Auswirkungen (z.B. Wasserknappheit, Ernährungsengpäs-

[75] DIVI 2021, 6; FASIM 2020, 15.
[76] Vgl. DIVI 2021, 6; FASIM 2020, 15.

sen infolge der Erderwärmung) mehr betroffen als jene von Industrienationen. Dazu kommen noch **einseitig ökonomische Strategien** der Problemlösung (**„Klimahandel“**) (→ vgl. 7.2.4.4), die ebenfalls von Armut betroffene Länder benachteiligen.

4. Schließlich muss gerade in der Umweltethik die Frage nach den **Träger:innen** von Rechten oder rechtlich geschützten Interessen neu gestellt werden. In zentraler Weise geht es darum, wie die **Rechte zukünftiger Generationen** besser geschützt werden können. In der Folge stellt sich aber auch die Frage nach möglichen weiteren überindividuellen oder nicht-menschlichen Subjekten von Interessen, Rechten oder Gerechtigkeitsforderungen (→ siehe sogleich 7.2.2).

7.2.2 Grundpositionen der Umweltethik

Auf der Ebene philosophischer Begründungen gibt es in der Umweltethik verschiedene Ansätze, wer als Subjekt „moralischer Berücksichtigungswürdigkeit“[77] in Frage kommt. Häufig wird dabei eine **Erweiterung der „moral community“**[78] über (jetzt lebende) Menschen hinaus angedacht.

7.2.2.1 Anthropozentrische Positionen

Grundsätzlich sind zwar alle moralphilosophischen Ansätze notwendig *methodisch* „anthropozentrisch“, insofern sie auf menschlicher Reflexion beruhen und Anforderungen an menschliches Verhalten stellen. Im engeren Sinn versteht man unter anthropozentrischen Positionen in der Umweltethik jene, die sich auch inhaltlich auf die Berücksichtigung ausschließlich **menschlicher Interessen und Rechte** zurückführen lassen. Dies kommt umweltpolitisch etwa in der Forderung nach Anerkennung von **Rechten zukünftiger Generationen**[79] oder bestimmten Menschenrechten der dritten Generation (Recht auf eine gesunde Umwelt) zum Ausdruck. Diese werden auch von manchen in einem „Menschenrecht auf Natur“ zusammengefasst (→ siehe 5.2.2.3).

7.2.2.2 Pathozentrische Positionen

Pathozentrische Positionen orientieren sich am Schutz des **inhärenten (= eigenständigen) Werts aller leidensfähigen Lebewesen** und reklamieren häufig – in abgestufter oder gleicher Weise – direkte moralische Pflichten zugunsten von

[77] Ott 2000, 22.
[78] Ebd, 22.
[79] Vgl. etwa Vromans/Paslack 2010, 122 f.

Menschen und höherorganisierten Tieren. Solche Begründungen spielen v.a. in der → Tierethik (siehe 7.3) eine zentrale Rolle.

7.2.2.3 Biozentrismus

Biozentrische Ansätze umfassen **alle Lebewesen** (etwa auch Pflanzen und „niedere" Tiere) als mögliche Subjekte von Gerechtigkeitsforderungen. Eine klassische biozentrische Ethik stellt etwa A. Schweitzers Ethik der „Ehrfurcht vor dem Leben" dar. Bezugspunkt für moralische Wertschätzung sind alle **lebenden Organismen.**[80]

Weiter stellt sich die Frage, inwieweit auch *überindividuelle* Entitäten als Subjekte von Recht oder Moral in Betracht kommen. Diese manifestiert sich in der Forderung nach „Ehrfurcht vor der Natur". Sie bezieht sich nicht bloß auf individuelle lebende Organismen, sondern auch auf gesamte Artenpopulationen, ganze ökologische „Gemeinschaften"[81] oder Ökosysteme.[82] Im engeren Sinn werden solche Positionen auch als **„physiozentrisch"** oder **„ökozentrisch"** bezeichnet.

7.2.2.4 Holismus

Das moralische Prinzip holistischer Ansätze ist der Schutz der **Natur als Ganzer**, der damit auch die unbelebte (anorganische) Natur einschließt. In diesem Sinn wurde v.a. ab den 1980er Jahren über ein **„Eigenrecht der Natur"** diskutiert, bei dem die gesamte Natur als überindividuelles Rechtssubjekt aufgefasst wurde. Diese „ganzheitlichen" Positionen weiten den Organismusbegriff auf die Einheit alles Natürlichen bzw. Lebendigen aus und sprechen in der Folge von einem „Weltorganismus".

Auch das Verständnis von menschlicher Personalität soll „ganzheitlich" interpretiert werden. Insofern kann man den „Holismus" auch als Fortsetzung des Anthropozentrismus verstehen, der unterschiedliche Facetten menschlicher „Mitweltlichkeit" explizit machen will.[83] Dabei geht es v.a. um die Einbeziehung von **Beziehungsgeflechten** auf verschiedenen Ebenen, wie z.B. der Rücksicht auf künftige Generationen, aber auch auf die internationale Völkergemeinschaft oder die Verwandtschaft mit Tieren und Pflanzen.[84] In diesem Sinne wird gefordert, der

80 Vgl. ebd., 138.
81 Vgl. P. Taylor 2011, 59 ff.
82 Vgl. Ott 2000, 26 f.
83 Vgl. Meyer-Abich 1990, 35 ff.
84 Vgl. ebd., 87 ff.

Mensch solle sich in seiner Humanität gerade als Teil des „[Natur-]Ganzen“[85] begreifen und daher in **„globaler Verantwortung“**[86] handeln.

7.2.3 Bereiche der Umweltethik

Thematisch werden in der Umweltethik üblicherweise folgende Bereiche unterschieden:[87]

7.2.3.1 Die Ressourcenethik

Die Ressourcenethik beschäftigt sich mit moralischen Fragen des schonenden Umgangs mit **nicht erneuerbaren, besonders sensiblen** oder **bedrohten lebensnotwendigen Ressourcen**, wie der Bekämpfung des Raubbaus an wertvollen, knappen Bodenschätzen, von Wasserknappheit, Wasser- und Luftverschmutzung, Überfischung der Meere und Klimaerwärmung. Als besonders exemplarisches und politisch höchst vielschichtiges Thema aus diesem Bereich stellt sich das Problem des anthropogenen (d.h. durch den Menschen verursachten) **Klimawandels** dar (vgl. 7.2.4–5).

7.2.3.2 Die Naturethik

Die Naturethik umfasst Fragen des Schutzes von **Pflanzen und „niederen“ Tieren** sowie des **Arten- und Landschaftsschutzes.** Schutzobjekt sind daher auch überindividuelle Einheiten wie Ökosysteme, Biotope, ganze Landschaften etc.

7.2.3.3 Die Tierethik

Seit einigen Jahrzehnten wird auch die Tierethik als eigener Bereich der Umweltethik von wachsender gesellschaftspolitischer Relevanz verstanden. Tierethik beschäftigt sich insbes. mit der Frage nach dem **spezifischen „inhärenten“ Wert** tierischer Lebewesen. Erörtert werden nicht nur aktuelle Tierschutzprobleme, sondern – je nach philosophischer Ausgangssituation – auch prinzipielle Fragen der **Gerechtigkeit gegenüber Tieren** oder nach **„Tierrechten“**.

---

[85] Ebd., 89.

[86] Ebd., 89.

[87] Vgl. Ott 2000, 17 f.

Die Tierethik wird wegen ihres Fokus auf der Geltendmachung und dem Schutz eines eigenständigen rechtlichen Stellenwerts individueller tierischer Lebewesen aber auch von der Umweltethik unterschieden, die tendenziell mehr an ökologischen Gesamtzusammenhängen orientiert ist. Die Tierethik wird daher zunehmend als eigener Bereich innerhalb der angewandten Ethik verstanden. (→ Vgl. dazu das gesonderte Kapitel 7.3, Einführung in die Tierethik.)

7.2.4 Globale Herausforderung Klimawandel

7.2.4.1 Die besondere Bedeutung des Klimawandels

Gerade das Problem des **anthropogenen** Klimawandels zeigt die globale Vernetzung und die langfristigen, kaum überschaubaren Wirkungen von Eingriffen in die Natur, die mit ökologischen Schäden verbunden sind.

Die vom Menschen verursachte Klimaerwärmung stellt aus folgenden Gründen besondere Herausforderungen an ihre umweltethische bzw. -politische Bewältigung:

- Es geht um Eingriffe in ein höchst komplexes System, die verheerende **globale Langzeitwirkungen** haben können.[88]
- Eine besondere Herausforderung stellen sogen. **„Kipppunkte"** („Tipping Points") dar, deren Eintreten jedoch nicht konkret bestimmt werden kann. Mit dem Erreichen dieser Schwellenwerte werden (selbst durch weitere geringere Veränderungen) jeweils abrupte Auswirkungen auf das gesamte Klimasystem befürchtet. Solche Kipppunkte wären insbes. der Zusammenbruch arktischer und antarktischer Eisschilde sowie des Grönlandeisschilds, der Kollaps zentraler Ozeanzirkulationen (v.a. des Nordatlantikstroms) und die Zerstörung wichtiger Ökosysteme, wie des Amazonasurwaldes oder arktischer Permafrostböden. Das Erreichen dieser Kipppunkte könnte „Rückkopplungseffekte" und Kettenreaktionen („cascading effects") auslösen, die drastische und irreversible Umweltveränderungen bewirken.[89]
- Die Prognose bezüglich der Klimaerwärmung weist dennoch eine große **Schwankungsbreite** hinsichtlich des vollen Ausmaßes auf.[90] Auch die aktuelle individuelle Wahrnehmbarkeit der Folgen ist oft sehr verschieden.
- Die dadurch verursachten Umweltschäden können **regional sehr unterschiedlich** sein.[91] Häufig sind ärmere Länder von den Auswirkungen mehr betroffen als die Hauptverursacherstaaten.

---

88 Vgl. Rahmstorf/Schellnhuber 2019, 53 ff.

89 Vgl. Lenton et al. 2019, 592 ff.

90 Vgl. Ott/Baatz 2016, 232.

91 Vgl. Rahmstorf/Schellnhuber 2019, 53 f.

- Es fehlt nach wie vor an effektiven internationalen Steuerungsmaßnahmen zur Bekämpfung globaler Langzeitschäden.

7.2.4.2 Ursachen des Klimawandels: Der Treibhauseffekt

Die Ursache des Klimawandels ist der **anthropogene Treibhauseffekt**. Durch den vom Menschen verursachten massiven Anstieg von Treibhausgasen (THG) in der Atmosphäre, v.a. von CO_2, aber auch von Methan, FCKW und Stickoxid, wird das **natürliche Strahlungsgleichgewicht** in der Erdatmosphäre gestört und zu viel Wärme reflektiert. Die wichtigsten Gründe für den Anstieg von CO_2 in der Atmosphäre sind die **Nutzung fossiler Brennstoffe** (Kohle, Erdöl, Erdgas) sowie die großflächige Abholzung von (Regen-)Wäldern, die hohe Kapazitäten zur Absorption von CO_2 aufweisen.[92]

7.2.4.3 Ökologische Wirkungen des Klimawandels

Wegen der zentralen Bedeutung des Treibhauseffekts für die Temperaturregulierung auf der Erde hat schon ein prozentuell geringer Anstieg dieses Vorgangs gravierende Auswirkungen für die gesamte Biosphäre und die Biodiversität auf der Erde.[93]

- Als erste Auswirkung und wichtiger Indikator des Klimawandels gilt der **Gletscherschwund**. Dies bedeutet auch die Zerstörung von wichtigen Wasserreserven. Daneben kommt es zur **Abschmelzung der Polarkappen** und des Grönlandeises sowie zum Rückgang der arktischen und antarktischen Eismeerdecke. Dadurch ist der Lebensraum für viele Arten, wie z.B. Eisbären, gefährdet.
- V.a. durch die Abschmelzung großer Eismassen (des Polar- und Grönlandeises) wird ein **Anstieg des Meeresspiegels** um mehrere Meter erwartet, was zum Untergang ganzer Inselstaaten und einiger Küstenstädte führen könnte.
- **Wetterextreme** wie Dürren, große Überschwemmungen und die Zunahme tropischer Wirbelstürme gelten als direkte Konsequenzen des Klimawandels. Befürchtet wird auch eine **Veränderung großer Meeresströmungen** mit weiteren massiven Klimaauswirkungen, v.a. das Versiegen des Nordatlantikstroms.
- Weitere Folgen sind die **Zerstörung von Ökosystemen** und ein dramatisches **Artensterben** (→ siehe 7.2.6, *Artenschutz*).
- Schließlich gefährdet der Klimawandel auch die **globale Ernährungssicherheit** durch massive landwirtschaftliche Ertragsrückgänge infolge von Hitze und Wassermangel, v.a. in meist armen Ländern des globalen Südens.

---

[92] Vgl. ebd., 30 ff.

[93] Vgl. ebd., 53–78.

7.2.4.4 Klimapolitik: Rechtlich-politische Gegenmaßnahmen

Das erste völkerrechtlich verbindliche Abkommen zum Klimaschutz war das sogen. **„Kyoto-Protokoll“** (in Kraft getreten am 16.2.2005) zur Umsetzung des Rahmenübereinkommens der Vereinten Nationen über Klimaveränderungen („Rio-Klimakonvention“). Die sogen. **„Kyoto-Ziele“** schrieben die Senkung der zentralen Treibhausgasemissionen bis 2012 um 5,2 % (seit 1990) verbindlich vor.

Kritisch beurteilt wurden v.a. die im Protokoll verankerten sehr **unterschiedlichen Länderquoten**. (So konnten manche Länder, wie Australien, sogar eine Steigerung aushandeln.) Problematisch erschienen auch die darin enthaltenen „flexiblen Mechanismen“ der ökonomischen Steuerung des Klimaschutzes („Kyoto-Mechanismen“). Dies betraf v.a. die Möglichkeit des **„Emissionshandels“** (Handel mit Emissionszertifikaten = „Verschmutzungsrechten“). Dieser ermöglichte es Ländern, die aus wirtschaftlichen Gründen ihre Quoten nicht ausschöpfen konnten, diese an andere Länder, die ihrerseits zur Erhaltung des eigenen Wirtschaftswachstums die ihnen vorgeschriebene Abgasreduktion nicht in Kauf nehmen wollten, zu verkaufen.[94]

Lange schien die Verlängerung des Kyoto-Protokolls fraglich. Auf der **UN-Klimakonferenz von Paris 2015** wurde ein Klimaabkommen **(„Paris-Abkommen“)** in der Nachfolge des Kyoto-Protokolls beschlossen, das die Begrenzung der globalen Erwärmung auf unter 2 °C (möglichst 1,5 °C) vorschreibt. Zu diesem Zweck soll der Treibhausgasausstoß weltweit bis 2050 auf null reduziert werden.[95]

7.2.5 Klimagerechtigkeit

Klimaschutz ist jedoch kein ausschließlich naturwissenschaftliches Problem, sondern wirft elementare Gerechtigkeitsfragen auf. Was versteht man unter „Klimagerechtigkeit“? Was unterscheidet Klimagerechtigkeit von anderen Fragen der Verteilungs- und Verfahrensgerechtigkeit?

Die Forderung nach Klimaschutz bringt in globaler Perspektive den Anspruch der **Erhaltung der natürlichen Lebensgrundlagen** für menschliche Freiheit zur Sprache. Damit stellt sie eine fundamentale Voraussetzung für die Umsetzung zentraler Menschenrechte dar, insbes. des Rechts auf Leben und Gesundheit (Art. 2 Abs. 2 Satz 1 GG bzw. Art. 2 EMRK) und des Schutzes der Privatsphäre (Art. 8 EMRK), der auch den Schutz vor Beeinträchtigung der Lebensqualität durch gravierende Umweltgefahren umfasst.[96]

Anders als bei herkömmlichen Gerechtigkeitsfragen erweitert sich die Schutzrichtung auch über jetzt lebende Menschen hinaus. Aber selbst diese sind nicht

---

[94] Vgl. Edenhofer/Jakob 2019, 80 ff.

[95] Vgl. ebd., 82 ff.

[96] Vgl. EGMR, 9.4.2024, 53600/20, *Verein KlimaSeniorinnen and Others/Switzerland*, Rn. 435 ff.

alle im selben Ausmaß durch Klimaschäden gefährdet. Klimagerechtigkeit enthält daher immer Aspekte **intra-** und **intergenerationeller Gerechtigkeit**. Es geht darum, die (etwa sozial oder regional bedingte) unterschiedliche Betroffenheit jetzt lebender Menschen zu berücksichtigen (*intragenerationelle Gerechtigkeit*), in besonderem Maße aber auch die Rechte zukünftiger und jüngerer Generationen zu wahren (*intergenerationelle Gerechtigkeit*).[97] Diese Aufgabe stellt demokratische Entscheidungsprozesse vor erhebliche Herausforderungen.

„Die Pflicht zum Schutz vor Lebens- und Gesundheitsgefahren kann eine Schutzverpflichtung auch in Bezug auf künftige Generationen begründen",[98] so der „Klimabeschluss" des BVerfG 2021. Daraus folgt die Anforderung, dass aus dem Klimaschutz resultierende Lasten gleichmäßig zwischen unterschiedlichen Generationen zu verteilen sind. Keineswegs dürften Maßnahmen zur Reduktion von Treibhausgasemissionen etwa progressiv gestaffelt werden und damit jüngere Menschen und zukünftige Generationen unverhältnismäßig mehr belasten. Eine zu geringe Einsparquote bis 2030 mache umso drastischere Reduktionen danach notwendig, gleichsam eine „Vollbremsung",[99] um das Pariser Klimaziel bis 2050 dennoch zu erreichen. Nur „rechtzeitig[e]"[100] Maßnahmen könnten dagegen den späteren Generationen geschuldeten „Schutz zukünftiger Freiheit"[101] gewährleisten.

Klimagerechtigkeit fordert also die politische Umsetzung effizienter Maßnahmen zur Eindämmung der Erderwärmung, sie beschränkt sich aber nicht darauf. Stets umfasst sie auch eine **sozial gerechte** Verteilung der damit verbundenen **Lasten** in globaler und generationenübergreifender Perspektive.

Im Einzelnen werden folgende Herausforderungen unterschieden:

1. **Reduktion** von Emissionen (**Mitigation**):
   Die Reduktion bzw. Vermeidung des Ausstoßes von Treibhausgasen gilt als leitendes Ziel der Klimapolitik. Als Vorgabe gilt allgemein die Einhaltung des Zwei-Grad-Ziels des Pariser Klimaabkommens. Dies erfordert vorrangig Maßnahmen der **Dekarbonisierung**, d.h. des Verzichts auf fossile Energiequellen.[102]

   Wissenschaftler:innen gehen allerdings davon aus, dass selbst die Einhaltung der Pariser Ziele langfristig gravierende Auswirkungen der Erderwärmung, wie den massiven Anstieg des Meeresspiegels und, damit verbunden, den Untergang pazifischer Inselstaaten, nicht mehr verhindern kann.[103]

   Selbst die Umsetzung dieses Primärziels wirft jedoch auch Spannungen hinsichtlich der sozialen Zumutbarkeit einschränkender Maßnahmen für öko-

---

97 Vgl. Schefczyk 2016, 130.
98 BVerfGE 157, 30, Rn. 146.
99 So die Beschwerdeführer:innen in BVerfGE 157, 30, Rn. 72.
100 Ebd., Rn. 247.
101 Ebd., Rn. 248.
102 Vgl. Ott/Baatz 2016, 234.
103 Vgl. ebd., 234.

nomisch und sozial benachteiligte Länder und arme Menschen auf, die durch die Investition in meist teure klimafreundliche Technologien unverhältnismäßig mehr belastet werden.

2. **Anpassung** an klimatische Veränderungen (**Adaptation**):
Weiter sind auch Maßnahmen der Anpassung an klimatische Veränderungen notwendig, da negative Auswirkungen des anthropogenen Treibhauseffekts auch im Falle einer radikalen Emissionsreduktion nicht mehr verhindert werden können.
Dies umfasst Vorkehrungen im Bereich Gesundheitspolitik, Städtebau, Hochwasserschutz, Wasserversorgung u.a.[104] Dabei müssen Renaturierungsmaßnahmen Vorrang gegenüber Methoden einer bloß technologischen Milderung der Schäden des Klimawandels haben. Begünstigt sollen weiter v.a. besonders vulnerable Bevölkerungsgruppen sein.[105]
Die zentrale (Verteilungs-)Gerechtigkeitsfrage lautet: Wer muss die Kosten für diese Anpassungsmaßnahmen tragen?
Konsens besteht darüber, dass die Verteilung dieser Kosten auf globaler Ebene erfolgen muss und sowohl der Grundsatz der „Verantwortung" von Ländern (nämlich hinsichtlich der Erfüllung der geforderten Einsparungsmaßnahmen seit 1990) als auch soziale Aspekte berücksichtigt werden müssen. So wird häufig betont, dass Länder mit einem hohen Anteil an armer Bevölkerung weniger zu belasten sind. Typischerweise sind diese infolge der sozialen Benachteiligung auch in geringerem Maß an der Freisetzung von THG-Emissionen beteiligt. Deren Adaptionskosten sollten daher von der internationalen Gemeinschaft aufgebracht werden.[106]
Der Teilbereich „Anpassung" umfasst aber auch die **Integration von „Klimaflüchtlingen"**. Dies erfordert auch die Berücksichtigung entsprechender Fluchtgründe auf völkerrechtlicher Ebene. Von manchen Autor:innen wird für Einwohner:innen infolge der Erderwärmung unbewohnbar gewordener Gebiete ein „Recht auf Immigration" in andere Länder gefordert.[107]

3. **Climate Engineering**:
Durch „Climate Engineering" wird der Treibhausgasausstoß nicht verringert. Es handelt sich aber um technologische oder auch ökologische Maßnahmen, um CO_2 in der Atmosphäre zu binden (Carbon Dioxide Removal, CDR) oder die Rückstrahlung von Sonnenwärme durch andere Maßnahmen (als THG-Reduktion) zu reduzieren (Solar Radiation Management, SRM). Diese Technologien werden unterschiedlich bewertet.[108]
CDR-Maßnahmen umfassen neben künstlichen Filteranlagen auch Renaturierungsvorhaben, wie die Aufforstung von Wäldern und den Schutz von

104 Vgl. ebd., 235.
105 Vgl. ebd., 236 f.
106 Vgl. ebd., 235.
107 Vgl. ebd., 236.
108 Befürwortend (hinsichtlich beider Verfahren) etwa Oomen/Meiske 2021, 10 ff.

Mooren, die auch dem Natur- und Artenschutz dienen. Sie entfalten aber nur langsam Wirksamkeit hinsichtlich des Klimaschutzes. Als problematisch werden auch die hohen Kosten und der große Flächenverbrauch (zu Lasten der Nahrungsmittelerzeugung) angesehen.[109]

Kontroverser diskutiert werden SRM-Maßnahmen, etwa SAPI (die Freisetzung von Schwefelpartikeln in der Stratosphäre). Diese Methode wird allenfalls als Übergangsmaßnahme vorgeschlagen. Als Vorteile werden die raschere Umsetzbarkeit (als eine ausreichende Dekarbonisierung) und der Einsatz als ultima ratio zur Abfederung nicht mehr abwendbarer Klimaschäden für besonders vulnerable Gruppen gesehen. Diese Maßnahmen sind jedoch ihrerseits mit erheblichen ökologischen Risiken und ungewissen langfristigen Auswirkungen verbunden. Außerdem können sie essenzielle Auswirkungen der Klimaerwärmung (wie die Zerstörung maritimer Ökosysteme) nicht verhindern.[110]

4. **Soziale Klimagerechtigkeit**:
   Wie bereits anhand der vorher erörterten Maßnahmen angesprochen, überschreitet die Forderung nach Klimagerechtigkeit jene nach der biologisch-umweltpolitischen direkten Bekämpfung oder Abmilderung des Klimawandels.

   Das Ausmaß der Betroffenheit von Klimaschäden geht Hand in Hand mit **sozialer Benachteiligung** – nicht zuletzt auf globaler Ebene. Gleichzeitig fehlen insbes. in armen Ländern des globalen Südens die erforderlichen Ressourcen, um sich vor extremen Klimaschäden wie Ernteausfällen, Wassermangel etc. zu schützen. Als besonders vulnerable Gruppen, deren Lebensraum bereits unmittelbar durch die Ausbeutung fossiler Rohstoffe eingeschränkt wurde, gelten Mitglieder indigener Gemeinschaften und innerhalb dieser v.a. Frauen. Weltweit sind Frauen und Menschen am Rand der Gesellschaft auch von Klimaschäden überproportional betroffen.[111]

   Zu den zentralen Forderungen nach sozialer Klimagerechtigkeit gehört daher die Einrichtung eines „Loss and Damage Fund“, wie er bei der UN Climate Change Conference 2022 (COP27) in Ägypten erstmals beschlossen wurde.[112] Dies bedeutet, dass die reicheren industrialisierten Hauptverursacherländer die Kosten klimabedingter Schäden in armen Ländern (v.a. nach dem „Verursacherprinzip“) übernehmen.
5. Wandel des **Naturbegriffs** („Eigenrechte der Natur“):
   Darüber hinaus wird v.a. von Ländern des Südens – nicht zuletzt angesichts der Bedrohung des genuinen Lebensraums indigener Gemeinschaften – auch eine Neuorientierung im Naturverständnis selbst gefordert. Natur dürfe nicht mehr als beliebig ausbeutbare Ressource verstanden werden. Sie müsse als

[109] Vgl. Ott/Baatz 2016, 237.
[110] Kritisch Sillmann et al. 2015, 290 ff.
[111] Vgl. Martinez-Alier 2016, 225 f.
[112] Vgl. https://unfccc.int/loss-and-damage-fund-joint-interim-secretariat (15.4.2025).

vielfältiger **globaler Lebensraum** (des „guten Lebens") gesehen werden, für den in indigenen Kulturen,[113] ja in einigen südamerikanischen Rechtsordnungen der Status eines Rechtssubjekts reklamiert wird (vgl. → 7.2.7).

7.2.6 Artenschutz: Biodiversität und „Sustainable Use"

Ein zentrales Ziel des Umweltschutzes ist die Erhaltung der natürlichen **Artenvielfalt („Biodiversität")**, die den natürlichen Reichtum der Biosphäre als Ganzer mitbestimmt. Der Schutz der Biodiversität wird als selbständiges umweltpolitisches Ziel betrachtet, denn das Aussterben einer biologischen Art bedeutet das irreversible **Ende einer spezifischen Form des Lebens.** Darüber hinaus hat dies aber auch hochkomplexe **Auswirkungen auf ein ganzes Ökosystem**, destabilisiert das ökologische Gleichgewicht desselben und gefährdet direkt oder indirekt das Überleben anderer Arten.

Hauptgründe für das Artensterben sind – neben dem bereits erörterten Klimawandel – v.a. Umweltverschmutzung, Wilderei, Überfischung sowie die Einschränkung natürlicher Lebensräume für unterschiedliche Zwecke des Menschen, besonders durch agrarische Nutzflächen für Monokulturen. Äußerst prekäre Wirkungen erzeugt in diesem Zusammenhang die großflächige Abholzung von tropischen Regenwäldern zur Gewinnung von Anbau- und Weideflächen.[114]

Üblich ist die Zusammenfassung von **fünf** Hauptursachen des Artensterbens unter der (von englischen Begriffen hergeleiteten) Abkürzung **HIPPO**:[115]

H: **Habitat Destruction**: Zerstörung von natürlichen Lebensräumen
I: **Invasive Species**: Einführung invasiver Arten, z.B. durch Monokultur
P: **Pollution**: Umweltverschmutzung
P: **(Human Over-)Population**: menschliches Bevölkerungswachstum
O: **Overharvesting**: übermäßige Ausbeutung von Fisch- oder anderen Tierbeständen, aber auch die Abholzung von Wäldern

Das erste zentrale internationale Vertragswerk ist das **Washingtoner Artenschutzabkommen** von 1973 (CITES), das 1976 von Deutschland ratifiziert wurde. Dieses enthält v.a. **Verbotsnormen**, die den Import und den Handel von gefährdeten Pflanzen- und Tierarten sowie mit aus diesen hergestellten Produkten einschränken oder ausschließen.[116]

Demgegenüber vertritt die **Biodiversitäts-Konvention** („Rio-Konvention") von 1992 (CBD) ein anderes Modell des Artenschutzes: Zum einen beziehen sich die Maßnahmen des Artenschutzes nicht mehr vorrangig isoliert auf den Schutz einzelner Arten, sondern auf die Erhaltung ganzer **Ökosysteme.** Weiters zielt die

113 Vgl. Martinez-Alier 2016, 227.
114 Vgl. Potthast/Berg 2016, 241.
115 Vgl. Brenner 2008, 203.
116 Vgl. ebd., 203.

Konvention auf die Implementierung des Prinzips der **„nachhaltigen Nutzung“ („Sustainable Use“)** ab. Das bedeutet eine Abkehr vom einseitig protektionistischen („behütenden“) Ansatz des CITES durch reine Verbots- und unmittelbare Schutzmaßnahmen (wie Nutzungsverbote und Wildreservate) hin zu Projekten nachhaltiger, nämlich limitierter und schonender Nutzung. Diese enthalten nicht nur Beschränkungen, sondern sollen auch einen ökonomischen Anreiz zum Schutz der betroffenen Arten (u.a. als zu erhaltende Einnahmequelle) bieten.[117]

> Ein anschauliches Beispiel bieten Projekte der Wildtiernutzung im südlichen Afrika, etwa CAMPFIRE in Simbabwe. Durch die Umwandlung von Rinderfarmen in „Wildfarmen“, die die limitierte Bejagung von Wildtieren anbieten, wird insgesamt der Lebensraum der Wildtiere erweitert. Durch die damit verbundenen Nutzungsanreize wird aber auch der Konsens der einheimischen Bevölkerung zu Naturschutzmaßnahmen gefördert und die Wilderei zurückgedrängt.[118]

An diesem Grundsatz der „nachhaltigen Nutzung“ als leitendem Prinzip der CBD wurde aber auch Kritik geübt. Das Konzept des „Sustainable Use“ verfolge kein eigentlich ökologisches Anliegen. Vielmehr stehe die effiziente ökonomische Nutzung natürlicher (oft biotechnologischer) Ressourcen im Mittelpunkt.[119] Dies würde der Komplexität biologischer Artenvielfalt nicht gerecht und produziere auch soziale Konflikte in den Ländern des globalen Südens.

7.2.7 Buen Vivir: Ein neues Modell des Umweltschutzes?

Im Gegensatz zum Konzept des „Sustainable Use“ vertritt das Modell des **„Buen Vivir“** oder **„Sumak Kawsay“** einen holistischen bzw. biozentrischen, v.a. dezidiert **nicht ökonomischen** Ansatz in Fragen der Umweltethik (auch im Bereich des Artenschutzes). Damit verbindet sich auch die Geltendmachung von **„Eigenrechten der Natur“ („Rights of Nature“, RoN)**. Diese haben im direkten Kontext des Prinzips des „Buen Vivir“ und mit Verweis auf den Schutz der „Pachamama“ („Mutter Erde“) auch Eingang in die Verfassung Ecuadors (2008) und in das Rechtssystem Boliviens (2010) gefunden.[120]

> Regelungen, die die Rechtsfähigkeit der Natur oder einzelner Ökosysteme, Landschaften oder Gewässer vorsehen, finden sich auch in anderen Ländern (etwa in Kolumbien, Neuseeland, Australien, Bangladesch, aber auch in Spanien hinsichtlich der Salzwasserlagune „Mar menor“). Von „Eigenrechten“ der Natur wird neben deren symbolischer Aufwertung auch eine Verbesserung des Rechtsschut-

[117] Vgl. Gleich et al. 2002, 164 ff.
[118] Vgl. ebd., 168.
[119] Vgl. Brand 2008, 10 ff.
[120] Vgl. Burgers/den Outer 2023, 25 ff.

zes im Bereich des Umweltschutzes (unter Einbeziehung von Stellvertretungs- oder Treuhandmodellen) erwartet.[121]

Das Konzept des „Buen Vivir" geht aber noch über ökologische Anliegen hinaus. Es enthält einen grundlegend anderen Begriff von Natur. Natur wird darin v.a. nicht mehr als ökonomisch nutzbare Ressource verstanden, sondern als umfassende **Gemeinschaft alles Lebendigen**, der in ihrer Gesamtheit ein inhärenter Wert zukommt. Von daher ergibt sich auch ein unmittelbarer Zusammenhang zum Schutz des **Lebensraums** und der Kultur **indigener Völker** (im Amazonasgebiet und in der Andenregion) sowie zur Bewahrung indigenen Wissens und biologisch-genetischer Ressourcen vor ökonomischer Ausbeutung.[122] Das Modell des „Buen Vivir" knüpft unmittelbar an tradierte indigene Erfahrungen des „guten Lebens" in Harmonie an.[123]

Dezidiert geht von „Buen Vivir" auch ein Impuls der **Dekolonialisierung**, ja der Distanzierung von eurozentrischen Rechtsvorstellungen aus. Im Mittelpunkt dieser Kritik steht der vorherrschende neoliberale Begriff von **„Entwicklung"**, der einseitig ökonomisch orientiert sei. (→ Erinnern Sie sich bitte an die Kritik A. Sens am utilitaristischen Wachstumsmodell, 6.5.1.) Dies bedeutet etwa, dass durch die Erschließung von Ölreserven im Amazonasgebiet zwar Einnahmen für das Förderland erzielt, aber auch massive Umweltzerstörungen in Kauf genommen würden. Bereits durch die Voraussetzung „mangelnder Entwicklung" würden indigene Kulturen außerdem pauschal diskriminiert.[124] Demgegenüber strebt das Modell des „Buen Vivir" auch eine Neuorientierung des Wirtschaftssystems an.

Als Pilotprojekt galt die „Yasuní-ITT-Initiative", nämlich der Vorschlag, **große Ölvorkommen**, die unter dem Yasuní-Nationalpark im Amazonas-Urwald entdeckt wurden, aus ökologischen Gründen und zum Schutz der davon betroffenen indigenen Gemeinschaften **nicht zu fördern** und damit auf die Einnahmen daraus zu verzichten. Im Gegenzug wurde über eine finanzielle Entschädigungsleistung von Seiten der internationalen Gemeinschaft wegen der durch jahrzehntelange Ausbeutung des Amazonasgebiets verursachten Umweltschäden verhandelt. Jedoch scheiterte diese Initiative der Zivilgesellschaft.[125]

„Buen Vivir" zielt von vornherein auf ein ganzheitliches und plurikulturelles Konzept des „guten Lebens". Insbes. schließt es Anforderungen spezifisch **indigener kommunaler Partizipation** und **sozialer Gerechtigkeit** mit ein.[126] Vehement abgelehnt wird dagegen die westliche Wachstums- und Konsumausrichtung der

121 Vgl. ebd., 15 ff.
122 Vgl. Caria/Domínguez 2016, 20.
123 Villalba 2013, 1429.
124 Vgl. ebd., 1427 ff.
125 Vgl. Acosta 2022, 17 ff.
126 Vgl. Caria/Domínguez 2016, 20 f.

Gesellschaft,[127] die auch das Naturverständnis betreffe und sich destruktiv auf indigene Kulturen und Gemeinschaften auswirke.

Die konkreten Zielsetzungen dieses Modells werden von Kritiker:innen oft als inhaltlich vage und selbst hinsichtlich der Umsetzung von Regierungsseite inkonsequent (bzw. widersprüchlich)[128] wahrgenommen, etwa durch die Erschließung neuer Erdölquellen in Ecuador. Demgegenüber wird der utopisch-kritische Charakter des „guten Lebens“ als „work-in-progress-Projekt“[129] betont, das auf einen „Zivilisationswandel“[130] abziele und dafür auf das Erfahrungswissen historisch marginalisierter Völker rekurriere.

Zu seinen Verdiensten zählt nicht zuletzt die Abkehr von einem **defizienten Verständnis von Naturschutz**, das selbst den Erhalt der Biodiversität auf die Verfügbarkeit ökonomisch verwertbarer Ressourcen reduziert.

7.3 Einführung in die Tierethik

Eine besondere Rolle im Rahmen natur- bzw. bioethischer Überlegungen kommt der Frage nach dem **moralischen und rechtlichen Status** tierischer Lebewesen zu, die zur Kernfrage der modernen Tierethik- bzw. Tierrechtsdebatte aufgestiegen ist. Dabei zeigt sich auch ein grundlegender Wechsel in der Perspektive des Mensch-Tier-Verhältnisses vom bloßen **Fürsorgemodell** klassischen Tierschutzes, das traditionell Heimtiere fokussiert, hin zur **Tierrechtsbewegung**, die **Gerechtigkeit**, ja mitunter auch Rechte für Tiere einfordert und vermehrt das Schicksal von Nutztieren und Versuchstieren in den Blick bringt.

7.3.1 Tiere als Sachen? Die philosophische Entwicklung

Besondere Kritik entzündete sich seit den Anfängen tierethischer Reflexion an der in der Moderne üblichen philosophischen, juristischen und ökonomischen Degradierung von tierischen Lebewesen zu bloßen „Sachen“, ursprünglich völlig undifferenziert gegenüber leblosen Gegenständen.

Diese Konzeption, die primär auf einer scharfen Abgrenzung gegenüber dem Menschen als alleinigem Rechtssubjekt beruht, geht auf die Philosophie des Rationalismus und der Aufklärung zurück. Bis dahin dominierte dagegen ein völlig anderes Modell der Mensch-Tier-Beziehung. Die Philosophie der Antike und des Mittelalters ging keineswegs von einem starren Gegensatz zwischen Mensch und

[127] Vgl. ebd., 21 f.
[128] Vgl. Villalba 2013, 1438.
[129] Caria/Domínguez 2016, 21.
[130] Acosta 2022, 72.

Tier aus, sondern von einem Verhältnis der **grundlegenden Analogie** und bloß **graduellen Unterscheidung** aller Lebewesen. Zwar wird zunehmend die spezifische Besonderheit des Menschen aufgrund seiner Vernunftnatur oder Poliszugehörigkeit reflektiert. Doch fungierte der Begriff des „Tiers" (*animal*) bzw. des Lebewesens (*zoon*) weiterhin als **Überbegriff** für alle empfindungsfähigen bzw. lebendigen Wesen.[131]

Kein Zweifel bestand also für die Philosophen der klassischen Antike, dass auch Tiere eine „Seele" haben. Diese fällt ursprünglich mit der artspezifischen „Form" jedes Lebewesens zusammen und bleibt keineswegs auf den Menschen beschränkt. Ja, selbst die Vernunft figuriert vergleichsweise bescheiden als nur einer von drei Seelenteilen (Erinnern Sie sich bitte etwa an PLATONS „Seelenlehre" → 3.1.1), nämlich neben dem vegetativen, den der Mensch mit allen Lebewesen teilt, und dem sensitiven, der ihm auch mit den Tieren gemeinsam ist.[132]

Die sich in der Philosophie des Rationalismus und der Aufklärung durchsetzenden Ideen von der Freiheit und Gleichheit aller Menschen enthalten ohne Zweifel einen unverzichtbaren Beitrag zur Entwicklung von Demokratie und Menschenrechten (→ vgl. 5.1.1.2). Als gleichsam „tierethische Nebenwirkung" treiben sie aber auch die **Degradierung aller anderen Lebewesen**, ja schließlich **der gesamten Natur**, zu bloßen **„Objekten"** gegenüber dem Menschen als alleinigem Rechtssubjekt voran. Für R. DESCARTES schließlich sind Tiere nur kunstvoll funktionierende **Automaten**, ganz ohne Kommunikationsfähigkeit.[133] Sogar die Leidens- und Empfindungsfähigkeit spricht er ihnen ab. Die Anerkennung des Menschen als eines „durch Rang und Würde ganz unterschiedene[n] Wesen[s]" führt auch nach KANT zum Bedeutungsverlust aller anderen Lebewesen. Nur mehr Sachen sind sie für ihn, „dergleichen auch die vernunftlosen Tiere sind, mit denen man nach Belieben schalten und walten kann."[134]

7.3.2 Juristische Aspekte: Auf dem Weg zu einem rechtlichen Eigenwert von Tieren?

An diese für Jahrhunderte wegweisende Grundunterscheidung zwischen Rechtssubjekten (Menschen und juristischen Personen) einerseits und Sachen (inklusive Tieren) andererseits knüpften auch viele europäische Privatrechtskodifikationen an. Dies gilt insbes. für jene Regelwerke, die sich unmittelbar auf die Ideen der Aufklärung beziehen, wie etwa das österreichische ABGB.

[131] Vgl. Maier 2012b, 120 (samt Quellennachweisen).
[132] Vgl. ebd., 121 (samt Quellennachweisen).
[133] Vgl. Descartes 2001, V, 10, 104 ff.
[134] Kant, Anth., 407.

§ 285 ABGB lautet bis heute: „Alles, was von der Person unterschieden ist, und zum Gebrauche der Menschen dient, wird im rechtlichen Sinne eine Sache genannt." Aber auch der vergleichsweise engere Sachbegriff des § 90 BGB umfasste zunächst undifferenziert auch Tiere.

1990 normiert § 90a BGB diesbezüglich jedoch eine prinzipielle Ausnahme zugunsten von Tieren: „Tiere sind keine Sachen. Sie werden durch besondere Gesetze geschützt. Auf sie sind die für Sachen geltenden Vorschriften entsprechend anzuwenden, soweit nicht etwas anderes bestimmt ist." (Bereits 1988 enthielt auch § 285a ABGB eine sehr ähnliche Regelung.) Jedoch blieben diese vorerst bloß programmatischen Normen dezidiert auf Ausnahmeregelungen in bestimmten Fällen beschränkt und wurden häufig zur bloßen „Kosmetik" ohne rechtliche Folgen erklärt.

In Österreich etwa konnte selbst das *mutwillige* Töten eines Tiers – wenn die Tötung als schmerzlos angenommen wurde – bis 2002 strafrechtlich ausschließlich als „Sachbeschädigung" geahndet werden, sofern überhaupt fremdes Eigentum betroffen war. Erst 2002 erfolgte die Ausdehnung der gerichtlichen Strafbarkeit wegen „Tierquälerei" (§ 222 öStGB) auch auf diese Fälle. Das Töten von (allen) Tieren *„ohne vernünftigen Grund"* wurde in Österreich aber erst durch das erste bundeseinheitliche Tierschutzgesetz 2005 verboten.

In Deutschland erhob 1972 § 1 des Tierschutzgesetzes (TSchG) „Leben" und „Wohlbefinden der Tiere" „aus der Verantwortung des Menschen für das Tier als Mitgeschöpf" zu eigenständigen Schutzobjekten und schuf damit erste Ansatzpunkte für die rechtliche Verankerung eines grundsätzlichen Eigenwerts von tierischen Lebewesen. Diese programmatische Ausrichtung wurde 2006 auch durch das richtungweisende Verbot des Zufügens von „Schmerzen, Leiden oder Schäden" gegenüber Tieren „ohne vernünftigen Grund" erweitert (§ 1 TSchG n.F.).

Das *strafrechtliche* Verbot der Tierquälerei, das auf Wirbeltiere beschränkt ist, findet sich in § 17 TSchG. Es inkriminiert das Töten von Wirbeltieren *ohne vernünftigen* Grund sowie das Zufügen von „erhebliche[n] Schmerzen oder Leiden" „aus Rohheit" oder von „länger anhaltende[n] oder sich wiederholende[n] erhebliche[n] Schmerzen oder Leiden."

Bereits 2002 wurde Tierschutz auch als Staatszielbestimmung an zentraler Position im Grundgesetz verankert und bindet seither die gesamte Staatstätigkeit in allen relevanten Rechtsgebieten einschließlich der Jagd.

Dies geschah durch das Einfügen der Worte „und die Tiere" in **Art 20a GG**. Dessen vollständiger Regelungsinhalt lautet nun: „Der Staat schützt auch in Verantwortung für die künftigen Generationen die natürlichen Lebensgrundlagen und die Tiere im Rahmen der verfassungsmäßigen Ordnung durch die Gesetzgebung und nach Maßgabe von Gesetz und Recht durch die vollziehende Gewalt und die Rechtsprechung." Dabei handelt es sich um ein **Rechtsprinzip** (vgl. → 1.2.3), das folglich die Auslegung einfacher Gesetze bindet (etwa im Sinne einer restriktiven Auslegung von Einschränkungen des Tierschutzes auf Regelebene) und mit anderen Verfassungsnormen (auch Grundrechten) abgewogen werden muss.[135]

Dennoch lässt sich auch im deutschen Tierschutzrecht (wie im gesamten deutschsprachigen Raum) der Trend erkennen, diese programmatischen Normen (in Art. 20a GG sowie in §§ 1 ff. TSchG) v.a. durch konkrete Ausführungsbestimmungen zur **Nutztierhaltung** (oft auf Ebene von Rechtsverordnungen) in vielen Bereichen beträchtlich zu relativieren. Dies betrifft exemplarisch die Haltungsstandards für Mastschweine und Mastgeflügel in sogen. „konventioneller" Haltung.[136] In Deutschland ist derzeit auch die ganzjährige Anbindehaltung von Rindern (anders als z.B. in Österreich) weiterhin erlaubt.[137]

7.3.3 Ökonomische Aspekte: Die Industrialisierung der Lebensmittelproduktion

Doch hat die faktische gesellschaftliche Abwertung von tierischen Lebewesen in der Gegenwart nicht primär philosophische, sondern **ökonomische Wurzeln**. Daher betreffen die erörterten Tendenzen zur undifferenzierten Reduktion von Tieren zu bloßen Sachen nicht alle Spezies im selben Ausmaß. Problematisch erscheint in diesem Zusammenhang auch die massive gesellschaftliche und rechtliche Ungleichbehandlung von **Heimtieren** einerseits und **Nutz- und Versuchstieren** andererseits.

Eine besondere Qualität der radikalen Verdinglichung erreicht die Nutzung von Tieren in den aktuellen Formen industrialisierter Lebensmittelproduktion („Massentierhaltung"). Wofür die neuzeitliche philosophische Reflexion durch die prinzipielle Degradierung des Tiers zur „Sache" die Voraussetzungen geschaffen hat, das brachte die industrielle Form der Produktion tierischer Nahrungsmittel erst wirklich zur Perfektion. Den Ausgangspunkt bildete der Trend zur zunehmenden **Rationalisierung und Automatisierung** der Tierhaltung ab der Mitte des 20. Jh. Der Aufstieg von Fleisch zum billigen Massenkonsumartikel sowie der enorme Konkurrenzdruck am globalisierten Markt bewirken, dass der ökonomischen Rationalisierung und **Produktivitätssteigerung** unbedingter Vorrang gegenüber dem Tierwohl eingeräumt wird.[138] Dies führt zu einer grundlegenden Veränderung des Mensch-Tier-Verhältnisses auch gegenüber Formen traditioneller bäuerlicher Nutzung. Denn in dieser spielten auch Aspekte der Fürsorge eine zentrale Rolle,

---

135 Vgl. Thilo 2020, 81 ff.

136 Vgl. Maier 2024, 78 f.

137 Vgl. https://www.vetline.de/anbindehaltung-von-rindern-droht-ein-rueckschritt (24.4.2025).

138 Vgl. Maier 2012b, 130 ff.

die jedenfalls die Erhaltung wertvoller Ressourcen zum Ziel hatten.[139] Entscheidend ist, dass dem *einzelnen* Tier ab nun auch kein nennenswerter *ökonomischer* Wert mehr zukommt. Deswegen wird in dessen Pflege und Erhaltung kaum noch investiert. Was zählt, sind ausschließlich Masse, Tempo und Preisreduktion. Es geht um die Erhöhung der „Stückzahl" an Masttieren sowie v.a. um die zunehmende **Beschleunigung des „Produktionsprozesses"** (des Mastvorgangs), verbunden mit einem möglichst niedrigen Schlachtalter. (Dieses beträgt z.B. bei Schweinen in konventioneller Haltung sechs Monate, bei Masthühnern fünf bis sechs Wochen.)[140]

Dem ökonomischen Diktat der ständigen Produktivitätssteigerung entsprechen einerseits die für viele Nutztierarten **niedrigen gesetzlichen Tierhaltungsstandards**. Andererseits führt dies auch zu **häufigen und oft langen Tiertransporten**, da unterschiedliche Stadien des „Produktionsprozesses" (wie Zucht, Vormast, Endmast, Schlachtung) aus Rentabilitätsgründen an international unterschiedlichen Standorten durchgeführt werden.

Parallel dazu ist auch der lebensweltliche Zusammenhang solcher Tiernutzung für die Verbraucher:innen verloren gegangen. Die industrielle Herstellung tierischer Lebensmittel findet unter Ausschluss der Öffentlichkeit statt, in häufig unauffälligen Produktionshallen abseits dicht besiedelter Gebiete. Die mangelnde konkrete Erfahrbarkeit der tatsächlichen Produktionsumstände beseitigt emotionale und ethische Hemmnisse auf Seiten der Verbraucher:innen und erschwert die Geltendmachung von Tierschutzinteressen im öffentlichen Meinungsbildungsprozess.[141]

7.3.4 Die philosophische Tierrechtsdebatte

In der aktuellen tierethischen Debatte werden die vorherrschende Degradierung von Tieren zu bloßen Objekten und ihre systematische Ausgrenzung aus Gerechtigkeitsüberlegungen scharf kritisiert. Dies wird von vielen Autor:innen auch im Vorwurf des **„Speziesismus"**[142] (verstanden als ungerechtfertigte Bevorzugung einer Spezies) zum Ausdruck gebracht.

Bereits im Zeitalter von Humanismus und Aufklärung wandten sich einzelne Philosophen vorwiegend mit mitleidsethischen Argumenten gegen die Verdinglichung von Tieren im philosophischen Mainstream und deren Konsequenzen (so etwa M. Montaigne, A. Schopenhauer, J. G. Herder; ähnlich am Beginn des vorigen

[139] Vgl. ebd., 130 f.
[140] Vgl. ebd., 131 f.
[141] Vgl. ebd., 132; Spaemann 1984, 71 ff.
[142] Singer 1994, 18.

Jahrhunderts A. Schweitzer).[143] Nach ersten Ansätzen v.a. in der utilitaristischen und neukantianischen Philosophie des 19. und frühen 20. Jh. (J. Bentham,[144] H. Salt, L. Nelson[145]) gilt **Peter Singers** Werk ***Animal Liberation*** 1975 als literarischer Anstoß für die aktuelle Tierrechtsdebatte. In dieser sind mittlerweile methodisch und philosophisch sehr unterschiedliche Ansätze vertreten.

7.3.4.1 Die radikale Tierrechtsphilosophie: Peter Singer, Tom Regan

Die klassischen Vorreiter der modernen Tierrechtsbewegung, allen voran Peter Singer, ein australischer utilitaristischer Philosoph, formulierten durchwegs radikale Forderungen, die zumindest für manche Tiere den **Personenstatus** reklamieren. Das Ziel ist die **„Erweiterung der Gemeinschaft der Gleichen“** („The Expanding Circle“). Es gälte, das Gleichheitsgebot auf (alle) Tiere auszudehnen. Gefordert werden weder Mitleid noch herkömmliche Tierschutzmaßnahmen, sondern **unveräußerliche Rechte für alle Tiere.**[146]

Nach Singer seien jene Tiere als Personen anzusehen, die über sogen. **„Präferenzen“** verfügen, d.h. konkrete Erwartungen und Wünsche auf Zukunft hin entwickeln können.[147] Dies trifft nach Singer vorrangig auf Große Menschenaffen und Wale zu, wird im Zweifel aber auf alle Säugetiere ausgedehnt. Aber auch für alle anderen leidensfähigen Lebewesen gilt, dass der Verlust von Leben und Glück auf Seiten des Tiers nicht durch den Nutzen des Verzehrs tierischer Produkte aufgewogen werden kann, solange dieser nicht lebensnotwendig ist.[148]

Tom Regan (*The Case for Animal Rights,* 1983) vertritt auf der Grundlage einer dezidiert nicht-utilitaristischen, vielmehr im Ansatz an Kant und Rawls orientierten Position im Ergebnis ähnliche moralische und politische Forderungen. Demnach steht jedem (höherorganisierten) Tier die Anerkennung als **„subject of a life“**[149] zu. Das bedeutet, dass ihm ein **„inhärenter“**, d.h. eigenständiger, nicht mit Nutzenüberlegungen verrechenbarer Wert zukommt.[150] Dieser schließt jede Nutzung und die damit verbundene Tötung von Tieren aus.

Heftige Kritik entzündete sich v.a. an dem hier verwendeten **„relationalen“ Personenbegriff**, der grundsätzlich – auch beim Menschen – nicht auf die Spezieszugehörigkeit, sondern auf bestimmte emotionale und kognitive Mindestleistungen beim einzelnen Individuum abstellt. Dieser weicht in seiner Begründung

---

143 Vgl. Eckart/Von der Lühe 2019, Sp. 1206 ff.

144 Vgl. Bentham 1789, 1 f; 24 ff.

145 Vgl. Maier 2009, 71f (samt Quellennachweisen).

146 Vgl. ebd., 56 f (samt Quellennachweisen).

147 Vgl. Singer 1994, 124 ff; 147 ff.

148 Vgl. ebd., 160; 176.

149 Regan 1988, 243.

150 Vgl. ebd., 235 ff.

deutlich von den Ihnen bereits bekannten Konzeptionen KANTS von Freiheit und Menschenwürde (→ vgl. 3.4.4.1 u. 4.3.3.2.b) ab und geht ursprünglich auf die Philosophie LOCKES zurück.[151]

7.3.4.2 Vermittelnde Auffassungen: Die Würde des Tiers bzw. der Kreatur

Gerade im deutschsprachigen Raum werden in der tierethischen Debatte demgegenüber zunehmend „vermittelnde" Auffassungen des Mensch-Tier-Verhältnisses vertreten. Im Mittelpunkt steht dabei häufig der Begriff der **„Würde der Kreatur"** bzw. **„des Tiers"**. Der Schutz der „Würde der Kreatur" ist etwa explizit in der Schweizer Verfassung verankert.[152] Im Gegensatz zu radikaleren Positionen zielt diese Richtung nicht auf eine prinzipielle Gleichstellung mit dem Menschen ab. Der spezifische **Eigenwert** tierischer Lebewesen soll **analog** zur Menschenwürde, aber dieser gegenüber abgestuft zur Geltung gebracht werden. Demnach bestehe ein notwendiger Zusammenhang zwischen der Achtung der Menschenwürde und der Tierwürde. Aus der spezifischen Würde des Menschen als „Zweck an sich selbst" (vgl. 4.3.3.2.b) aufgrund seiner Vernunft folge *nicht* die Degradierung anderer Lebewesen zu bloßen Objekten. Die Verantwortlichkeit des Menschen könne nicht nur auf die Anerkennung der gleichen Freiheit anderer Menschen beschränkt werden. Jene umfasse vielmehr auch die Achtung der inhärenten Würde anderer Lebewesen[153] in globaler Verantwortung für die gesamte Mitwelt.[154]

Die „Würde des Tiers" ist als **Rechtsprinzip** zu verstehen, das sich v.a. gegen Formen der **radikalen Instrumentalisierung** von Tieren (auch in ökonomischen Produktionsprozessen) richtet.[155] Dabei geht es nicht nur um eine grundsätzliche Neuformulierung des rechtlichen Stellenwerts tierischer Lebewesen, sondern v.a. um die konkrete Verbesserung von Tierhaltungsstandards und die Beseitigung von Vollzugsdefiziten, wie sie im Tierschutzrecht besonders häufig vorkommen.[156]

7.3.4.3 Aristotelische bzw. kommunitaristische Ansätze

In jüngerer Zeit wurden in der nordamerikanischen Debatte vermehrt aristotelische bzw. kommunitaristische Konzeptionen (→ zum Kommunitarismus vgl. 6.3) auch in der Tierethik herangezogen.

V.a. S. DONALDSON und W. KYMLICKA verfolgen einen dezidiert **politischen Ansatz** in der Tierethik. Danach kann es nicht wie bisher üblich in isolierter Form

---

[151] Vgl. Maier 2009, 59 ff.
[152] Art. 120 Abs. 2 BV.
[153] Vgl. Spaemann 1984, 76.
[154] Vgl. Maier 2024, 81.
[155] Vgl. Maier 2012b, 133.
[156] Vgl. ebd., 138.

um die Frage nach dem „intrinsischen moralischen Status" („moral standing")[157] von tierischen Lebewesen gehen. Vielmehr folgt die Verantwortlichkeit des Menschen für das Wohlergehen von Tieren aus den – je nach Tiergruppe unterschiedlichen – Beziehungen, die die Menschen innerhalb der politischen Gemeinschaft mit diesen eingegangen sind.[158] V.a. die **Domestikation** von Tieren habe diese in Abhängigkeit vom Menschen gebracht und begründe in der Folge deren „Mitbürgerschaft" in einer **„gemischten Mensch-Tier-Gemeinschaft"**,[159] die auf **Kooperation** und **Interaktion** beruht. Dieser Status von domestizierten Tieren als Vollmitglieder in der Gemeinschaft (ähnlich jenem von „Staatsbürger[n]"[160]) schließe zwar die Verwendung von tierischer Arbeitsleistung oder tierischen Produkten nicht zur Gänze aus, wohl aber alle ausbeuterischen Formen der Tiernutzung.[161]

Auch M. Nussbaum fordert, Tieren nicht bloß „Mitleid" entgegenzubringen, sondern sie als **„Subjekt[e] von Gerechtigkeit"**[162] anzuerkennen. Daraus resultiere ein fundamentaler Anspruch auf ein **„würdevolles Leben"**,[163] der die Möglichkeit zur vollen Entwicklung jeweils artspezifischer Fähigkeiten und Formen des Wohlergehens für alle Tiere umfasst[164] und die Tötung von Tieren ohne „plausible[n] Grund"[165] ausschließt. Die Tötung von Tieren aus gerechtfertigten Gründen, etwa zur Produktion „notwendiger oder nützlicher Nahrungsmittel", sei legitim. Abgelehnt werden jedoch die Tötung von Tieren zur Erzeugung von Luxuswaren (wie Pelzen) sowie „grausame Praktiken und Tötungsarten" in Formen industrialisierter Lebensmittelproduktion.[166]

Wiederholungsfragen:

1. Erklären Sie das Verfahren der Triage in einer (Pandemie-)Ausnahmesituation, welches mit dem Grundsatz der Menschenwürde vereinbar ist. Welche Kriterien sind bei der Verteilung knapper intensivmedizinischer Ressourcen ausgeschlossen?
2. Welche spezifisch sozialen Aspekte sind bei der Umsetzung von Klimagerechtigkeit zu berücksichtigen?
3. Weshalb führt die industrialisierte Lebensmittelproduktion zu einer radikalisierten Verdinglichung tierischer Lebewesen?

157 Donaldson/Kymlicka 2013, 81.
158 Vgl. ebd., 118 ff.
159 Ebd., 341.
160 Ebd., 228.
161 Vgl. ebd., 295 ff.
162 Nussbaum 2010, 486.
163 Ebd., 539.
164 Vgl. ebd., 471 ff.
165 Ebd., 529.
166 Ebd., 529.

Literaturverzeichnis

Acosta, A., Buen Vivir. Vom Recht auf ein gutes Leben, München 2022[7].

Adeleye, N., The Death Row Phenomenon: A Prohibition Against Torture, Cruel, Inhuman and Degrading Treatment or Punishment, in: The San Diego law review 58 (2021), 875–902.

Alexy, R., Theorie der Grundrechte, Frankfurt/Main 2018[8].

Ambos, K., Nationalsozialistisches Strafrecht. Kontinuität und Radikalisierung, Baden-Baden u.a. 2019.

Amnesty International Österreich, https://www.amnesty.at/news-events/news/syrien-tausende-jesid-innen-noch-immer-gefangen-oder-vermisst/ (8.3.2025).

Anderson, M., Frontiers. Territory and State Formation in the Modern World, Cambridge u.a. 2004[2].

Apel, K.-O., Transformation der Philosophie, Bd. 2: Das Apriori der Kommunikationsgemeinschaft, Frankfurt/Main 1973.

Arendt, H., In der Gegenwart. Übungen im politischen Denken II, hrsg. v. U. Ludz, München u.a. 2000.

Aristote, Politique I-II, gr./frz., ed. par P. J. Aubonnet, Paris 1960 (zit. Pol.).

Aristoteles, Die Nikomachische Ethik, gr./dt., übers. v. O. Gigon, neu hrsg. v. R. Nickel, Düsseldorf 2007[2] (zit. N.E.).

Aristoteles, Politik, übers. u. hrsg. v. O. Gigon, München 2003[7].

Austin, J., The Province of Jurisprudence Determined (1832) and The Uses of the Study of Jurisprudence (1863), Introduction by H. L. A. Hart, Reprint of the Edition by Weidenfeld/Nicholson 1954, Indianapolis u.a. 1998.

Badura, P., Staatsrecht. Systematische Erläuterung des Grundgesetzes für die Bundesrepublik Deutschland, Tübingen 2018[7].

BÄK (Bundesärztekammer), Grundsätze der Bundesärztekammer zur ärztlichen Sterbebegleitung, in: Deutsches Ärzteblatt 108 (2011), A 346–A 348.

BÄK, Empfehlungen zur Patientenaufklärung (Auszug), zit. n. U. Wiesung u.a. (Hrsg.), Ethik in der Medizin. Ein Studienbuch, Stuttgart 2021[3], 119–127.

BÄK, (Muster-)Berufsordnung für die in Deutschland tätigen Ärztinnen und Ärzte i. d. F. des Beschlusses des 128. Deutschen Ärztetages vom 9. Mai 2024, in: Deutsches Ärzteblatt 2024, A1–A9.

Barber, B., Starke Demokratie: Über die Teilhabe am Politischen, übers. v. C. Goldmann/C. Erbacher-von Grumbkow, Hamburg 1994.

Barber, B., Coca Cola und Heiliger Krieg. Wie Kapitalismus und Fundamentalismus Demokratie und Freiheit abschaffen, übers. v. G. Seib, Bern u.a. 1997[2].

Baron, H., The Crisis of the Early Italian Renaissance. Civic Humanism and Republican Liberty in an Age of Classicism and Tyranny, Vol.1, Princeton/New Jersey 1955.

Baumgart, P., Absolutismus ein Mythos? Aufgeklärter Absolutismus ein Widerspruch? Reflexionen zu einem kontroversen Thema gegenwärtiger Frühneuzeitforschung, in: Zeitschrift für historische Forschung 27 (2000), 573–589.
Beauchamp, T. L./Childress, J. F., Principles of Biomedical Ethics, New York 2009.
Beccaria, C., Von den Verbrechen und von den Strafen, 1764, übers. v. T. Vormbaum, Berlin 2005.
Bentham, J., The Principles of Morals and Legislation, 1789, ND New York 1988.
Bentham, J., An Introduction to the Principles of Morals and Legislation, Works of Jeremy Bentham, Edinburgh 1843, reprint Bristol 1995, vol 1.
Beza, T., Das Recht der Obrigkeiten gegenüber den Untertanen und die Pflicht der Untertanen gegenüber den Obrigkeiten, 1576, zit. n. J. Dennert (Hrsg.), Beza, Brutus, Hotman. Calvinistische Monarchomachen, übers. v. H. Klingelhöfer, Köln u.a. 1968, 1–60.
Bielefeldt, H., Philosophie der Menschenrechte. Grundlagen eines weltweiten Freiheitsethos, Darmstadt 1998.
Bielefeldt, H., Menschenrechte in der Einwanderungsgesellschaft. Plädoyer für einen aufgeklärten Multikulturalismus, Bielefeld 2007.
Bielefeldt, H., Menschenwürde und Folterverbot. Eine Auseinandersetzung mit den jüngsten Vorstößen zur Aufweichung des Folterverbots, in: H. Furtmayr et al. (Hrsg.), Folter und ärztliche Verantwortung. Das Istanbul-Protokoll und Problemfelder in der Praxis, Göttingen 2009, 203–224.
Bien, G., Die Grundlegung der politischen Philosophie des Aristoteles, Freiburg u.a. 1973.
Bierling, E. R., Juristische Prinzipienlehre I, Freiburg u.a. 1894.
Bioethikkommission (Österreich), Zum Umgang mit knappen Ressourcen in der Gesundheitsversorgung im Kontext der Covid-19-Pandemie, Wien 2020.
Bioethikkommission beim Bundeskanzleramt (Österreich), Forschung an humanen embryonalen Stammzellen. Stellungnahme der Bioethikkommission beim Bundeskanzleramt. Research on Human Embryonic Stem Cells. Opinion of the Austrian Bioethics Commission v. 16.3.2009.
BIÖG, https://www.organspende-info.de/organspende/ablauf-einer-organspende/wartelisten-vermittlung-transplantation/ (15.4.2025).
Blackstone, W., Commentaries on the Laws of England, London 1766, Vol. 1.
Bobbio, N., Il futuro della democrazia, Torino 2014[4].
Böckenförde, E.-W., Der Rechtsbegriff in seiner geschichtlichen Entwicklung. Aufriß eines Problems, in: Archiv für Begriffsgeschichte 12 (1968), 145–165.
Böckenförde, E.-W., Die Entstehung des Staates als Vorgang der Säkularisation, in: ders., Staat. Gesellschaft. Freiheit. Studien zur Staatstheorie und zum Verfassungsrecht, Frankfurt/Main 1976, 42–64.
Böckenförde, E.-W., Staat, Verfassung, Demokratie. Studien zur Verfassungstheorie und zum Verfassungsrecht, Frankfurt/Main 1992[2].
Böckenförde, E.-W., Bleibt die Menschenwürde unantastbar?, in: Blätter für deutsche und internationale Politik 2004, 1216–1227.

Böckenförde, E.-W., Geschichte der Rechts- und Staatsphilosophie. Antike und Mittelalter, Tübingen 2006[2].

Bodin, J., Les six livres de la République, ND der Ausgabe Paris 1583, hrsg. v. G. Mairet, Paris 1993.

Börner, E., Die Anwendung der Todesstrafe in den USA, in: C. Boulanger et al. (Hrsg.), Zur Aktualität der Todesstrafe. Interdisziplinäre Beiträge gegen eine unmenschliche, grausame und erniedrigende Strafe, Berlin 1997, 101–120.

Bpb, https://www.bpb.de/shop/zeitschriften/izpb/209704/das-konzept-der-internationalen-schutzverantwortung/ (12.3.2025).

Bpb, https://www.bpb.de/themen/gender-diversitaet/femizide-und-gewalt-gegen-frauen/ (8.3.2025).

Brand, U., Zwischen Schutz, Rechten und Kommerzialisierung. Die Konvention über biologische Vielfalt im Globalisierungsprozeß und Chancen demokratischer Biodiversitätspolitik, Berlin 2008.

Brenner, A., UmweltEthik. Ein Lehr- und Lesebuch, Fribourg 2008.

Brocker, M., Die Grundlegung des liberalen Verfassungsstaates. Von den Levellern zu John Locke, Freiburg u.a. 1995.

Brocker, M., John Locke. Zwei Abhandlungen über die Regierung (1690), in: ders. (Hrsg.), Geschichte des politischen Denkens. Ein Handbuch, Frankfurt/Main 2024[7], 258–272.

Brod, T. et al., Empfehlungen der DGINA und DIVI zur Struktur und Ausstattung von Notaufnahmen 2024, in: Notfall + Rettungsmedizin 27, Suppl. 3 (2024), 223–240.

Bruer-Schäfer, A., Der Internationale Strafgerichtshof. Die internationale Strafgerichtsbarkeit im Spannungsfeld von Recht und Politik, Frankfurt/Main u.a. 2001.

Brugger, W., Vom unbedingten Verbot der Folter zum bedingten Recht auf Folter?, in: JZ 55 (2000), 165–173.

Brugger, W., Einschränkung des absoluten Folterverbots bei Rettungsfolter?, in: APuZ 36 (2006), 9–15.

Bruha, T./Tams, C. J., Folter und Völkerrecht, in: APuZ 36 (2006), 16–22.

Brune, J. P., Moral und Recht. Zur Diskurstheorie des Rechts und der Demokratie von Jürgen Habermas, Freiburg u.a. 2010.

Buller, E., Aboriginal Community Healing Processes in Canada. Paper presented at the International Institute for Restorative Practices Conference, Manchester 2005, https://iirp.edu/images/pdf/man05/man05_buller.pdf (4.12.2024).

Burgers, L./den Outer, J., Das Meer klagt an. Der Kampf für die Rechte der Natur, Stuttgart 2023.

Caria, S./Domínguez, R., Ecuador's *Buen vivir*. A New Ideology for Development, in: Latin American Perspectives 43 (2016), 18–33.

Center for Constitutional Studies, https://www.constitutionalstudies.ca/2020/07/majority-concurring-and-dissenting-decisions/ (21.11.2024).

Charlesworth, H., Human Rights as Men's Rights, in: J. Peters/A. Wolper (Hrsg.), Women's rights – human rights. International feminist perpectives, New York u.a. 1995, 103–113.
Cicero, Epistulae ad Atticum. Briefe an Attikus, lat.-dt., übers. u. hrsg. v. D. Schmitz, Stuttgart 2003.
Congress Research Service, https://constitution.congress.gov/browse/essay/artIII-S1-7-2-2/ALDE_00013237/ (21.4.2024).
Congress Research Service, https://constitution.congress.gov/browse/essay/artIII-S1-7-2-3/ALDE_00013238/ (21.4.2024).
Dennert, J., Einleitung des Herausgebers, in: ders. (Hrsg.), Beza, Brutus, Hotman. Calvinistische Monarchomachen, übers. v. H. Klingelhöfer, Köln u.a. 1968, IX-LXXIII.
Derrida, J., Declaration of Independence, in: New Political Science 15 (1986), 7–15.
Derrida, J., Schurken. Zwei Essays über die Vernunft, übers. v. H. Brühmann, Frankfurt/Main 2006.
Derrida, J., Politik der Freundschaft, übers. v. S. Lorenzer, Frankfurt/Main 2018[5].
Derrida, J., Grammatologie, übers. v. H.-J. Rheinberger u. H. Zischler, Frankfurt/Main 2021[5].
Derrida, J., Gesetzeskraft. Der „mystische Grund der Autorität", übers. v. A. G. Düttmann, Frankfurt/Main 2022[9].
Descartes, R., Discours de la Méthode pour bien conduire sa raison et chercher la vérité dans les sciences. Bericht über die Methode, die Vernunft richtig zu führen und die Wahrheit in den Wissenschaften zu erforschen, frz./dt., übers. und hrsg. v. H. Ostwald, Stuttgart 2001.
Dietrich, F., Medizin am Limit: Wie umgehen mit Versorgungsengpässen in der Pandemie?, in: G. Keil/R. Jaster (Hrsg.), Nachdenken über Corona. Philosophische Essays über die Pandemie und ihre Folgen, Ditzingen 2021, 84–97.
DIVI (Deutsche Interdisziplinäre Vereinigung für Intensiv- und Notfallmedizin), Entscheidungen über die Zuteilung intensivmedizinischer Ressourcen im Kontext der COVID-19-Pandemie, S1 Leitlinie, 040–013, Version 3, 14.12.2021.
Donaldson, S./Kymlicka, W., Zoopolis. Eine politische Theorie der Tierrechte, Berlin 2013.
Dörr, O., Weitere Rechtsquellen des Völkerrechts, in: K. Ipsen/W. Heintschel von Heinegg (Hrsg.), Völkerrecht. Ein Studienbuch, München 2018[7], 536–588.
DPI, https://deathpenaltyinfo.org/state-and-federal-info/state-by-state (13.5.2025).
Dreier, R., Widerstand und ziviler Ungehorsam im Rechtsstaat, in: P. Glotz (Hrsg.), Ziviler Ungehorsam im Rechtsstaat, Frankfurt/Main 2015[3], 54–75.
Dreier, R./Paulson, S. L., Einführung in die Rechtsphilosophie Radbruchs, in: G. Radbruch, Rechtsphilosophie. Studienausgabe, hrsg. v. R. Dreier/S. L. Paulson, Heidelberg 1999, 235–250.
Dworkin, R., Die Grenzen des Lebens. Abtreibung, Euthanasie und persönliche Freiheit, übers. v. S. Höbel et al., Hamburg 1994.

Dworkin, R., Taking Rights Seriously, London u.a. 2022.

Eckart, W. U./Von der Lühe, A., Art. „Tier;Tierseele II. *Mittelalter und Neuzeit*", in: J. Ritter/K. Gründer (Hrsg.), Historisches Wörterbuch der Philosophie, Darmstadt 2019, Bd. 10, Sp. 1205–1217.

Eckmann, H., Rechtspositivismus und sprachanalytische Philosophie. Der Begriff des Rechts in der Rechtsphilosophie H. L. A. Harts, Berlin 1969.

Edenhofer, O./Jakob, M., Klimapolitik. Ziele, Konflikte, Lösungen, München 2019[2].

Eisenberg, M. A., Legal Reasoning, Cambridge 2022.

Encyclopaedia Britannica, Art. „stare decisis", https://www.britannica.com/topic/stare-decisis (21.11.2024).

Engels, M., Soziale Grundrechte in der Europäischen Grundrechtscharta, in: T. Frank et al. (Hrsg.), Soziale Menschenrechte – die vergessenen Rechte? Zur Unteilbarkeit der Menschenrechte. Ein interdisziplinärer Überblick, Berlin 2001, 77–89.

Esser, J., Grundsatz und Norm in der richterlichen Fortbildung des Privatrechts. Rechtsvergleichende Beiträge zur Rechtsquellen- und Interpretationslehre, Tübingen 1990[4].

EUR-Lex, https://eur-lex.europa.eu/EN/legal-content/summary/enhancing-the-implementation-of-the-new-approach-directives.html (19.4.2025).

Falcón y Tella, M. J., Case Law in Roman, Anglosaxon and Continental Law, Leiden u.a. 2011.

FASIM (Verband der intensivmedizinischen Gesellschaften Österreichs), Allokationsethische Orientierungshilfe für den Einsatz knapper intensivmedizinischer Ressourcen. Konsensuspapier der österreichischen intensivmedizinischen Fachgesellschaften (FASIM) aus Anlass der Covid-19-Pandemie, 11.11.2020.

Fichte, J. G., Rechtslehre, auf der Grundlage der Ausgabe von H. Schulz, hrsg. v. R. Schottky, Hamburg 1980.

Forschner, M., Rousseau, Freiburg u.a. 1977.

Forschner, M., Zwischen Natur und Technik. Zum Begriff der Würde des Menschen, in: ders., Über das Handeln im Einklang mit der Natur. Grundlagen ethischer Verständigung, Darmstadt 1998, 91–119.

Forst, R., Jürgen Habermas, Faktizität und Geltung (1992), in: M. Brocker (Hrsg.), Geschichte des politischen Denkens. Ein Handbuch, Frankfurt/Main 2024[7], 757–773.

Foucault, M., Überwachen und Strafen. Die Geburt des Gefängnisses, übers. v. W. Seitter, Frankfurt/Main 1994.

Gassert, P., Arbeit am Konsens im Streit um den Frieden. Die Nuklearkrise der 1980er Jahre als Medium gesellschaftlicher Selbstverständigung, in: Archiv für Sozialgeschichte 52 (2012), 491–516.

Giddens, A., A Contemporary Critique of Historical Materialism. Vol. 1 Power, property and the state, London u.a. 1981.

Gleich, M. et al., Life counts. Eine globale Bilanz des Lebens, Berlin 2002[2].
Grimm, D., Die Zukunft der Verfassung II. Auswirkungen von Europäisierung und Globalisierung, Frankfurt/Main 2012.
Grimm, D., Die Zukunft der Verfassung, Frankfurt/Main 2020[4].
Grzeszick, B., Art. 20, in: I. Dürig/R. Herzog/R. Scholz, Grundgesetz. Kommentar, Bd. III, München, Lfg. 97/2022.
Habermas, J., Erläuterungen zur Diskursethik, Frankfurt/Main 1991.
Habermas, J., Die postnationale Konstellation und die Zukunft der Demokratie, in: ders., Die postnationale Konstellation. Politische Essays, Frankfurt/Main 1998, 91–169.
Habermas, J., Anerkennungskämpfe im demokratischen Rechtsstaat, in: C. Taylor (Hrsg.), Multikulturalismus und die Politik der Anerkennung, Frankfurt/Main 2009, 123–163.
Habermas, J., Ziviler Ungehorsam – Testfall für den demokratischen Rechtsstaat. Wider den autoritären Legalismus in der Bundesrepublik, in: P. Glotz (Hrsg.), Ziviler Ungehorsam im Rechtsstaat, Frankfurt/Main 2015[3], 29–53.
Habermas, J., Die Einbeziehung des Anderen. Studien zur politischen Theorie. Frankfurt/Main 2019[4].
Habermas, J., Theorie des kommunikativen Handelns, Bd. 2: Zur Kritik der funktionalistischen Vernunft, Frankfurt/Main 2022[12].
Habermas, J., Faktizität und Geltung. Beiträge zur Diskurstheorie des Rechts und des demokratischen Rechtsstaats, Frankfurt/Main 2023[8]a.
Habermas, J., Moralbewußtsein und kommunikatives Handeln, Frankfurt/Main 2023[14]b.
Halm, H., Die Assassinen. Geschichte eines islamischen Geheimbundes, München 2017.
Hammer, S., Rechtswissenschaft als Argumentation, in: J. Busch/C. Konrath (Hrsg.), SchreibGuide Jus, Wien 2002, 67–78.
Hart, H. L. A., Recht und Moral, übers. u. hrsg. v. N. Hoerster, Göttingen 1971.
Hegel, G. W. F., Grundlinien der Philosophie des Rechts, zit. n. E. Moldenhauer/K. M. Michel (Hrsg.), Werke. Bd. 7, Frankfurt/Main 2021[17].
Heller, H., Gesammelte Schriften II. Recht, Staat, Macht, hrsg. v. M. Drath/C. Müller, Leiden 1971.
Henderson, J. S. Y./McCaslin, W. D., Introduction. Exploring Justice as Healing, in: W. D. McCaslin (Hrsg.), Justice as Healing. Indigenous Ways. Writings on Community Peacemaking and Restorative Justice from the Native Law Centre, St. Paul, Minnesota 2005, 3–9.
Hescheler, J., Derzeitiger Stand der iPS-Zellen-Forschung, in: J. Opper et al. (Hrsg.), Chancen und Risiken der Stammzellforschung, Berlin 2020, 15–28.
Hilpold, P., From Humanitarian Intervention to the Responsibility to Protect, in: ders. (Hrsg.), Responsibility to Protect (R2P). A New Paradigm of International Law?, Leiden u.a. 2015, 1–37.

Hinrichs, K., Die Entwicklung des Rechts der Armut zum modernen Recht der Existenzsicherung, in: E.-U. Huster et al. (Hrsg.), Handbuch Armut und soziale Ausgrenzung, Wiesbaden 2018[3], 223–252.

Hobbes, T., Vom Menschen. Vom Bürger, hrsg. v. G. Gawlick, Hamburg 1977[2].

Hobbes, T., The Elements of Law Natural and Politic. Human Nature *and* De Corpore Politico, hrsg. v. J. C. A. Gaskin, Oxford u.a. 2008[3].

Hobbes, T., Leviathan, hrsg. v. J. P. Mayer, Stuttgart 2010.

Hobbes, T., De cive. Vom Bürger, lat.-dt., hrsg. v. A. Hahmann/D. Hüning, übers. v. A. Hahmann, Stuttgart 2017.

Hobbes, T., Leviathan oder Stoff, Form und Gewalt eines kirchlichen und bürgerlichen Staates, hrsg. u. eingel. v. I. Fetscher, übers. v. W. Euchner, Frankfurt/Main, 2023[18].

Höffe, O., Ethik und Politik. Grundmodelle und -probleme der praktischen Philosophie, Frankfurt/Main 1979.

Höffe, O., Kants Begründung des Rechtszwangs und der Kriminalgesetze, in: R. Brandt (Hrsg.), Rechtsphilosophie der Aufklärung. Symposium Wolfenbüttel 1981, Berlin u.a. 1982, 335–375.

Höffe, O., Politische Gerechtigkeit. Grundlegung einer kritischen Philosophie von Recht und Staat, Frankfurt/Main 1989.

Höffe, O., Praktische Philosophie. Das Modell des Aristoteles, Berlin 1996[2].

Höffe, O., Aristoteles, Politik (ca. 345–325 v. Chr.), in: M. Brocker (Hrsg.), Geschichte des politischen Denkens. Ein Handbuch, Frankfurt/Main 2024[7], 31–46.

Holthaus, L./Noetzel, T., Demokratischer Pluralismus versus despotische Herrschaft. Zur Theorie liberaler Rechtsstaatlichkeit (Ernst Fraenkel, Norberto Bobbio, Robert A. Dahl), in: O. W. Lembcke et al. (Hrsg.), Zeitgenössische Demokratietheorie, Bd. 1: Normative Demokratietheorien, Wiesbaden 2012, 33–62.

Hoven, E., Berücksichtigung von Lebensalter und Lebenserwartung, in: T. Hörnle et al. (Hrsg.), Triage in der Pandemie, Tübingen 2021, 335–370.

ICISS (International Commission on Intervention and State Sovereignty), Responsibility to Protect. Report of the International Commission on Intervention and State Sovereignty, Ottawa 2001.

Kämmerer, J. A., Begriff, Geschichte und Rechtsquellen des Völkerrechts, in: A. Proelß (Hrsg.), Völkerrecht, Berlin 2024[9], 1–106.

Kant, I., Anthropologie in pragmatischer Hinsicht, zit. n. W. Weischedel (Hrsg.), Werkausgabe, Bd. XII, Frankfurt/Main 2025[19] (zit. Anth).

Kant, I., Die Metaphysik der Sitten, zit. n. W. Weischedel (Hrsg.), Werkausgabe, Bd. VIII, Frankfurt/Main 2024[25] (zit. MdS).

Kant, I., Grundlegung zur Metaphysik der Sitten, zit. n. W. Weischedel (Hrsg.), Werkausgabe, Bd. VII, Frankfurt/Main 2024[25], 10–102 (zit. GMS).

Kant, I., Kritik der praktischen Vernunft, zit. n. W. Weischedel (Hrsg.), Werkausgabe, Bd. VII, Frankfurt/Main 2024[25], 106–302 (zit. KpV).

Kant, I., Kritik der reinen Vernunft 1, zit. n. W. Weischedel (Hrsg.), Werkausgabe, Bd. III, Frankfurt/Main 2023[22] (zit. KrV).

Kant, I., Über den Gemeinspruch: Das mag in der Theorie richtig sein, taugt aber nicht für die Praxis, zit. n. W. Weischedel (Hrsg.), Werkausgabe, Bd. XI, Frankfurt/Main 2024[21], 127–172 (zit. TP).

Kant, I., Vorarbeit zur Rechtslehre, zit. n. G. Lehmann (Hrsg.), Akademieausgabe, Bd. XXIII, Berlin 1955, ND 1969 (zit. VARL).

Kant, I., Zum ewigen Frieden. Ein philosophischer Entwurf, zit. n. W. Weischedel (Hrsg.), Werkausgabe, Bd. XI, Frankfurt/Main 2024[21], 195–251 (zit. ZeF).

Kaufmann, A., Das Widerstandsrecht in Geschichte und Grundgesetz (1986), in: ders., Vom Ungehorsam gegen die Obrigkeit. Aspekte des Widerstandsrechts von der antiken Tyrannis bis zum Unrechtsstaat unserer Zeit, vom leidenden Gehorsam bis zum zivilen Ungehorsam im modernen Rechtsstaat, Heidelberg 1991, 37–49.

Kaulbach, F., Immanuel Kant, Berlin 1969.

Kelsen, H., Reine Rechtslehre. Studienausgabe der 2. Auflage 1960, hrsg. v. M. Jestaedt, Tübingen 2017.

Keranen, O., What Happened to the Responsibility to Rebuild?, in: Global Governance: A Review of Multilateralism and International Organizations 22 (2016), 331–348.

Kersting, W., Erkenntnis und Methode in Thomas Hobbes' Philosophie, in: Studia Leibnitiana 20 (1988a), Bd. 20, H. 2, 126–139.

Kersting, W., Niccolò Machiavelli, München 1988b.

Kersting, W., Die politische Philosophie des Gesellschaftsvertrags, Darmstadt 2005[2].

Kersting, W., Platons „Staat", Darmstadt 2006[2].

Kersting, W., Wohlgeordnete Freiheit. Immanuel Kants Rechts- und Staatsphilosophie, Paderborn 2007.

Kersting, W., Thomas Hobbes zur Einführung, Hamburg 2009[4].

Kersting, W., Vertragstheorien. Kontraktualistische Theorien in der Politikwissenschaft, Stuttgart 2015.

King, M. L., Die Zeit für schöpferischen Protest ist gekommen. Brief aus dem Gefängnis in Birmingham (1963), zit. n. Ziviler Ungehorsam. Texte von Thoreau bis Extinction Rebellion, hrsg. u. eingel. v. A. Braune, Stuttgart 2024[3], 79–97.

Kluxen, W., Ethik des Ethos, Freiburg u.a. 1974.

Koch, O., Art. „Natur", in: B. Sandkaulen et al. (Hrsg.), Jacobi-Wörterbuch Online, v8 (24.10.2024), https://jwo.saw-leipzig.de/articles/v8/f2514f04, erstveröffentlicht in v4 (4.10.2023) (11.2.2025).

Kohlberg, L. et al., Moral Stages: A Current Formulation and a Response to Critics, Basel u.a. 1983.

Körtner, U. H. J., Embryonale Stammzellen – in Österreich tabu? (2.5.2002), https://sciencev1.orf.at/koertner/50727.html (4.6.2025).

Körtner, U. H. J., Stammzellforschung: Der bisherige Diskurs in der Bioethikkommission beim Bundeskanzleramt, in: ders./C. Kopetzki (Hrsg.), Stammzellforschung. Ethische und rechtliche Aspekte, Wien u.a. 2008, 1–6.

Krajewski, M., Völkerrecht, Baden-Baden 2017.
Krämer, H., Integrative Ethik, Frankfurt/Main 1992.
Krauß, D., Die Politik der Dekonstruktion. Politische und ethische Konzepte im Werk von Jacques Derrida, Frankfurt u.a. 2001.
Kriele, M., Recht und praktische Vernunft, Göttingen 1979.
Kriele, M., Einführung in die Staatslehre. Die geschichtlichen Legitimationsgrundlagen des demokratischen Verfassungsstaates, Stuttgart u.a. 2003[6].
Kymlicka, W., Multikulturalismus und Demokratie. Über Minderheiten in Staaten und Nationen, übers. v. K. Wördemann, Berlin 1999.
Laker, T., Ziviler Ungehorsam. Geschichte – Begriff – Rechtfertigung, Baden-Baden 1986.
Lamond, G., The Doctrine of Precedent and the Rule of Recognition, in: T. Endicott et al. (Hrsg.), Philosophical Foundations of Precedent, Oxford 2023, 21–34.
Landwehr, C., Demokratische Legitimation durch rationale Kommunikation, in: O. W. Lembcke et al. (Hrsg.), Zeitgenössische Demokratietheorie, Bd. 1: Normative Demokratietheorien, Wiesbaden 2012, 355–385.
Laqueur, W., No End to War. Terrorism in the Twenty-first Century, London 2003.
Lembcke, O. W. et al., Zwischen Konkurrenz und Konvergenz. Eine Einführung in die normative Demokratietheorie, in: dies. (Hrsg.), Zeitgenössische Demokratietheorie, Bd. 1: Normative Demokratietheorien, Wiesbaden 2012, 9–32.
Lenton, T. M. et al., Climate tipping points – too risky to bet against, in: Nature, Vol. 575 (2019), 592–595.
Lévinas, E., Ethik und Unendliches. Gespräche mit Philippe Nero, übers. v. D. Schmidt, Wien 2022[5].
Locke, J., Zwei Abhandlungen über die Regierung, übers. v. J. Hoffmann, hrsg. v. W. Euchner, Frankfurt/Main 1977.
Locke, J., Second Treatise of Government, Auckland 2016.
Löwenhaupt, W., Politischer Utilitarismus und bürgerliches Rechtsdenken. John Austin (1790–1859) und die „Philosophie des positiven Rechts", Berlin 1972.
Lüdemann, S., Jacques Derrida zur Einführung, Hamburg 2024[4].
Ludwig, R., Kant für Anfänger. Der kategorische Imperativ, München 1996[3].
Luf, G., Freiheit und Gleichheit. Die Aktualität im politischen Denken Kants, Wien u.a. 1978.
Luf, G., Art. „Menschenrechte" II, III, VI 1, in: Görres-Gesellschaft (Hrsg.), Staatslexikon – Recht, Wirtschaft, Gesellschaft, Bd. 3, Freiburg u.a. 1987[3], Sp. 1104–1109; 1113–1115.
Luf, G., Die religiöse Freiheit und der Rechtscharakter der Menschenrechte. Überlegungen zur normativen Genese und Struktur der Religionsfreiheit, in: J. Schwartländer (Hrsg.), Christentum und Islam unter dem Anspruch der Menschenrechte, Mainz 1993, 72–92.
Luhmann, N., Gibt es in unserer Gesellschaft noch unverzichtbare Normen? Vortrag vom 10.12.1992, Heidelberg 1993.
Machiavelli, N., Discorsi. Gedanken über Politik und Staatsführung, übers. u. erl. v. R. Zorn, Stuttgart 1977[2].

Machiavelli, N., Il Principe. Der Fürst, it./dt., übers. u. hrsg. v. P. Rippel, Stuttgart 1986.

Machiavelli, N., Florentine Histories. Newly Translated Edition, übers. v. L. F. Banfield/H. C. Mansfield, Princeton/New Jersey 1990.

Macpherson, C. B., Die politische Theorie des Besitzindividualismus, Frankfurt/Main 2016[4].

Mahlmann, M., Rechtsphilosophie und Rechtstheorie, Baden-Baden 2015[2].

Maier, E. M., Teleologie und politische Vernunft. Entwicklungslinien republikanischer Politik bei Aristoteles und Thomas von Aquin, Baden-Baden 2002.

Maier, E. M., Sind Menschenrechte Frauenrechte?, in: an.schläge 07 08/2006a, 24.

Maier, E. M., Strafrecht – Kriegsrecht – Ausnahmezustand. Der Rechtsstaat vor der Herausforderung des Terrorismus, in: JRP 14 (2006b), 27–35.

Maier, E. M., Locke versus Kant? Die Tierrechtsdebatte als Herausforderung an den Personenbegriff; unter besonderer Berücksichtigung des „Great Ape Project", in: ZRph 7 (2009), 55–76.

Maier, E. M., Armut und Menschenwürde, in: Rechtswissenschaftliche Fakultät Wien (Hrsg.), Armut und Recht, Wien 2010, 31–49.

Maier, E. M., Folter und Menschenwürde. Zur aktuellen Debatte um die „Rettungsfolter", in: JRP 2012a, 195–206.

Maier, E. M., Paradigmenwechsel im Tierschutz? Auf dem Weg zur Revision des moralischen und rechtlichen Status von Tieren, in: M. Michel et al. (Hrsg.), Animal Law – Tier und Recht. Developments and Perspectives in the 21st Century – Entwicklungen und Perspektiven im 21. Jahrhundert, Zürich u.a. 2012b, 117–142.

Maier, E. M., Notwehrrecht, Staatspflicht oder rechtsstaatlicher Tabubruch? Darf der Staat foltern, um Leben zu retten?, in: R. Kert/A. Lehner (Hrsg.), Vielfalt des Strafrechts im internationalen Kontext, FS für F. Höpfel zum 65. Geburtstag, Wien u.a. 2018, 787–801.

Maier, E. M., Recht und Armut, in: G. Schweiger/C. Sedmak (Hrsg.), Handbuch Philosophie und Armut, Berlin 2021a, 363–369.

Maier, E. M., Zur aktuellen Krise von Demokratie und Rechtsstaatlichkeit. Ursachen und Symptome, in: A. Siegetsleitner et al. (Hrsg.), Crisis and Critique: Philosophical Analysis and Current Events. Proceedings of the 42nd Ludwig Wittgenstein Symposium, Berlin u.a. 2021b, 101–117.

Maier, E. M., Mensch und Tier. Rechtsphilosophische Überlegungen, in: juridikum 2024, 75–82.

Maio, G., Mittelpunkt Mensch: Ethik in der Medizin. Ein Lehrbuch, Stuttgart 2017[2].

Mannino, A., Wen rette ich – und wenn ja, wie viele? Über Triage und Verteilungsgerechtigkeit, Stuttgart 2021.

Marti, U., Michel Foucault, München 1999[2].

Marti, U., Souveränität und Globalisierung, in: G. Kohler/U. Marti (Hrsg.), Konturen der neuen Welt(un)ordnung. Beiträge zu einer Theorie der normativen Prinzipien internationaler Politik, Berlin u.a. 2003, 165–188.

Martinez-Alier, J., „Environmentalism of the Poor“, übers. v. L. Voget-Kleschin, in: K. Ott et al. (Hrsg.) Handbuch Umweltethik, Stuttgart 2016, 224–229.
Maurer, R., Platons ‚Staat‘ und die Demokratie. Historisch-systematische Überlegungen zur politischen Ethik, Berlin 1970.
Maus, I., Zur Aufklärung der Demokratietheorie. Rechts- und demokratietheoretische Überlegungen im Anschluß an Kant, Frankfurt/Main 2015[2].
Melton, A. P., Indigenous Justice Systems and Tribal Society, in: W. D. McCaslin (Hrsg.), Justice as Healing. Indigenous Ways. Writings on Community Peacemaking and Restorative Justice from the Native Law Centre, St. Paul, Minnesota 2005, 108–120.
Merger, U., Universalismus, Relativismus, Gleichheit und Differenz. Feministische Perspektiven auf das Konzept der Menschenrechte, in: Internationale Liga für Menschenrechte/B. Erbe (Hrsg.), Frauen fordern ihr Recht. Menschenrechte aus feministischer Sicht, Berlin u.a. 1998, 15–28.
Merkel, W. et al., Defekte Demokratie. Band 1, Theorie, Wiesbaden 2003.
Meyer-Abich, K. M., Aufstand für die Natur. Von der Umwelt zur Mitwelt, München u.a. 1990.
Mohammadi, N., Frauen! Leben! Freiheit! Wie wir unsere Stimme erheben. Frauen in iranischen Gefängnissen erzählen, Hamburg 2023[2].
Mohn, C., Die Funktionalisierung der Todesstrafe in den USA – Eine Frage der Politik, in: C. Boulanger et al. (Hrsg.), Zur Aktualität der Todesstrafe. Interdisziplinäre Beiträge gegen eine unmenschliche, grausame und erniedrigende Strafe, Berlin 1997, 121–160.
Montesquieu, C.-L. de Secondat, Vom Geist der Gesetze, Auswahl, übers. u. eingel. v. K. Weigand, Stuttgart 2011.
Morgenstern, C., Die lebenslange Freiheitsstrafe: Klassische Probleme und aktuelle Befunde, in: Juristische Ausbildung 2021, 156–169.
Morison, S. E. (Hrsg.), Sources & Documents illustrating the American Revolution 1764–1788 and the formation of the Federal Constitution, London u.a. 1929[2].
Müller, F., Streitfall Todesstrafe. Mit einem Vorwort von Amnesty International, Düsseldorf 1998.
Münkler, H., Machiavelli. Die Begründung des politischen Denkens der Neuzeit aus der Krise der Republik Florenz, Frankfurt/Main 1984.
Münkler, H., Gewalt und Ordnung. Das Bild des Krieges im politischen Denken, Frankfurt/Main 1992.
Münkler, H., Thomas Hobbes, Frankfurt/Main 1993.
Neuhäuser, C., Amartya Sen zur Einführung, Hamburg 2013.
Neuhold, B. et al., Menschenrechte – Frauenrechte. Internationale, europarechtliche und innerstaatliche Dimensionen, Innsbruck u.a. 2003.
Niesen, P., Jürgen Habermas, Theorie des kommunikativen Handelns (1981), in: M. Brocker (Hrsg.), Geschichte des politischen Denkens. Das 20. Jahrhundert, Berlin 2018, 639–653.

Nowak, M., Der internationale Menschenrechtsschutz, in: A. Reinisch (Hrsg.), Österreichisches Handbuch des Völkerrechts, Rz. 1387–1470, Wien 2013[5].
Nussbaum, M. C., Die Grenzen der Gerechtigkeit. Behinderung, Nationalität und Spezieszugehörigkeit, Berlin 2010.
Nußberger, A., Die Menschenrechte. Geschichte, Philosophie, Konflikte, München 2021.
Oomen, J./Meiske, M., Proactive and reactive geoengineering: Engineering the climate and the lithosphere, in: Wiley Interdisciplinary Reviews: Climate Change, 12 (2021), e732. https://doi.org/10.1002/wcc.732 (15.4.2025).
Ott, K., Umweltethik – Einige vorläufige Positionsbestimmungen, in: K. Ott/M. Gorke (Hrsg.), Spektrum der Umweltethik, Marburg 2000, 13–39.
Ott, K./Baatz, C., Ethik des Klimawandels, in: K. Ott et al. (Hrsg.), Handbuch Umweltethik, Stuttgart 2016, 232–240.
Ottmann, H., Thomas Hobbes: Widersprüche einer extremen Philosophie der Macht, in: O. Höffe (Hrsg.), Der Mensch – ein politisches Tier? Essays zur politischen Anthropologie, Stuttgart 1992, 68–91.
Persijn, G. G., Allocation of Organs, Particularly Kidneys, Within Eurotransplant, in: Human Immunology 67 (2006), 419–423.
Pico della Mirandola, G., De hominis dignitate. Über die Würde des Menschen, übers. v. N. Baumgarten, hrsg. v. A. Buck, Hamburg 1990.
Pikis, G. M., An Analysis of the English Common Law, Principles of Equity and their Application in a Former British Colony, Cyprus, Leiden 2017.
Platon, Georgias, zit. n. Platon, Sämtliche Werke in zehn Bänden, gr.-dt., übers. v. F. Schleiermacher/F. Susemihl, hrsg. v. K. Hülser, Bd. II, Frankfurt/Main u.a. 1991.
Platon, Politeia, zit. n. Platon, Sämtliche Werke in zehn Bänden, gr.-dt., übers. v. F. Schleiermacher/F. Susemihl, hrsg. v. K. Hülser, Bd. V, Frankfurt/Main u.a. 1991.
Platon, Der Staat, übers. u. hrsg. v. G. Krapinger, Stuttgart 2017.
Pöltner, G., Grundkurs Medizin-Ethik, Wien 2006[2].
Polybios, Geschichte: Gesamtausgabe in zwei Bänden, übers. v. H. Drexler, Zürich u.a. 1963.
Popper, K., Die offene Gesellschaft und ihre Feinde, Bd. I: Der Zauber Platons, Tübingen 2003[8].
Potthast, T./Berg, M., Biodiversität, in: K. Ott et al. (Hrsg.), Handbuch Umweltethik, Stuttgart 2016, 240–246.
Radbruch, G., Gesetzliches Unrecht und übergesetzliches Recht, in: ders., Rechtsphilosophie. Studienausgabe, hrsg. v. R. Dreier/S. L. Paulson, Heidelberg 1999, 211–219.
Rahmstorf, S./Schellnhuber, H. J., Der Klimawandel. Diagnose. Prognose. Therapie, München 2019[8].
Ramos Pascua, J. A., Die Grundlage rechtlicher Geltung von Prinzipien – eine Gegenüberstellung von Dworkin und Esser, in: G. Orsi (Hrsg.) Prinzipien des Rechts, Frankfurt/Main 1996, 7–33.

Rawls, J., Eine Theorie der Gerechtigkeit, übers. v. H. Vetter, Frankfurt/Main 2024[24].
Regan, T., The Case for Animal Rights, London u.a. 1988.
Reuter, H.-R., Klimaprotest als ziviler Ungehorsam – liberal oder radikal?, in: Zeitschrift für Evangelische Ethik 67 (2023), 165–170.
RFE/RL, https://www.rferl.org/a/iran-hijab-protestr-rashno-beaten-tv-confession/31975727.html (17.5.2025).
Richter, E., Inklusion von Freien und Gleichen. Zur republikanischen Demokratietheorie, in: O. W. Lembcke et al. (Hrsg.), Zeitgenössische Demokratietheorie, Bd. 1: Normative Demokratietheorien, Wiesbaden 2012, 157–187.
Risse-Steller, S., Strafwürdigkeit des assistierten Suizids – brauchen wir eine gesetzliche Neuregelung des §217 StGB? Eine Diskussion de lege ferenda unter Berücksichtigung des wegweisenden Urteils des Bundesverfassungsgerichts sowie der gesetzlichen (Neu-)Regelungen in Österreich und der Schweiz, in: C. Bozzaro et al. (Hrsg.), Ethik des assistierten Suizids. Autonomien, Vulnerabilitäten, Ambivalenzen, Bielefeld 2024, 17–28.
Ritter, J., Das bürgerliche Leben. Zur aristotelischen Theorie des Glücks (1956), in: ders., Metaphysik und Politik. Studien zu Aristoteles und Hegel, Frankfurt/Main 1977, 57–132.
Romero, J. M., Die Politische Philosophie von Amartya Sen. Soziale Gerechtigkeit und globale Entwicklung auf Grundlage des *Capability Approach*, Münster 2016.
Ross, R., Aboriginal Community Healing in Action: The Hollow Water Approach, in: W. D. McCaslin (Hrsg.), Justice as Healing. Indigenous Ways. Writings on Community Peacemaking and Restorative Justice from the Native Law Centre, St. Paul, Minnesota 2005, 184–189.
Rousseau, J.-J., Diskurs über die Ungleichheit. Discours sur l'inégalité, frz.-dt., hrsg., übers. u. komm. v. H. Meier, Paderborn u.a. 1984.
Rousseau, J.-J., Abhandlung über die Politische Ökonomie, in: J.-J. Rousseau, Politische Schriften, übers. v. L. Schmidt, Paderborn u.a. 1995[2], 9–57.
Rousseau, J.-J., Vom Gesellschaftsvertrag oder Prinzipien des Staatsrechts, in: J.-J. Rousseau, Politische Schriften, übers. v. L. Schmidt, Paderborn u.a. 1995[2], 59–208 (zit. CS).
Saage, R., Demokratietheorien. Eine Einführung, Wiesbaden 2005.
Saliger, F., Radbruchsche Formel und Rechtsstaat, Heidelberg 1995.
Salisbury, Johannes von, Policraticus, sive de nugis Curalium et vestigiis Philosophorum libri octo, Amsterdam 1664.
SAMW (Schweizerische Akademie der Medizinischen Wissenschaften), Medizinethische Richtlinien. Umgang mit Sterben und Tod, Bern 2022.
Sandberg, R., A historical Introduction to English Law. Genesis of the Common Law, Cambridge 2023.
Sandel, M. J., Liberalism and the Limits of Justice, Cambridge u.a. 1998[2].
Schefczyk, M., Generationengerechtigkeit, in: A. Goppel et al. (Hrsg.), Handbuch Gerechtigkeit, Stuttgart 2016, 130–137.

Schidel, R., Das Subjekt der Menschenrechte – eine relationale Perspektive?, in: J. Haaf et al. (Hrsg.), Die Grundlagen der Menschenrechte. Moralisch, politisch oder sozial?, Baden-Baden 2023, 119–149.

Schild, W., Die Reinen Rechtslehren. Gedanken zu Hans Kelsen und Robert Walter, Wien 1975.

Schild, W., Die staatliche Strafmaßnahme als Symbol der Strafwürdigkeit, in: R. Zaczyk et al. (Hrsg.), FS für E. A. Wolff zum 70. Geburtstag am 1.10.1998, Berlin u.a. 1998, 429–442.

Schlütersche Fachmedien, https://www.vetline.de/anbindehaltung-von-rindern-droht-ein-rueckschritt (24.4.2025).

Schmidt, M. G., Demokratietheorien. Eine Einführung, Wiesbaden 2010[5].

Schmitt, C., Legalität und Legitimität, Berlin 2012[8].

Schnädelbach, H., Kant, Leipzig 2005.

Schöne-Seifert, B., Grundlagen der Medizinethik, Stuttgart 2007.

Schulze-Fielitz, H., Art. 20: Rechtsstaat, in: H. Dreier (Hrsg.), Grundgesetz. Kommentar, Tübingen 2015[3], 186–291.

Schwarz, A., Geschlechtsbezogene Verfolgung an Jesid*innen durch Mitglieder des „Islamischen Staates" – Ein Fall für die internationale Strafjustiz?, in: K. Kappler/V. Vogt (Hrsg.), Gender im Völkerrecht. Konfliktlagen und Errungenschaften, Baden-Baden 2019, 157–192.

Sen, A., Inequality Reexamined, New York u.a. 1992.

Sen, A., Der Lebensstandard, übers. v. I. Utz, Hamburg 2000.

Sen, A., Die Idee der Gerechtigkeit, übers. v. C. Krüger, München 2012.

Sen, A., Ökonomie für den Menschen. Wege zu Gerechtigkeit und Solidarität in der Marktwirtschaft, übers. v. C. Goldmann, München 2020a.

Sen, A., Rationale Dummköpfe. Eine Kritik der Verhaltensgrundlagen der Ökonomischen Theorie, übers. v. V. Gföhler, Stuttgart 2020[5]b.

Sillmann, J. et al., Climate emergencies do not justify engineering the climate, in: Nature Climate Change 2015, 290–292.

Simader, R. et al., Rechtliche Rahmenbedingungen des assistierten Suizids in Österreich, Deutschland und der Schweiz, in: Leitfaden – Fachmagazin für Krisen, Leid, Trauer 2024, 4–8.

Simma, B./Wittich, S., Völkergewohnheitsrecht, in: A. Reinisch (Hrsg.), Österreichisches Handbuch des Völkerrechts, Wien 2013, Rz. 162–226.

Singer, M. G., Verallgemeinerung in der Ethik: zur Logik moralischen Argumentierens, Frankfurt/Main 1975.

Singer, P., Praktische Ethik, übers. v. O. Bischoff et al., Stuttgart 1994[2].

Singer, P., Animal Liberation, New York 2009[4].

Somek, A., The Legal Relation. Legal Theory after Legal Positivism, Cambridge 2017.

Sommermann, H., Art. 20: Rechtsstaat, in: P. M. Huber/A. Voßkuhle (Hrsg.), Grundgesetz, Bd. 2, Art. 20–82, Kommentar, München 2018[7].

Spaemann, R., Tierschutz und Menschenwürde, in: U. Händel (Hrsg.), Tierschutz – Testfall unserer Menschlichkeit, Frankfurt/Main 1984, 71–81.

Spaemann, R./Löw, R., Die Frage Wozu? Geschichte und Wiederentdeckung des teleologischen Denkens, München u.a. 1981.

Spinoza, B. de, Politischer Traktat, lat.-dt., neu übers. u. hrsg. v. W. Bartuschat, Hamburg 2010[2].

Spinoza, B. de, Theologisch-Politischer Traktat, neu übers. u. hrsg. v. W. Bartuschat, Hamburg 2018[2].

Spörl, J., Gedanken um Widerstandsrecht und Tyrannenmord im Mittelalter, in: A. Kaufmann (Hrsg.), Widerstandsrecht, Darmstadt 1972, 87–113.

Stringer, K., States, Liberties and Communities in Medieval Britain and Ireland (c. 1100–1400), in: M. Prestwich (Hrsg.), Liberties and Identities in the Medieval British Isles, Cambridge 2012, 5–36.

Taylor, C., Atomismus, in: B. van den Brink/W. van Reijen (Hrsg.), Bürgergesellschaft, Recht und Demokratie, übers. v. J. Blasius, Frankfurt/Main 1995, 73–106.

Taylor, C., Quellen des Selbst. Die Entstehung der neuzeitlichen Identität, übers. v. J. Schulte, Frankfurt/Main 1996.

Taylor, C., Wieviel Gemeinschaft braucht die Demokratie?, in: ders., Wieviel Gemeinschaft braucht die Demokratie? Aufsätze zur politischen Philosophie, übers. v. H. Fliessbach et al., Frankfurt/Main 2002, 11–29.

Taylor, C., Multikulturalismus und die Politik der Anerkennung, in: ders. (Hrsg.), Multikulturalismus und die Politik der Anerkennung, übers. v. R. Kaiser, Frankfurt/Main 2009, 11–66.

Taylor, P. W., Respect for Nature. A Theory of Environmental Ethics, Princeton 2011.

The Hollow Water First Nations Community Holistic Circle Healing Interim Report, 1994, The Sentencing Circle: Seeds of a Community Healing Process, in: W. D. McCaslin (Hrsg.), Justice as Healing. Indigenous Ways. Writings on Community Peacemaking and Restorative Justice from the Native Law Centre, St. Paul, Minnesota 2005, 190–195.

The Magna Carta Project, übers. v. H. Summerson et al., https://magnacarta.cmp.uea.ac.uk/read/magna_carta_1215/Clause_39 (20.5.2025).

Thilo, A., Die Garantenstellung des Amtstierarztes. Unter besonderer Berücksichtigung der rechtsphilosophischen und empirischen Implikationen von § 17 Tierschutzgesetz, Baden-Baden 2020.

Thomä, D., Die Französische Revolution, in: M. G. Festl (Hrsg.), Handbuch Liberalismus, Berlin 2021, 417–424.

Thomas von Aquin, Über die Herrschaft der Fürsten, übers. v. F. Schreyvogl, Stuttgart 1971.

Thomas von Aquin, Summa theologica, I-II, 90–105 (Das Gesetz), zit. nach Die Deutsche Thomas-Ausgabe (lat.-dt.), Bd. 13, hrsg. v. O. H. Pesch, Heidelberg u.a. 1977 (zit. I-II).

Thomas von Aquin, Scriptum super Sententiis, Liber 2, zit. n. https://www.corpusthomisticum.org/iopera.html (20.6.2025), hrsg. v. R. Busa, 2019 (zit. In II Sent.).

Thoreau, H. D., Über die Pflicht zum Ungehorsam gegen den Staat, übers. v. A. J. Fischer, 2023.

Tocqueville, A. de, Über die Demokratie in Amerika, hrsg. v. J.-P. Mayer, Stuttgart 2017.

Tomuschat, C., Der 11. September und seine rechtlichen Konsequenzen, in: EuGRZ 2001, 535–545.

Trials of War Criminals before the Nuernberg Military Tribunals under Control Council Law, No. 10, Nuernberg October 1945–April 1949, Volume III, Washington 1951.

United Nations Climate Change, https://unfccc.int/loss-and-damage-fund-joint-interim-secretariat (15.4.2025).

van den Heuvel, G., Der Freiheitsbegriff der französischen Revolution. Studien zur Revolutionsideologie, Göttingen 1988.

van der Wal, K., Die Wirklichkeit aus neuer Sicht. Für eine andere Naturphilosophie, Wiesbaden 2017.

Villalba, U., *Buen Vivir* vs Development: a paradigm shift in the Andes?, in: Third World Quarterly 34 (2013), 1427–1442.

Voigt, J., Gegentendenzen zur Verrechtlichung. Verrechtlichung und Entrechtlichung im Kontext der Diskussion um den Wohlfahrtsstaat, in: ders. (Hrsg.), Gegentendenzen zur Verrechtlichung, Jahrbuch für Rechtssoziologie und Rechtstheorie, Bd. 9, Opladen 1983, 17–41.

Vromans, K./Paslack, R., Hauptansätze der Umweltethik, in: R. Paslack et al. (Hrsg.), Umweltethik. Eine Einführung für Studierende und Lehrende, München 2010, 119–152.

Walzer, M., Sphären der Gerechtigkeit. Ein Plädoyer für Pluralität und Gleichheit, übers. v. H. Herkommer, Frankfurt u.a. 2006.

Weber, F., Selbstbestimmung durch Teilhabe. Theorie der partizipativen Demokratie, in: O. W. Lembcke et al. (Hrsg.), Zeitgenössische Demokratietheorie, Bd. 1: Normative Demokratietheorien, Wiesbaden 2012, 223–254.

Welzel, H., An den Grenzen des Rechts. Die Frage nach der Rechtsgeltung, Köln u.a. 1966.

Werner, M. H., Diskursethik, in: M. Düwell (Hrsg.), Handbuch Ethik, Stuttgart u.a. 2011, 140–151.

Winiwarter, V./Rut, S., Österreich ergrünt. Die Besetzung der Hainburger Au, in: H. Fischer (Hrsg.), 100 Jahre Republik. Meilensteine und Wendepunkte in Österreich 1918–2018, Wien 2018, 203–216.

Wissenschaftliche Dienste des Deutschen Bundestags, Organisierte Sterbehilfe und assistierter Suizid in der Schweiz, den Niederlanden und in Belgien, WD 9 – 3000 – 017/20, 13.5.2020.

Woellert, K./Schmiedebach, H.-P., Sterbehilfe, München u.a. 2008.

Zaufal, S., Was kann ein strafrechtlicher Tatbestand leisten? Die Bestimmtheit von Strafnormen als hermeneutisch-methodisches Problem im Verfassungsstaat, Baden-Baden 2018.

Sach- und Personenregister